Hubertus Lutterbach

So prägt Religion unsere Mitmenschlichkeit

Hubertus Lutterbach

So prägt Religion unsere Mitmenschlichkeit

Aktuelle Initiativen gesellschaftlichen Engagements

Butzon & Bercker

„Orientierung durch Diskurs“

Die Sachbuchsparte bei Butzon & Bercker, in der dieser Band erscheint, wird beratend begleitet von Michael Albus, Bruno Kern, Tobias Licht, Susanne Sandherr und Marc Witzenbacher

Bibliografische Information der Deutschen Nationalbibliothek

Die Deutsche Nationalbibliothek verzeichnet diese Publikation in der Deutschen Nationalbibliografie; detaillierte bibliografische Daten sind im Internet über http://dnb.d-nb.de abrufbar.

Das Gesamtprogramm von Butzon & Bercker finden Sie im Internet unter www.bube.de

ISBN 978-3-7666-2285-3

Umschlagabbildung: iStock.com
Umschlaggestaltung: Finken & Bumiller, Stuttgart
Satz: Schröder Media GbR, Dernbach
Druck: Printed in Germany

Inhalt

Dank und Widmung

Wo, wann und warum zeigen wir uns sensibel, um für die Einheit aller Menschen vor Gott und untereinander einzutreten? Diese Fragen des Befreiungstheologen Johann B. Metz sind mir über die Jahre hinweg zu einem verlässlichen theologischen und persönlichen Kompass geworden – inmitten meines christentumsgeschichtlichen Forschens und meiner persönlich-sozialen Engagements. Sie haben auch das vorliegende Buch maßgeblich angeregt. Dass es zur Fertigstellung gelangt ist, verdanke ich den Impulsen von Studierenden in meinen Lehrveranstaltungen sowie der Unterstützung befreundeter Wissenschaftlerinnen und Wissenschaftler.

Der Dank für die Lektüre des gesamten Manuskriptes gilt Torsten Habbel (Münster), Tobias Roth (Bernkastel-Kues) und Barbara Schmitz (Würzburg).

Wichtige Impulse gehen auf Freundinnen und Freunde mit wissenschaftlichem Spezialwissen zurück: Gunnar Anger (Karlsruhe), Michael Bangert (Basel), Jörg Baur (Aachen), Arnd Bünker (St. Gallen), Wilhelm Damberg (Bochum), Paul Deselaers (Münster), Albrecht Diem (Syracuse, NY), Thomas Flammer (Münster), Stephan Goertz (Mainz), Marianne Heimbach-Steins (Münster), Annette Kehnel (Mannheim), Benedikt Kern (Münster), Judith Könemann (Münster), Margret Nemann (Münster), Klaus Nelissen (Köln), David Nirenberg (Chicago, IL), Matthias Sellmann (Bochum), Magnus Striet (Freiburg) und Bernward Winter (Münster).

Der größte Dank gilt den Mitarbeitern meines Teams: Dominik Schneider, der viele Bücher herbeigebracht und das Literaturverzeichnis besorgt hat; Rolf Husmann, der die Last der sprachlichen und orthographischen Korrekturen mit viel Einsatz auf sich genommen und den Text wirklich verbessert hat; vor allem Sebastian Eck, der sich mit seiner Ruhe und Übersicht immer wieder für die Diskussion wichtiger Teilaspekte bereitfand und aus seinen fundierten Kenntnissen manch inspirierende Idee beigesteuert hat.

Gewidmet sei dieses Buch Herrn Prof. Dr. Dr. Thomas Sternberg in dankbar-herzlicher Verbundenheit. Seit Jahrzehnten ist er als Wissenschaftler, Politiker, Akademieleiter und jetzt als Präsident des Zentralkomitees der Deutschen Katholiken von der Frage umgetrieben, wie Religion die Mitmenschlichkeit innerhalb unserer gesellschaftlichen und weltanschaulichen Vielfalt prägen konnte und weiter kraftvoll zu inspirieren vermag.

Münster, im Frühjahr 2018

A.
Einleitung – Beherzte Mitmenschlichkeit als Willkommenskultur

Zu den wohl eindrucksvollsten Bildern der vergangenen Jahre gehören nicht nur in Deutschland, sondern womöglich sogar weit darüber hinaus, die Szenen, die sich im Herbst des Jahres 2015 am Münchner Hauptbahnhof und in seinem Umfeld abspielten: Tausende von Geflüchteten aus Syrien, dem Irak oder Afghanistan kamen mit Sonderzügen aus Ungarn und Österreich in Deutschland an, um hier im Land ihrer Wahl um Asyl zu bitten. Am Ziel der langen Flucht („Welcome to Munich!") erhielten die oftmals ausgezehrten Ankömmlinge zu essen und zu trinken. Bei Bedarf reichte man ihnen neue Kleidung. Eine medizinische Erstversorgung stand für sie bereit. Auch eine Unterkunft war für sie hergerichtet – so provisorisch sie anfangs auch immer gewesen sein mag. Nicht zuletzt gehörte ein erstes helfendes Gespräch zum Angebot, zumindest wenn genug Menschen mit Fremdsprachenkenntnissen zur Stelle waren. Damit erlebten diese Geflüchteten hautnah das, was das Neue Testament als die „Werke der Barmherzigkeit" empfiehlt. In moderner Diktion könnte man hier auch von Ausdrucksformen beherzter Mitmenschlichkeit gegenüber den eintreffenden Geflüchteten sprechen: physische (materielle) Unterstützung und emotionaler Beistand.

Angesichts der nachfolgenden Schwierigkeiten, die sich inzwischen bei der rechtlichen Anerkennung und der lebenspraktischen Integration von Geflüchteten gezeigt haben, rufen die Zahlen der damals nach Deutschland gelangten Menschen umso mehr Staunen hervor: Zwischen Anfang und Mitte September 2015 kamen über 70.000 Geflüchtete in der bayerischen Landeshauptstadt an. 20.000 waren es allein am Wochenende 12./13. September. Münchner Bürger bereiteten ihnen einen begeisterten und hilfsbereiten Empfang. Viele stellten für das Sofort-Engagement ihren Jahresurlaub oder ihre Schulferien zur Verfügung. Amerikanische Medien wie die „New York Times" oder der Fernsehkanal „CNN" berichteten über die deutsche Willkommenskultur ebenso enthusiastisch wie die britische „BBC" oder die Zeitungen des Vereinigten Königreichs. Der evangelische Landesbischof Heinrich Bedford-Strohm aus München sprach im Rückblick sogar vom „Honeymoon der Willkommensfeste". Die Lebensfreude und die Offenheit, mit der die Menschen in Deutschland die Welt bereits anlässlich des „Sommermärchens" der Fußball-Weltmeisterschaft 2006 überrascht hatten, zeigten sich im Herbst 2015 erneut eindrucksvoll.

Selbst Bundeskanzlerin Angela Merkel sah man in jenen Tagen ungewöhnlich oft mit lächelndem und freundlichem Gesicht von Termin zu Termin eilen. Die Freude an ihrem eigenen freundlichen Gesicht und an den vielen freundlichen Gesichtern, denen sie im Zuge der Flüchtlingskrise anfänglich begegnete, mag die Bundeskanzlerin zu einem Satz inspiriert haben, der sie vom hilfsbereiten Deutschland als einem Land mit freundlichem Gesicht sprechen ließ. Auf Kritik an ihrer in einem einmaligen Fall alleinverantwortlich getroffenen Entscheidung, in Ungarn festsitzende Geflüchtete – aus humanitären Gründen – nach Deutschland einreisen zu lassen, reagierte sie mit eindrücklichen Worten: „Ich muss ganz ehrlich sagen", so Merkel, „wenn wir jetzt anfangen, uns noch entschuldigen zu müssen dafür, dass wir in Notsituationen ein freundliches Gesicht zeigen, dann ist das nicht mein Land."[1] Zwar hinterfragt die FAZ diese Sätze mit einem verwunderten und kritisierenden Unterton: „Deutschland – Land des Lächelns?" oder „Deutschland, freundlich Vaterland?"[2] Doch unterstreicht die SZ, dass es der Kanzlerin „um weit mehr als um ein nettes Lächeln ging". So „ging es beispielsweise darum, dass die Großstadt München in einen Fast-Ausnahmezustand geriet, oder darum, wie Deutschland in der Welt dastehen würde"[3]. Und der „Tagesspiegel" kommentiert Merkels Rede vom freundlichen Gesicht Deutschlands kurz und knapp so: „Es gibt Sätze, die bleiben, die nicht mehr weggehen, nie mehr. Wie dieser."[4]

Inzwischen hat sich die Stimmung gegenüber den Geflüchteten gewandelt. Die anspruchsvolle gesellschaftliche Herausforderung, der großen Zahl an Geflüchteten wirksam und längerfristig (auch finanziell) helfen zu können, ließ bei manchen Einheimischen die Zweifel wachsen. Auch viele Unsicherheiten in der Frage einer gelungenen Integrationspolitik beschworen

Kontroversen herauf. Neben all der sachlichen Kritik ist an einigen Orten sogar eine Eskalation festzustellen. Geflüchtete, deren Selfies mit der Kanzlerin ihren Weg in die internationalen Medien fanden, müssen noch immer polizeilich geschützt werden. Viel zu oft waren Flüchtlingsunterkünfte in den vergangenen beiden Jahren das Ziel von Brandanschlägen. Begleitet von großem Medienecho führte ein Teilnehmer der seit 2015 regelmäßigen flüchtlingsfeindlichen Pegida-Demonstration in Dresden einen Galgen mit sich, an dem er Bundeskanzlerin Angela Merkel und Vizekanzler Sigmar Gabriel angesichts ihres Eintretens zugunsten der Geflüchteten aufgehängt sehen wollte. Auch die Unionsparteien schieden sich an der Flüchtlingsfrage: Merkels performative Rede „Wir schaffen das!“ als Ausdruck ihrer Überzeugung, dass sie eine Integration der Geflüchteten für möglich und sinnvoll hält, beantworteten die bayerischen Christsozialen monatelang mit ihrer Forderung nach einer quantitativen „Obergrenze“ für die Zahl der jährlich von Deutschland maximal verkraftbaren Geflüchteten.

Ohne die in unserem Land weiterhin virulente und kontroverse Diskussion um die Geflüchteten hier weiter verfolgen zu können, sei immerhin auf einen perspektivreichen Gedanken des Theologen und ehemaligen Erzbischofs von Canterbury, Rowan Williams, hingewiesen, der für jedweden Umgang mit Fremden entscheidende Horizonte eröffnet. Der Kirchenmann unterstreicht mit Blick weit über das Sozialengagement für Geflüchtete hinaus, dass eine gelungene Ethik gerade nicht darauf beruht, im anderen *sich selbst* wiederzuerkennen, sondern im anderen *den anderen* wahrzunehmen. Einem anderen Menschen zu begegnen und ihn zu erleben, bedeute immer auch, einen anderen – womöglich fremden – Standpunkt wahrzunehmen. Niemand könne wissen, was der andere Mensch wirklich fühlt und empfindet. Dies zu behaupten, komme im besten Fall einer Selbstüberschätzung gleich. Dessen unbenommen könnten wir uns in unserer Fantasie ausmalen, wie der andere Mensch fühlen mag, um diese Eindrücke dann dem Gegenüber zur Verfügung zu stellen. Vor diesem Hintergrund würde echte Einfühlung als Basis des sozialen Engagements bedeuten, vom anderen gerade aufgrund der Erfahrung seiner Fremdheit lernen zu wollen.[5] Unübersehbar gelangt auf diese Weise ein kulturelles Kriterium ins Spiel. Zwar mag die Möglichkeit des Menschen zur Empathie angeboren sein (wie manche Beispiele aus dem Tierreich veranschaulichen)[6]; sie aber leben zu wollen, bedeutet unweigerlich, vom anderen zu lernen und sich mit ihm ebenbürtig auf eine Stufe zu stellen.

In den euphorischen Momenten am Münchner Hauptbahnhof im September 2015 war sicherlich etwas von dieser Idee greifbar. Die Münchner haben die Ankommenden als Menschen mit einer eigenen Geschichte, einem ganz persönlichen Schicksal wahrgenommen und ihnen nicht nur materiell geholfen, sondern ihnen auch ihren Respekt in mitmenschlichen Gesten gezeigt. Umso mehr wird sich diese Haltung bewähren müssen, damit die Integration der Fremden in das Sozial- und Arbeitsleben gelingt, sobald sie als Asylantinnen und Asylanten anerkannt sind.

Wie viele Menschen sich um diese Offenheit gegenüber fremden Mitmenschen auf alle mögliche Weise bemühen, förderte kürzlich der „Bertelsmann Religionsmonitor 2017“ zutage: 44 Prozent der befragten Muslime haben sich 2016 für Geflüchtete engagiert, 21 Prozent unter den Christen und 17 Prozent unter den Konfessionslosen. Damit hat sich 2016 etwa ein Fünftel der Bevölkerung im Bereich der Flüchtlingshilfe zumeist regelmäßig ehrenamtlich engagiert. Waren Muslime im Einsatz für Geflüchtete aktiver als Christen, beteiligen sich Christen mehr, wenn es um ehrenamtliches Engagement im Allgemeinen geht, wie der Befragung zu entnehmen ist.[7]

Zeitgleich mit der Bewältigung des großen Flüchtlingsansturms fand im letzten Quartal 2015 in Paderborn eine auch international stark beachtete Ausstellung statt. Nicht nur zeitlich korrespondierte die Schau mit dem damaligen Großeinsatz für die Geflüchteten; denn inhaltlich ging es ausgerechnet um die vielfältigen Ausdrucksweisen beherzter Mitmenschlichkeit in Geschichte und Gegenwart. – Was empfänden die tatkräftigen Helferinnen und Helfer der Geflüchteten seit September 2015, aber auch die vielen tagtäglich in anderen Sozialbereichen ehrenamtlich engagierten Menschen in unserem Land wohl, wenn sie diese Ausstellung unter dem Titel „Caritas. Nächstenliebe von den frühen Christen bis zur Gegenwart" (23. 7.–13. 12. 2015) heute noch einmal besuchen könnten?

Als Erstes würde ihnen auffallen, dass diese Schau, die historisch und kunstgeschichtlich einzigartige Ausstellungsstücke zusammenbrachte, innerhalb der 2000-jährigen abendländisch-christlichen Geschichte den übergroßen Schwerpunkt auf die Vergangenheit legt. Auf die Gegenwart entfallen lediglich einige moderne Videoinstallationen oder Plakat-Präsentationen. So könnte sich der Eindruck einstellen, dass Caritas und Nächstenliebe (erst recht als christlicher Grundvollzug in der Nachfolge Jesu) vor allem die europäische Vergangenheit geprägt haben, dagegen in der Gegenwart eine eher untergeordnete Rolle spielen.

Als Zweites würden sich beim Besuch der „Caritas"-Ausstellung wahrscheinlich viele der ehrenamtlich Aktiven verwundert darüber zeigen, dass sich die 2000-jährige Geschichte der Caritas unter einem weithin religiös geprägten Horizont ereignete. So finden sich auf vielen der ausgestellten Exponate zur christlichen Caritas Heiligenscheine oder Kreuze abgebildet, Engel oder Teufel, Päpste oder Bischöfe, Himmel oder Hölle, religiöse Worte auf Griechisch oder auf Latein. Zugleich zeigen die Exponate keine Hauptbahnhöfe oder Zeltunterkünfte, keine unscheinbaren Versammlungs- oder Privaträume, sondern zahllose Kirchen und Klöster, kirchliche Hospitäler oder christliche Hospize als Biotope beherzter Mitmenschlichkeit. Tatsächlich gingen die „Vorfahren" der heutzutage ehrenamtlich Engagierten geradezu selbstverständlich davon aus, dass praktizierte Nächstenliebe eine Aufgabe ist, die Gott selbst den Menschen abverlangt.

Drittens würde den Ehrenamtlichen angesichts der vielen Exponate, die sich auf die materielle Armut und deren Linderung beziehen, deutlich, dass „eine Armutsgrenze und damit auch die Definition von Armut Ausdruck einer besonderen Epoche sind, einer besonderen Vorstellung dessen, was Armut ausmacht". So erkennen sie auch unter Berücksichtigung aktueller sozialer Zustände, dass das jeweilige Verständnis von Armut und Bedürftigkeit das „Ergebnis eines politischen, wenn nicht eines gesamtgesellschaftlichen Aushandlungsprozesses" ist, an dem auch religiöse Gemeinschaften beteiligt sein können.[8]

Viertens und letztens: Anders als heutige Ehrenamtliche, die oftmals sagen, mit ihrem Einsatz wären sie einem spontan-mitmenschlichen Impuls gefolgt und würden sich dabei glücklich fühlen, hätte Menschen früherer Jahrhunderte wohl erstrangig die Überzeugung geleitet, dass sie mithilfe ihres caritativen Engagements auf Erden dem von ihnen erhofften ewigen Leben näherkommen wollten.

Zusammengefasst: Erstens macht die heute noch mittels eines attraktiven Katalogs zugängliche „Caritas"-Ausstellung durch aussagekräftige Exponate und auf inspirierende Weise deutlich, dass die Praktiken beherzter Mitmenschlichkeit bereits eine mehr als 2000-jährige christliche Tradition hinter sich haben. Freilich dürfen zweitens die veränderten Motivationen hinter dem Einsatz der Helfenden nicht unberücksichtigt bleiben, denn hier gilt es gerade in jüngster Zeit, grundlegende Verschiebungen wahrzunehmen, die einer genaueren Beobachtung bedürfen. Ausgehend von diesen beiden Aspekten versuchen die folgenden Überlegungen anhand von Fallbeispielen zu erschließen, welche Rolle Religion und religiöse Einstellungen im Bereich des ehrenamtlichen Engagements aktuell spielen.

1. Menschenfreundlicher Gott und barmherzige Lebenspraxis – Ein epochaler Durchbruch

Entschiedene Hilfsbereitschaft und tatkräftige Aufgeschlossenheit im Dienste der nahen und fernen Mitmenschen sind eine zivilisatorische Langzeiterrungenschaft. Zwar verrichteten die Menschen bereits in der heidnischen Antike gute Werke. Allerdings waren sie dabei auf den genauen Ausgleich von menschlicher Leistung und menschlicher Gegenleistung bedacht. So gewährte man sich beispielsweise im alten Rom oder im alten Griechenland gegenseitige Gastfreundschaft – allerdings allein unter Reichen. Von einer umfassenderen und alle gesellschaftlichen Schichten umgreifenden Armensorge blieb die heidnische Antike weit entfernt. In krassen Worten bringt der Politikwissenschaftler Philipp Lepenies die antike Auffassung von Armut auf den Punkt: „Im Verständnis der Antike war Armut ein selbstverschuldetes Schicksal. Armut war eine Strafe der Götter und die Wurzel allen gesellschaftlichen Übels. Die Verachtung der Armut führte aber nicht dazu, dass man sich fragte, wie Armut entsteht, wie man den Armen helfen könnte oder ob und wie sich Armut abschaffen ließe. Solche Gedanken waren den Wohlhabenden in der Antike fremd.“[9] Somit lässt sich aus einer kirchengeschichtlichen Perspektive konturenscharf resümieren: „Während der Orient, so Ägypten, Babylonien und Israel, eine ‚Sozialpolitik‘ übte, kannten Griechenland und Rom eine solche nicht. Denn die Götter galten weder in Griechenland noch in Rom als Beschützer der Armen, und die Tempel haben bei der Verteilung von Lebensmitteln keine Bedeutung gehabt.“[10]

Umso mehr fällt die neuartige Praxis der Nächstenliebe auf, die die Christen in der Spur des Judentums von Anfang an übten. Grundsätzlich steht hinter ihrer Caritas die Überzeugung, dass einen jeden Menschen die Freude über das durch Gott in Fülle geschenkte Leben dazu bringen kann, von diesem Reichtum auch seinen Mitmenschen weiterzugeben und sein Herz für sie zu öffnen: „Christliche Nächstenliebe ist mehr als Ethik. Sie nimmt die Liebe Gottes auf, die sich den Menschen zuwendet, so wie Jesus sie verkündet und verkörpert."[11] Die göttliche Willkommenskultur gegenüber jedem Menschen, so die christliche Überzeugung, befreit die Menschen zur freimütig geübten Willkommenskultur untereinander. Der Althistoriker Otto Hiltbrunner pointiert das am Verhalten Jesu abgelesene Ideal der neuen Uneigennützigkeit unter dessen Anhängern in kernigen und auf das Leben im Hier und Jetzt bezogenen Worten: „Christen erwarten keine Gegenleistung."[12]

Diese um Nächstenliebe bemühte Lebenspraxis, die auf dem Fundament eines als menschenfreundlich vorgestellten Gottes aufruht, darf auch als historischer Ursprung der christlichen Mitmenschlichkeit und Armensorge in hiesigen Breiten gelten. Die Exponate der bereits genannten „Caritas"-Ausstellung künden von den Auswirkungen dieses menschheitsgeschichtlichen Durchbruchs ebenso wie die Flüchtlingshelfer unserer Tage.

„Der Triumph der christlichen Religion", so schreibt kulturvergleichend der Sozialhistoriker Paul Veyne im Blick auf die ersten Jahrhunderte unserer Zeitrechnung, „hat eine starke Minderheit in die Lage versetzt, eine ganze Gesellschaft für die Armut zu sensibilisieren. Ohne große Gewissensbisse hatte das Heidentum die Hungernden, die Alten oder die Kranken ihrem Schicksal überlassen. Altersheime, Waisenhäuser, Krankenhäuser usw. sind Institutionen, die erst zur Zeit des Christentums eingerichtet wurden. Selbst ihre Namen sind im Griechischen und Lateinischen neu."[13] Mit Blick auf die Armensorge der heidnischen Antike lässt sich auch Moses I. Finley als Kenner des antiken Wirtschaftslebens mit deutlichen Worten vernehmen: „Grundsätzlich gehörte das ‚Selig sind die Armen' nicht in die griechisch-römischen Vorstellungen."[14]

Mit dem Terminus „Barmherzigkeit" für nächstenliebendes Verhalten folgt das Neue Testament dem Alten Testament ebenso unmittelbar wie in der inhaltlichen Ausdeutung der Barmherzigkeit. Das hebräische Wort für Erbarmen oder Barmherzigkeit geht auf *rechem* zurück, und das meint den nicht von den Rippen geschützten Bauch, überdies im Plural die Eingeweide besonders als „Sitz" des zarten Mitgefühls. Ebenso wie eine schwangere Frau ihr Kind in ihrem Schoß fühlt und sich mit ihm emotional unmittelbar verbunden weiß, so lassen sich der göttliche Vater und sein Sohn Jesus zutiefst von jedem Geschöpf anrühren, wie sich die Urgemeinde überzeugt gab. Entsprechend auch ist die Barmherzigkeit im neutestamentlichen Kontext als Umschreibung der herzlichen Sorge Gottes und seines Sohnes Jesus für die Menschen zu verstehen, aus der sich für die Beschenkten die Einladung zu einem beherzten Einsatz zugunsten der Mitmenschen ergibt (Mt 18,23–35; Lk 6,36).[15]

Freilich steht die Gerichtsrede im Matthäusevangelium (Mt 25,31–46) als ein Text vor uns, der nichts Dogmatisches zur Qualifikation der Wohltäter sagt. Vielmehr spricht er das Heil allein denen zu, die sich für die Linderung der Not unter den Mitmenschen einsetzen. Somit optiert der Text „für ein undogmatisches und praktisches Christentum"[16]. Es geht darum, den konkreten Mangel zu beseitigen: Hungernde zu speisen, Durstigen zu trinken zu geben, Fremde aufzunehmen, Nackte zu bekleiden, Kranke zu besuchen oder Gefangene zu unterstützen; überdies – so ergänzte der Kirchenvater Augustinus von Hippo († 430) –, indem der Wohltäter die Unwissenden belehrt, die Zweifelnden berät, die Traurigen tröstet, die Sünder auf den rechten Weg weist, die Lästigen geduldig erträgt, seinen Beleidigern verzeiht oder für die Lebenden und Verstorbenen betet.[17]

Die im Matthäusevangelium genannte Reihung der „Werke der Barmherzigkeit", wie sie in zahlreichen Katechesen der Kirchenväter erschlossen wurde oder später in die Katechismen einging, gehört seit jeher zum Besonderen des Christentums: Die Jesus-Anhänger sollten dieses christliche Fundament kennen und es bedenken; sie sollten entsprechend handeln und so ihren Taufauftrag alltagsprägend erfüllen: „*Visito, poto, cibo, redimo, tego, colligo, condo* – ich besuche, ich gebe zu trinken, ich speise, ich kaufe los, ich bekleide, ich sammle, ich stifte" – so lautete schon unter den hochmittelalterlichen Theologen der langgezogene Merksatz.[18]

Somit lässt sich zusammenfassen: Der Einladung zu den „Werken der Barmherzigkeit“ geht es – in Fortsetzung der alttestamentlich-caritativen Traditionen – vor allem um eine klare Richtungsangabe für die vielfältigen Ausdrucksformen einer von beherzter Mitmenschlichkeit getragenen Lebensweise. Die „Werke“ regen dazu an, den Schwächsten zu Unterstützung und Ansehen zu verhelfen – einerlei, wie diese Menschen die Unterdrückung und die Ausgrenzung erfahren: als Witwen oder Waisen, als körperlich Kranke oder seelisch Beeinträchtigte, als materiell Bedürftige oder geistig Mittellose.[19] Zudem kennt dieser Aufruf keine religiösen, ethnischen, nationalen, geschlechtsbezogenen oder sonstigen Grenzen: „Die Brüder und Schwestern des Menschensohnes sind also alle notleidenden Menschen der Erde.“[20]

Gemäß christlichem Verständnis ist die Würde des Armen vor allem anderen darin begründet, dass er Gott bzw. Jesus verkörpert und der Armensorger seinerseits im armen Menschen seinem Gott bzw. seinem religiösen Vorbild Jesus begegnet.[21] In diesem Sinne bedeutet Armendienst nach christlicher Auffassung tatsächlich Gottesdienst. In der Tat gilt christentumsgeschichtlich: „Im Mitleiden ähnelt der Mensch letztendlich Gott.“[22] Entsprechend legt das Matthäusevangelium dem göttlichen Richter in der bereits zitierten Gerichtsrede die folgenden Worte in den Mund (Mt 25,40): „Amen, ich sage euch: Was ihr für einen meiner geringsten Brüder getan habt, das habt ihr mir getan.“ Und umgekehrt wird es am Ende der Tage für diejenigen heißen, die die christliche Nächstenliebe nicht geübt haben (Mt 25,45): „Was ihr für einen dieser Geringsten nicht getan habt, das habt ihr auch mir nicht getan.“

Die beschriebene „Geburt der Caritas“ ist rückblickend als ein nicht zu überschätzender humanitärer Durchbruch zu würdigen – mit Spuren über mehr als 2000 Jahre hinweg – bis hin zu den modernen Menschenrechten. Die Überzeugung, dass jeder Mensch eine Würde sowie einen Anspruch auf jene Hilfe hat, die er zum Leben benötigt, wurzelt maßgeblich in dem jüdisch mit grundgelegten Wertereservoir, wie es beispielsweise Lev 19,18 mit der Einladung zur Nächsten- und Selbstliebe („ein Spitzensatz alttestamentlicher Ethik“[23]) zum Ausdruck bringt – eine Weisung, die in Lev 19,34 und Dtn 10,18f. zur Feindesliebe erweitert ist. Daraus speist sich vielfältig die Hilfsbereitschaft so zahlreicher Menschen guten Willens bis in unsere Tage, unabhängig davon, welcher weltanschaulichen Überzeugung sie sich persönlich zugehörig fühlen.

2. Ziel des Buches – Gelebte Religion in Initiativen beherzter Mitmenschlichkeit

Nachdrücklich hat der Berliner Religionssoziologe Hubert Knoblauch die wissenschaftliche Frage nach der Ausdeutung religiösen Lebens in der Gegenwart gestellt: „Die Vielfalt der gegenwärtigen Lebensführung schreit geradezu nach einer Beschreibung, die die Unübersichtlichkeit der eigenen Lebenswelt überwinden hilft. Denn während wir über historische Religionen (und historische Texte heutiger Religionen) enorm viel wissen, beschäftigen sich nur wenige mit dem, was man die Gelebte Religion nennen kann. Das Verhältnis der Forschungen, die sich mit historischen Texten beschäftigen, zu denjenigen, die die Gelebte Religion erkunden, fällt nach wie vor überdeutlich zu Ungunsten der Gegenwartsreligion aus. Entsprechend wissen wir zwar sehr viel über die ‚Tradition‘ und die ‚Schriften‘, wenig aber über die Gelebte Religion der heutigen Menschen.“[24]

Entsprechend dem Plädoyer von Hubert Knoblauch soll es in den folgenden Kapiteln weder um eine Geschichte der Caritas (epochenübergreifend und kulturvergleichend) noch um die Vorstellung einflussreicher Initiativen gehen, die in früheren Zeiten das Sozialleben der Menschen pionierhaft geprägt haben (Ordensbewegungen, Bruderschaften, Stiftungen etc.). Vielmehr stehen *heutige Ausdrucksformen beherzter Mitmenschlichkeit* im Mittelpunkt. So sei erstens gefragt, in welcher Weise diese exemplarisch ausgewählten und biblisch fundierten Konkretionen der Caritas auch noch in gegenwärtigen Sozialinitiativen[25] ein solidarisches Handeln der Menschen widerspiegeln. Zweitens – und das ist der entscheidende Fokus dieses Buches – soll für ein tieferes Verständnis aktueller praktizierter Mitmenschlichkeit erwogen werden, welche der zahlreichen christlichen Traditionen jene Initiativen aufgreifen, die in den folgenden Kapiteln Berücksichtigung finden. Beispielsweise: Auf welche Bilder und Metaphern führen sie sich historisch zurück? Welche Argumentationsfiguren aus früheren Zeiten bemühen sie? Welche biblischen Geschichten spiegeln sich in ihren Engagements wider? Und drittens schließlich werden die in dieses Buch einbezogenen caritativen Sozialinitiativen daraufhin befragt, inwieweit sie die Bedürfnisse heutiger Sinnsucher aufgreifen.

Bevor sich das vorliegende Buch den vertieften Studien widmet, reflektiert es auf der Grundlage aktueller soziologischer Forschung, wie sich das gesellschaftliche Leben in der Gegenwart und das Leben in der Vormoderne voneinander unterscheiden. Als charakteristisches Strukturmerkmal für die heutige Welt der westlichen Industriestaaten gilt aus einer systemtheoretischen Perspektive der sogenannte Prozess der funktionalen Differenzierung, wie ihn der Soziologe Niklas Luhmann in die Diskussion einbrachte. Er beschreibt einen gegenläufigen Prozess in der Gesellschaft. So bilden sich unterschiedliche gesellschaftliche Funktionsbereiche heraus (Recht, Wissenschaft, Ökonomie, Politik oder Bildung), die sich einerseits immer weiter ausdifferenzieren und dabei eine jeweils ansteigende Eigendynamik entwickeln, während sie andererseits voneinander abhängig sind, ohne noch einer alles umfassenden, insofern übergreifenden Weltdeutung zu folgen.

Tatsächlich ist aktuellen systemtheoretischen Gesellschaftsanalysen kaum zu widersprechen, wenn sie aufzeigen, dass sich die von starker Einheit geprägten vormodernen westlichen Gesellschaften, in denen alle Lebensbereiche von einem überwölbenden christlichen Weltbild geprägt wurden, inzwischen aufgelöst haben: „Eine einheitliche Weltinterpretation kann es unter den Bedingungen ausdifferenzierter Codes und Weltinterpretationen nicht mehr geben", wie aktuell maßgebliche Religionssoziologen unterstreichen.[26] Die Moderne hat zu einer Verselbstständigung der gesellschaftlichen Funktionen geführt. Politik, Ökonomie, Rechtswesen, Medizin und Kultur unterliegen nicht mehr der Religion, sondern etablieren sich nach ihren eigenen Gesetzen.

In modernen Gesellschaften treten nicht allein die Funktionsbereiche auseinander, sondern auch die sozialen Konstitutionsebenen: „Die personale, interaktionell-gemeinschaftliche, institutionell-organisatorische und gesamtgesellschaftliche Ebene differenzieren sich zunehmend."[27] So benötigt der Mensch, der sich mit dieser ansteigenden Komplexität konfrontiert sieht, zunehmend Vermittler und Übersetzer, die ihm erläutern und verstehen helfen, was auf den Kommunikationsebenen vor sich geht, die von ihm am weitesten entfernt sind: der Wähler gegenüber der großen Politik, der Eisenbahnkunde gegenüber der Großorganisation „Deutsche Bahn", der Kontoinhaber gegenüber der global agierenden Finanzwelt etc. Also: „Aufgrund der zunehmenden Ebenendifferenzierung kommen den mittleren Ebenen, insbesondere der Organisationsebene (man denke etwa an Gewerkschaften, Kirchen, Parteien, Freiwilligenorganisationen, Betriebe, Kliniken, Schulen etc.) in hohem Maße Aufgaben der Vermittlung zwischen Individuum und Gesellschaft zu."[28] Exemplarisch haben der Kirchenhistoriker Wilhelm Damberg und der Religionssoziologe Staf Hellemans für die römisch-katholische Kirche gezeigt, wie stark (sogar in zuvor nie gekannter Weise) die Vermittlungskunst der Bischöfe gefragt ist, wenn es darum geht, das Auseinandertreten zwischen dem Gemeindemitglied an der Basis und der im Papst verkörperten Weltkirche zu überwinden.[29]

Kurzum: Durch das Auseinandertreten von Funktionsbereichen und sozialen Konstitutionsebenen müssen Menschen auch in unserem Land weitgehend ohne den in vormodernen Gesellschaften noch selbstverständlichen und alles verbindenden (religiösen) Wertehorizont auskommen. In der Folge sind sie zunehmend auf sich selbst und ihre eigenen Entscheidungen zurückgeworfen.

Für das im Folgenden vorausgesetzte aktuelle Verständnis von religiösem Leben haben die in Erinnerung gerufenen Besonderheiten unserer westlichen Gesellschaften einige Konsequenzen. Es wird sich zeigen, dass auch die jeweilige religiöse Verortung durch die zunehmenden Unsicherheiten im alltäglichen Leben der Menschen geprägt ist. Unter den neuen Vorzeichen besteht die Religion zwar weiter. Allerdings verschwimmen dabei die institutionellen Formen der Religion: Die Individuen können nicht nur wählen, was ihnen passt, und damit ihr eigenes Religionsleben zusammenstellen. Sie können sogar Elemente aus verschiedenen (historischen und gegenwärtigen) Religionstraditionen miteinander kombinieren[30], wie in diesem Buch anhand einiger Beispiele aus dem Bereich der beherzten Mitmenschlichkeit rekonstruiert werden soll.

Selbst schon Ausdruck eines Verständnisses von Religion, das Vergangenes und Gegenwärtiges kombiniert, ist die Auffassung von Transzendenz, die den Religionssoziologen Hubert Knoblauch leitet, wenn er über Religion nachdenkt. Die Transzendenz versteht er nämlich nicht im Gegensatz zur Immanenz, sondern verzichtet (entsprechend der für die christliche wie die außerchristliche Mystik überlieferten Verschmelzungserfahrung) auf jede Grenzziehung zwischen Jenseitigem und Diesseitigem.[31] Entsprechend versteht er die *religio* als die Rückbindung, die Verankerung des Menschen in der konkreten Sozialität. Pointiert formuliert Knoblauch: „Die Anderen sind nicht die verborgenen Götter – nicht die Götter kommen zuerst, sondern die Menschen. Die Transzendenz als ein ‚Auf-etwas-Hinauswollen' liegt demnach darin begründet, dass der Mensch gleichsam von Anfang an auf andere angewiesen ist. (...) Transzendieren bezeichnet deswegen die Fähigkeit, mit anderen in eine solche Interaktion einzutreten."[32] In dem Maße, wie der einzelne Mensch den anderen Menschen auch in seiner Fremdheit wahrnimmt, werden sich beide ihrer unterschiedlichen Identität bewusst – eine Position, wie sie oben schon bei Rowan Williams angeklungen ist.

Auch wenn Transzendenz für Knoblauch keineswegs schon die Religion ist, so bildet sie doch den begrifflichen Referenzpunkt für seine Theorie der Religion. Gleichfalls konstitutiv sind für ihn die Zeichen (Bewegungen der Hände, Wandel in der Gesichtsmimik, Veränderung der gesamten Körperhaltung), die in der Kommunikation ihre Verwendung finden, um die Unterschiede zwischen zwei Menschen auszubilden: Zeichen der Zuneigung und der Hilfe, Zeichen der Abgrenzung und der Auseinandersetzung.

Im Ergebnis gelangt Knoblauch zu einem weiten Verständnis von Religion. Diese im Folgenden maßgebliche Auffassung zeichnet sich dadurch aus, dass sie die Opposition gegen die westlichen Lebensmuster und -auffassungen schon lange hinter sich gelassen hat und ihnen gegenüber ohne jede Grenzziehung auskommt: „Die populäre Religion bildet die Schnittmenge zwischen populärer Kultur und Religion und wird zu einer immer bedeutenderen Arena, in der weltanschauliches und religiöses Wissen vermittelt wird, denn sie formt es in Weisen, die den sozial und kulturell unterschiedlichen Anforderungen der Subjekte auf den Leib geschnitten sind."[33] Entsprechend findet sich die Gelebte Religion auch innerhalb der kirchlichen Institutionen.

Nicht zuletzt ist innerhalb dieses horizontalen Netzwerkes und seinem Beziehungsmodus des Teilens auch der von der Gesellschaft immer wieder infrage gestellte Zusammenhalt von Armen und Reichen, von Menschen am gesellschaftlichen Rand und Menschen in der gesellschaftlichen Mitte zu berücksichtigen[34], wie es in den Kapiteln des vorliegenden Buches geschehen soll.

Ohne hier grundsätzlich auf die Vereinbarkeit oder Nicht-Vereinbarkeit von Moderne und Religion eingehen zu können, sei in Anknüpfung an das für die folgende Darlegung maßgebliche

Religionsverständnis von Hubert Knoblauch immerhin herausgestellt, dass die innere Wünschelrute von heutigen Sinnsuchern stets dann besonders kräftig ausschlägt, wenn drei Aspekte klare Berücksichtigung finden: erstens die Wertschätzung der persönlichen Individualität, zweitens die Sehnsucht nach Ganzheitlichkeit und drittens die Wahrung einer gewissen Institutionenskepsis.

So legen Menschen im Rahmen ihrer Lebensgestaltung heutzutage einen gewichtigen Akzent auf ihre *Individualität*. Unter diesem Vorzeichen komponieren sie ihren je eigenen Sinnhorizont. Wenn sie sich auf persönliche Weise religiös rückbinden oder kirchlich verorten, entscheiden sie darüber ebenso eigenständig, als wenn sie sich gänzlich anderen Horizonten des Weltverstehens zuwenden. Der Religionssoziologe Charles Taylor spricht hier trefflich von einer heute angesagten „Kultur der Authentizität". Damit meint er eine Auffassung von Individualität, für die es kennzeichnend ist, die eigene Unverwechselbarkeit und Originalität nicht allein innerlich zu empfinden, sondern sie zudem nach außen zum Ausdruck zu bringen: „Danach hat jeder von uns seine oder ihre eigene Weise, die Humanität zu verwirklichen, und es ist wichtig, den eigenen Weg zu finden und danach zu leben, anstatt sich mit einem Modell, das von außen vorgegeben ist, der Konformität zu überlassen."[35]

Hubert Knoblauch zählt zum gemeinsamen Kern moderner Sinnsucherbewegungen auch das Streben nach *Ganzheitlichkeit.* Sie drückt sich im Vertrauen auf persönliche Erfahrungen ebenso aus wie in dem Mühen, die verschiedenen Elemente des Kosmos als Einheit zu sehen: Krankheit und Gesundheit, Himmel und Erde, Menschen und Tiere etc. Die Überzeugung, dass der persönliche Blick auf das große Ganze für das Verständnis des eigenen wie des fremden Lebens hilfreich ist, tritt nicht selten an die Stelle ehedem verbindlicher religiöser Vorgaben, wie sie in dogmatisch-objektiven Sätzen zur Sprache kommen.[36]

Während eine religiöse Lebensgestaltung noch in den 1950er-Jahren meist aus einer kirchlich-institutionellen Verwurzelung hervorging und mit ihr lebenslang verbunden blieb, zeichnet heutige Menschen eine nicht allein die Kirchen betreffende *Institutionenskepsis* aus. Was Menschen in modernen Gesellschaften für religiös richtig und deshalb für anziehend halten, entscheiden sie selbst. Und selbst dort, wo die (religiöse) Tradition vermeintlich noch der alles bestimmende Maßstab ist, gilt doch in Wahrheit der Grundsatz, dass die Einzelnen darüber bestimmen, was für sie gelten soll. Nicht einmal der, der nach Autorität verlangt, kommt an der Entscheidung vorbei, welcher Autorität er genauerhin folgen will. Eben diesen Grundsatz veranschaulichen aktuell besonders die Mitglieder der Piusbruderschaft, die für sich – päpstlicher als der Papst – nicht weniger beanspruchen, als ultimativ zu wissen, wo wahrhaftig die einzig legitime Tradition zu finden ist. Ob ihnen ihre eigene Institutionenskepsis auffällt oder nicht, kann hier einmal dahingestellt bleiben.

Wenn Hubert Knoblauch – im Verein mit vielen seiner soziologischen Kolleginnen und Kollegen – aktuell im Bereich der religiösen Kommunikation eine Ablösung von den institutionellen Strukturen erkennt, stößt er zugleich auf Indizien, die den durch viele Menschen erhofften Wandel von einer herrschaftsorientierten zu einer dialogischen Kommunikationsstruktur anzeigen. – Für unseren Zusammenhang verdient es Beachtung, dass Institutionenskepsis nicht automatisch eine vollständige Ablehnung von Lebenswissen bedeutet, das auch im Rahmen von (religiösen) Institutionen auf uns gekommen ist. Ob die lebensgesättigten Deutungen früherer Zeiten freilich für die Bewältigung des eigenen Lebens von Bedeutung sind, entscheidet jeder Mensch für sich selbst immer wieder neu.

Zu Recht beklagt der Religionssoziologe Franz-Xaver Kaufmann eine „Verkirchlichung des Christentums", wie sie sich auch in den professionellen Strukturen der Unternehmen „Caritas" und „Diakonie" als bedeutende Arbeitgeber in Deutschland widerspiegelt.[37] Umso wichtiger ist es im Sinne einer nochmals wiederholten Abgrenzung, dass dieses Buch nicht von verkirchlichtem Christentum (unter Einschluss seines Verhältnisses zur Moderne[38]) handelt und aufgrund der begrenzten Fallstudien ebenso wenig als Beitrag zum religionssoziologisch vielfältig diskutierten Verhältnis von Religion und Moderne („Säkularisierungsdebatte") verstanden werden kann[39], sondern soziale Initiativen und darin wirksame religiöse Vorstellungen in den Blick rückt, die außerhalb – oder am Rande – der kirchlichen Großorganisationen lebendig sind. Entsprechend geht es um die Menschen, die im angesprochenen Rahmen ein bürgerschaftliches Engagement ausüben: eine freiwillige und regelmäßige ehrenamtliche und gemeinwohlorientierte Tätigkeit mit einem öffentlichen Charakter.[40] Wo immer es möglich ist, werden auch die Perspektiven derer einbezogen, die gestärkt und ermutigt werden sollen, ihre eigene Stimme zu erheben.

Ohne dass im Folgenden die Engagements der seit den 1970er-Jahren aktiven Eine-Welt-Gruppen berücksichtigt werden, die ihre Fortsetzung bis heute in den international agierenden globalisierungskritischen Bewegungen finden, sei hier immerhin ausdrücklich gewürdigt, dass die Geschichte der Basisinitiativen mit diesen Gruppen ihren Anfang nahm. Gleichermaßen anerkennend ist die seit den 1970er-Jahren aktive Bewegung zugunsten der Tierrechte zu erwähnen, die bis hinein in ihre aktuelle Arbeit zeigt, was es bedeutet, dass der (christliche) Universalitätsanspruch das Mitmenschliche überschreitet.

Welche Merkmale müssen die Sozialinitiativen erfüllen, um in diesem Buch eine exemplarische Berücksichtigung zu finden? Vier Besonderheiten seien eigens hervorgehoben[41]:

- eine Parteinahme für die Armen und die „anderen" – beispielsweise Asylanten (Kap. 1), Gefangene (Kap. 2) oder Menschen mit Behinderungen (Kap. 4);
- eine gesellschaftskritische Funktion, insofern diese Initiativen einen blinden Fleck der gesellschaftlichen oder staatlichen Fürsorge entdecken, diesen ausfüllen und eine Marginalisierung von Personengruppen kritisieren – beispielsweise Tafelbewegung (Kap. 3) oder Hospizbewegung (Kap. 5);

- eine beratende Unterstützung zur Lösungsfindung für politische, gesellschaftliche und persönliche Probleme in Form einer „Seelsorge aneinander“ – beispielsweise denke man an die Telefonseelsorge (Kap. 7);
- eine Hilfe zur Selbsthilfe durch Solidarität mit anderen Betroffenen. Die Projekte sind von einer Kompetenz der Betroffenen für ihre Probleme überzeugt. Man führt die Menschen in bestimmten, vergleichbaren Not- und Mangelsituationen zusammen, um ihnen in der gegenseitigen Solidarität eine Hilfe zur Selbsthilfe anzubieten, anstatt eigenmächtig, vorschnell oder sogar ausschließlich *für* diese Menschen zu handeln – exemplarisch sichtbar im gemeinschaftlichen Ringen der Eltern von Sternenkindern (Kap. 6) oder in der Bewegung zugunsten von Gefangenenbüchereien (Kap. 2).

Die genannten Kriterien lassen bereits erkennen, dass es im Rahmen der angesprochenen Sozialinitiativen nicht allein um die Bedürfnisbefriedigung von Individuen geht, sondern ebenso um die Integration Einzelner in die Gesellschaft. Im Hintergrund steht die Überzeugung, dass ökonomische und soziale Unterschiede vielfach über die gesellschaftlichen Partizipationsmöglichkeiten des einzelnen Menschen (mit-)entscheiden: „Ein höherer sozialer Status korreliert mit einem größeren Partizipationsinteresse, mit größeren Partizipationsmöglichkeiten und mit einer höheren Rate wahrgenommener Partizipationschancen.“[42] Markant ordnet der Theologe Alexander Filipovic diese Grundüberzeugung sozialethisch ein: „Über die Option für die Armen und den Begriff der Solidarität wird aus christlicher Perspektive die Gruppe derer bestimmt, die bemächtigt werden sollen. Der Modus der Einbeziehung (Inklusion) wird im Subsidiaritätsprinzip deutlich: einzelne und die je kleineren Gruppen und Gemeinschaften sollen autonom ihr Leben und ihre Bedürfnisse organisieren.“ Dabei wird ihnen der benötigte Beistand im Sinne und Umfang der „Hilfe zur Selbsthilfe“ zuteil.[43] Im gleichen Sinne optiert Georg Cremer, der amtierende Generalsekretär des Deutschen Caritasverbandes e. V., für die Verwirklichung einer „Befähigungsgerechtigkeit", sodass Menschen lernen, ihre Fähigkeiten zu entfalten, um ein gelingendes Leben führen zu können[44]: „Der Befähigungsansatz fokussiert auf die Erweiterung individueller Verwirklichungschancen, auf die Erschließung von Freiheits- und Teilhabespielräumen."[45]

Der Begriff „Beherzte Mitmenschlichkeit" – wie er hier zugrunde gelegt wird – umfasst also eine Mannigfaltigkeit: konkrete materielle Hilfe, Solidarität, gesellschaftliches Engagement und Hilfe zur Selbsthilfe. Nur in dieser Vielfältigkeit lässt sich annähernd einfangen, wie (Mit-)Menschlichkeit aktuell lebendig und religiös durchprägt ist.

B.
Beherzte Mitmenschlichkeit – Auf den Spuren solidarischer Initiativen

Gebündelt wie in einem Brennglas lassen sich die segensreichen Wirkungen religiös durchprägter Mitmenschlichkeit anhand der Lebensverhältnisse in der US-Metropole New York erkennen. Mit hoher Wahrscheinlichkeit hat keine Stadt auf der ganzen Erde eine größere Vielfalt an Religionen zu bieten als New York. Statistisch ist sogar erkennbar, dass es von Jahr zu Jahr mehr werden. Dazu gehören ebenso Abspaltungen der herkömmlichen Konfessionen wie religiöse Gruppierungen, die sich aus allen Winkeln der Erde in der US-Metropole antreffen lassen.

„Seit dem 19. Jahrhundert gehören Innere Mission und Sozialarbeit zum Anliegen aller Konfessionen, die sich in New York etabliert haben."[46] Das halbwegs friedliche Zusammenleben in dieser Vielvölkerstadt hängt wesentlich an den Religionen und ihren trefflichen Schwerpunktsetzungen. Zum einen betonen viele der in New York angesiedelten Religionen die Zusammengehörigkeit aller Menschen; zum anderen unterstreichen sie dieses Miteinander durch alltagspraktische Mitmenschlichkeit: „Den Ethnien gelingt eine gegenseitige Toleranz über das Medium der Religion, während die Religionen ganz offenbar in dem Maße vor dem Fundamentalismus und seiner Intoleranz bewahrt werden, wie sie den Angelpunkt ihrer Politik in den existentiellen und sozialen Problemen ihrer eigenen Gemeinden erblicken."[47]

Es ist kein Zufall, dass manche der diakonischen Initiativen, die im Folgenden vorgestellt werden, weil sie das Sozialleben in Deutschland aktuell prägen, größere oder kleinere Wurzeln haben, die in das religiös „aufgeladene" New York zurückverweisen. Erinnert sei hier lediglich an das inzwischen auch in Deutschland begangene „Worldwide Candle Lighting" (Kerzenanzünden) für still geborene Kinder jährlich am 13. Dezember, das es seit knapp zwei Jahrzehnten gibt und das von Anfang an einen Schwerpunkt in New York hatte. Naheliegend ist auch der Verweis auf die Lebensgeschichte von Jean Vanier, der sich als Pionier für das Zusammenleben von Behinderten und Nicht-Behinderten einen Namen gemacht hat und in New York wichtige Impulse für seine soziale Sensibilität bekam. Nicht weniger denkwürdig sind die Anfänge der Tafelbewegung oder der Telefonseelsorge, die gleichfalls eng mit dem religiösen Leben in New York verbunden sind.

Anders als führende Theologinnen und Theologen, die sich während der vergangenen Jahre mit der Barmherzigkeit in den Grundschriften des Judentums[48], des Islams[49] und des Christentums[50] befasst haben, um daraus Handlungsanweisungen oder Impulse für die Gegenwart abzuleiten, orientiert sich das vorliegende Buch an einem anderen Zugang: Es geht vom gelebten Leben aus – nicht in New York, sondern in Deutschland; nicht anhand kirchengemeindlicher Projekte, sondern im Blick auf diakonische Initiativen, die heutzutage in unserem Land eine markante Rolle spielen; nicht allein im Sinne einer aktuellen Beschreibung oder Problematisierung dieser Initiativen, sondern unter zusätzlicher Freilegung jener caritativen (Langzeit-)Traditionen, auf die sich die jeweiligen Initiativen berufen.

Die Vorstellung der Initiativen im Dienste der beherzten Mitmenschlichkeit, die im Folgenden zur Sprache kommen, gliedert sich in drei Rubriken mit insgesamt sieben fortlaufend durchnummerierten Kapiteln. Jedes Kapitel ist einem einzelnen Projekt gewidmet.

Unter der Rubrik „Zwischen Exklusion und Inklusion" folgen vier Initiativen. Das erste Kapitel beleuchtet sowohl die Gegenwart als auch die maßgeblichen Wurzeln des Kirchenasyls, das von vielen Politikern aktuell kritisch gesehen oder sogar abgelehnt wird. Im zweiten Kapitel geht es um die Bewegung zugunsten von Gefangenenbüchereien. Sie setzt sich für Brückenschläge zwischen dem Leben innerhalb und außerhalb des Gefängnisses ein, macht Gefangene als Subjekte ihrer eigenen Resozialisierung stark und sucht das Gefängnis mitten in das gesellschaftliche Bewusstsein zu rücken. Das dritte Kapitel stellt die Tafelbewegung in den Mittelpunkt: eine Initiative, die sich dafür engagiert, jene Lebensmittel an Bedürftige zu verteilen, die für den Verzehr zwar weiterhin geeignet sind, aber in Supermärkten nicht länger verkauft werden. Im Zentrum des vierten Kapitels steht Jean Vanier mit seiner Initiative unter dem Namen „Die Arche". Dahinter verbirgt sich ein Projekt, das sich seit Jahrzehnten pionierartig für das Zusammenleben von Menschen mit und ohne Behinderung einsetzt und wichtige Anstöße für die heutzutage lautstark geforderte Inklusion behinderter Menschen bereithält.

Unter der Rubrik „Zwischen Leben und Tod" folgen zwei Kapitel. So handelt das fünfte Kapitel von der Hospizbewegung, die seit etwa drei Jahrzehnten dafür kämpft, dass schwerstkranke Menschen das Hospiz (oder ihr Zuhause) als Ort des selbstbestimmten und würdevollen Lebens bis zum letzten Augenblick erfahren, anstatt in das soziale Abseits abgeschoben zu werden. Im sechsten Kapitel geht es um Eltern, die sich für die Würde ihrer Kinder einsetzen, nachdem diese als Totgeburten oder als „still geborene Kinder" zur Welt gekommen sind.

Unter der abschließenden Rubrik „Zwischen Selbstsuche und Selbstfindung" folgt – als siebtes Kapitel – eine weitere Initiative: die „Telefonseelsorge". Näherhin geht es um ihre aktuellen Ausprägungen und ihre Geschichte, nicht zuletzt um die christlichen Langzeittraditionen der Menschenfreundlichkeit, die das aktuelle Profil dieser Institution prägen.

Somit lässt sich bilanzieren: Zwar mögen die hier berücksichtigten Initiativen beherzter Mitmenschlichkeit – von außen betrachtet – sehr unterschiedlich wirken, doch stimmen sie allesamt in einem Schlüsselmerkmal überein: Sie enthalten oder integrieren wegweisende Einflüsse aus dem historischen Reservoir christlicher Denktraditionen und Argumentationsfiguren, religiöser Bilder und Geschichten. Diese Spuren gilt es zu entdecken, einerlei, wie unverändert oder abgewandelt diese Traditionen die heutigen diakonischen Initiativen prägen. Sie verraten ebenso viel über das aktuelle Religions- und Sozialleben wie über deren Trägerinnen und Träger.

... zwischen Exklusion und Inklusion

I. Schutz unter dem Kreuz – Das Kirchenasyl

Ökumenische
Bundesarbeitsgemeinschaft

Asyl in der Kirche

„Schutz für Flüchtlinge und Vertriebene – 30 Jahre Kirchenasyl. Oft ist es die letzte Rettung für Menschen in Not: das Kirchenasyl. 1983 wurde bundesweit zum ersten Mal einer palästinensischen Familie Zuflucht hinter Kirchenmauern gewährt." So titelte das „Domradio Köln" am 16. Juni 2013. Die TAZ meldete zwei Tage zuvor: „30 Jahre Kirchenasyl – Unter dem Dach der Kirche. Die Berliner Kirchenasyl-Bewegung feiert am Samstag ihr 30-jähriges Jubiläum. Es ist ein Fest in schwierigen Zeiten. Die Unterbringung wird immer schwerer." Und in den „RBB-Nachrichten" hieß es in jenen Tagen: „30 Jahre Kirchenasyl-Bewegung. Festakt für eine ‚Kultur der Solidarität'. Schutzsuchende vor Abschiebung, Folter, Verfolgung oder anderen Härten zu bewahren, ist das Ziel des Kirchenasyls. Politik und Kirchen würdigten am Samstag mit einer Feier in Berlin die Hilfepraxis vieler deutscher Gemeinden." Konkreter noch vermeldet das „Inforadio" am 14. Juni 2013: „Geschützt unter dem Dach der Kirche. Über 2000 Flüchtlinge haben Pfarrer und Gemeindemitglieder in den letzten Jahrzehnten vor der Abschiebung bewahrt, indem sie die Türen von Kirchen und Gemeindehäusern für sie geöffnet haben. Die ersten Flüchtlinge wurden 1983 von einer Gemeinde in Kreuzberg aufgenommen. Samstag feiert die Kirchenasylbewegung ihr 30-jähriges Bestehen." – Inwieweit, so sei in diesem Buchkapitel gefragt, spielen die Kennzeichen der Gelebten Religion auch bei der meist ehrenamtlichen Unterstützung des Kirchenasyls eine prägende Rolle: Stärkung der Individualität, Erleben von Ganzheitlichkeit und Berücksichtigung der weitverbreiteten Skepsis gegenüber Institutionen? Steht derlei zugleich im Dienste einer Begegnung auf Augenhöhe zwischen den Kirchenasylantinnen bzw. Kirchenasylanten und den hier beheimateten Menschen?

In den letzten Monaten und Jahren hat es die Gewährung von Kirchenasyl als vorübergehende Aufnahme von Flüchtlingen durch eine Kirchengemeinde immer wieder in die Schlagzeilen der Medien geschafft. Nicht nur in Hamburg versuchen Mitglieder von Kirchengemeinden, Flüchtlinge durch die Beherbergung in ihrer Kirche vor der Abschiebung zu bewahren.

So berichtete die „Mainpost“ am 8. Oktober 2015 von einem „stillen Kirchenasyl“, das die Oberzeller Franziskanerinnen einigen Menschen gewährt hätten, die von der Abschiebung bedroht gewesen seien. Auf Nachfrage führte Schwester Katharina Ganz, die den Orden der Oberzeller Franziskanerinnen leitet, für ihre Ordensniederlassung nahe Würzburg aus: „Wir haben in den vergangenen zwei Jahren in begründeten Einzelfällen insgesamt zwölf Personen stilles Kirchenasyl gewährt.“ Diese Maßnahme hätte die Gemeinschaft nicht öffentlich gemacht, weil sie den Schutz der Betroffenen nicht unnötig gefährden wollte. Entsprechend erfuhren die Journalisten auch auf Nachfrage nichts zur Herkunft der Kirchenasylanten und was aus ihnen inzwischen geworden ist.[51]

In ähnlicher Weise gewährten ein Pfarrer und eine ortsansässige Schwesterngemeinschaft 2013 zwei tschetschenischen Familien im fränkischen Dingolshausen nahe Schweinfurt ein „stilles Kirchenasyl“, nachdem der Abschiebebefehl für sie eingegangen war und keine alternativen rechtlichen Optionen verblieben waren, um gegen diesen Bescheid vorzugehen. Die Nonnen und der Pfarrer ließen sich auf die Gewährung des Kirchenasyls allein unter der Bedingung ein, dass diese Maßnahme ohne Notiz der Öffentlichkeit verlief. Außer der Ausländerbehörde sollte niemand davon erfahren, dass die beiden Familien schließlich für fünf Monate auf engstem Raum im Kloster bzw. in einem ehemaligen Besprechungsraum der Kirche lebten: „30 Quadratmeter Deutschland“, wie die TAZ die Wohnverhältnisse der Kirchenasylanten im Rückblick treffend auf den Punkt bringt. Auch nach dem Ende des Kirchenasyls, mit dessen Hilfe es tatsächlich gelungen ist, für die Betroffenen die Eröffnung eines Asylverfahrens zu erreichen, bleiben die Nonnen und der Pfarrer weiter dabei, dass sie zu dem von ihnen eingeräumten Kirchenasyl schweigen.[52]

Ende Mai 2015 veröffentlichte die „Hannoversche Allgemeine Zeitung“ einen Fall von Kirchenasyl im niedersächsischen Buchholz. Diese Unterstützung half dem betroffenen Somalier, dass ihm die unmittelbar bevorstehende Abschiebung erspart blieb und er erst einmal in Buchholz bleiben konnte. – Der Reihe nach: Aus dem nahen Flüchtlingsheim erreichte die evangelische Pastorin Viola Chrzanowski ein Hilferuf. Ob Kirchenasyl für Herrn Saleh möglich wäre? Zufällig kam dieser Anruf keinesfalls, denn zahlreiche Mitglieder ihrer Buchholzer Nikodemus-Gemeinde sind ehrenamtlich im Flüchtlingsheim engagiert. Es dauerte nicht lange, bis Pastorin Chrzanowski den Kirchenvorstand zusammengerufen hatte. Man beriet über den jungen Mann und hörte von seiner Geschichte. Dann war klar: Die Gemeinde gewährt Kirchenasyl. Helfer räumten ein Büro aus und richteten ein Zimmer her. Saleh zog ein, und nun war die Gemeinde für einen jungen Somalier verantwortlich. „Worte in Handeln umsetzen, wo es nötig ist", das war für Pastorin Chrzanowski der wichtigste Grund, um den jungen Mann zu beschützen. Einen von Tausenden, aber eben auch: wenigstens diesen einen. Übrigens lebte Herr Saleh drei Monate im Kirchenasyl, bevor er seinen Asylantrag doch noch stellen durfte.[53]

Zwar ist das Kirchenasyl kein Instrument, das im Recht unseres Staates festgeschrieben ist. Dennoch stößt diese traditionsreiche Maßnahme auch heute auf gesellschaftliches Echo. – Das Kirchenasyl ist der Nachkomme des viel älteren Heiligtumasyls, das als eine der frühen kulturellen Errungenschaften der Menschheit gilt. Über Jahrtausende hinweg ging man davon aus, dass sich das Kultgebäude als heiliger Ort im Besitz der Götter befindet, weshalb man Menschen von dort nicht gewaltsam entfernen darf. Auch im Christentum stieß dieser Gedanke auf Zustimmung: Seit dem 4. Jahrhundert verstand man das Kirchengebäude als Wohnort Jesu Christi und seiner Heiligen. An diesem Ort manifestierte sich für die Christen der Glaube an den Vorrang übermenschlicher Macht vor menschlichem Recht.

Der folgende Durchblick durch die Geschichte des Heiligtum- und des Kirchenasyls soll klären helfen, ob und in welcher Weise das *aktuell* gewährte Kirchenasyl an die *historischen* Praktiken des Heiligtum- und des Kirchenasyls anknüpft. Überdies sei gegenwartsbezogen erwogen: Inwieweit motivieren Individualität, Ganzheitlichkeit und Institutionenskepsis – die wichtigen Kennzeichen Gelebter Religion – die meist ehrenamtlichen Träger des Kirchenasyls heutzutage bei ihren Einsätzen? Schließlich interessiert im Blick auf die Nutznießer des Kirchenasyls: Wie sehr wird im Kirchenasyl die Fürsorge zugunsten der Asylanten praktiziert, wie sehr versucht man aber auch, ihnen eine gesellschaftliche Teilhabe zu ermöglichen?

1. Die vorchristliche sakrale Zuflucht – Heilige Orte und Asylrecht

In den Kulturwissenschaften herrscht heute weitgehend Konsens darüber, dass es ein religiös begründetes Asyl in den allermeisten Kulturen und zu fast allen Zeiten gegeben hat. Asylvorschriften bildeten sich ursprünglich innerhalb jener Gesellschaften heraus, die noch keine klare Trennlinie zwischen göttlicher und menschlicher Gewalt kannten: „Dieses Denken reichte weit in die frühen Hochkulturen hinein und führte dazu, dass von den ersten großen Kulturen die Idee des sakralen Asylrechts aus archaischer Zeit übernommen wurde", wie der Politikwissenschaftler Matthias Morgenstern in Längsschnittperspektive hervorhebt.[54] Die wohl frühesten schriftlichen Quellen zum sakral begründeten Asylschutz stammen erstrangig aus Ägypten und Israel und reichen insgesamt etwa 3000 Jahre zurück.

Die Entwicklung des religiösen Asyls gründete auf drei Voraussetzungen: Erstens dominierte in vielen Kulturen das Recht des Stärkeren, sodass sich Menschen durch ihre Mitmenschen bedroht sahen und auf Schutz angewiesen waren. Zweitens hatten Kultstätten auch schon in einfachen Kulturen einen herausgehobenen Status: Besondere Markierungen zeigten solche „Anders-Orte" an und grenzten sie vom sonstigen Umfeld ab. Drittens bezog das religiöse Asyl seine Wirksamkeit aus der Vorstellung, dass der Mensch, der sich am heiligen Ort aufhält, dadurch in einem direkten Kontakt mit der dort beheimateten Gottheit steht. Auf diese Weise, so der Grundgedanke, geht auf den Schutzsuchenden eine sakrale Kraft über, die ihn sprichwörtlich immunisiert gegenüber dem Zugriff von außen.[55] Der Sozialethiker Hans Tremmel pointiert: „Entscheidend für den frühen Asylgedanken war die aus einer kosmogonischen Religiosität kommende Vorstellung, dass der Flüchtling durch den Kontakt mit der Transzendenz faktisch zum Schützling der übernatürlichen Macht wird."[56]

Gemäß diesem Verständnis gilt die körperliche Verbindung zwischen dem Heiligen und dem bedrohten Menschen als greifbarer Ausdruck der Gewährung überweltlichen Schutzes. Durch ihn knüpft der Gefährdete eine Verbindung zur heiligen Macht, die ihn in der Konsequenz dem profanen Bereich und dem Zugriff seiner Mitmenschen entzieht. Plastisch und unmittelbar zeigt sich dieses Verständnis in dem berühmten Beispiel des „Kylonischen Frevels". Der Olympionike Kylon hatte versucht, sich zum Tyrannen von Athen aufzuschwingen. Der Aufstand war fehlgeschlagen. Und während Kylon selbst die Flucht gelungen war, waren seine Anhänger auf der Akropolis eingeschlossen worden. Vor Hunger und Durst dem Tode nahe, suchten sie Schutz im Heiligtum der Athena. Schließlich ließen sie sich bereden, herabzusteigen und sich einer Gerichtsverhandlung zu stellen. Doch zu ihrem Schutz banden sie einen Faden um das Kultbild der Athena. Tatsächlich respektierten die Belagerer zunächst diese Form der Verbindung zum Götterbild – allerdings nur so lange, bis sie im wahrsten Sinne des Wortes abgerissen war. Als der Faden riss, werteten die Gegner dies als Zeichen dafür, dass die Göttin Athena den Kylon-Anhängern den Sakralschutz nicht länger gewährte.[57]

Angesichts der Selbstverständlichkeit, mit der man das Heiligtumasyl in der Alten Welt respektierte, zählt die gegnerische List, deren Opfer der spartanische Feldherr Pausanias nach seiner Flucht in den Tempel der Athena Chalkioikos werden sollte, zu den großen Ausnahmen in der Geschichte des Heiligtumasyls.

Obwohl er 472 v. Chr. angesichts seiner drohenden Verhaftung im Tempel Zuflucht gefunden hatte, ließen seine Gegner nicht von ihm ab. Angesichts der heiß scheinenden Sonne ersannen sie einen Plan, mit dem sie das Tempelasyl zwar nicht direkt verletzten, mit dem sie es aber umgehen konnten. So begannen sie, das Dach des Tempels abzutragen, die Türen auszubauen und den Eingang stattdessen zuzumauern. Nachdem Pausanias nun der Sonne schutzlos ausgeliefert war, fühlte er sich alsbald so geschwächt, dass er sich widerstandslos aus dem Tempel herausführen ließ. Vor dem Tempel brach er dann tot zusammen.[58] – Freilich, und das sei an dieser Stelle nachdrücklich wiederholt, hatten derartige Angriffe auf das Tempelasyl absoluten Seltenheitscharakter, denn normalerweise traute sich niemand, den Ort der Gottheit anzugreifen und den ihr zugeschriebenen Zorn zu riskieren.

Ein kulturvergleichender Blick zeigt die Bedeutung des Heiligtum- oder Tempelasyls exemplarisch für das antike Griechenland. Abgesehen von dämonischen Mächten konnten ursprünglich alle Götter der polytheistischen griechischen Religion den Flüchtenden einen sakral sicheren Ort bieten.[59] Das Asyl im Tempel und an den Altären war in Griechenland eine religiös bestimmte Erscheinung und ein gewohnheitsrechtlich allgemein anerkanntes Selbsthilferecht.

Grundsätzlich konnte jeder Mensch im Asylbezirk den erhofften Schutz vor Verfolgung finden: einerlei, ob er sich von Blutrache oder Lynchjustiz bedroht fühlte oder ob er als Steuerflüchtling oder Schuldner wirksamen Schutz gegenüber seinen Gläubigern suchte. Selbst Sklaven durften hoffen, dass die Abhängigkeit von ihrem Herrn während ihres Tempelasyls ruhte und sie als „Tempelasylanten" auch nicht verkauft wurden. Die Grenzen des Asylbezirks waren mit den Worten „Grenze des in göttlichem Besitz befindlichen Bodens (*horos hierou*)" gekennzeichnet.

In dem Maße, wie das griechische Recht verweltlichte, kam es zu einer Unterscheidung zwischen dem bereits beschriebenen traditionell-sakralen Schutz in Tempeln und an Altären auf der einen Seite sowie dem staatlich garantierten Schutz, wie er einzig staatlich anerkannten Tempeln verliehen wurde, auf der anderen Seite. Neben den urtümlichen religiösen Asylschutz trat also ein obrigkeitlich gewährter staatlicher Asylschutz, den einzelne Orte durch völkerrechtliche Vereinbarungen gezielt erhielten.

Die mit Asylschutz verbundenen Sonderbereiche waren gesellschaftlich so wichtig, weil das als *sylon* bezeichnete gewaltsame Wegführen von Sachen und Personen im alten Griechenland nicht als Straftat, sondern als allgemein akzeptiertes Mittel der Besitzaneignung galt. Seit dem 8. Jahrhundert v. Chr. setzten deshalb gezielte juristische Bemühungen ein, das *sylon* zu beschränken, indem man Orte einrichtete, an denen die Rechtssicherheit garantiert war. Dem Nomen *sylon* stellte man also ein verneinendes „a" voran, sodass daraus das *asylon* entstand. Dieses *asylon* bezeichnete fortan Orte, an denen es nicht erlaubt war, Personen oder Sachen wegzunehmen oder zu rauben, um sie sich selbst anzueignen. Zugleich ist damit seit dem zweiten Drittel des 2. Jahrhunderts v. Chr. wort- und sachgetreu dasjenige gegeben, was wir bis heute mit dem Wort „Asyl" verbinden: eine rechtlich abgesicherte Schutzzone für Zufluchtsuchende.

Zumindest an den großen Heiligtümern waren viele Asylanten auf Dauer beherbergt, sodass der sakral ausgegrenzte Bezirk eine gewisse räumliche Ausdehnung haben musste. Entsprechend konnten in Kleinasien halbe Asylstädte an die Tempel angegliedert sein. Bisweilen zeichnete die Asylqualität auch ganze Inseln aus.[60]

In jedem Fall vollzog ein Flüchtling beim Eintreffen im „heiligen Bezirk" einen Ritus, indem er den Altar berührte oder sich am Altar niedersetzte und zum Zeichen seiner Schutzsuche einen (Ölbaum-)Zweig und/oder einen Wollfaden in der Hand hielt. Die Heiligkeit des Ölbaums ist in der Alten Welt vielfältig bezeugt. Und auch der religiöse Sinngehalt der Wolle darf als unzweifelhaft gelten, weil sie alles Unreine aufsaugen und entfernen kann, wie zahlreiche Reinigungsriten auch aus antiker Zeit belegen.[61] Insgesamt ist festzuhalten: „Die Kontaktherstellung mit dem Asylsubjekt war phantasievoll und vielfältig", so Hans Tremmel.[62] Erstrangig wiesen alle diese Zeichen den Bedrohten innerhalb der heiligen Zonen als „Asylanten" aus, der den Schutz an Leib und Leben, Hab und Gut verdiente. Wer sich gegen dieses Tabu auflehnte, griff nach damaligem Verständnis in den Zuständigkeitsbereich der Götter ein und musste mit deren Rache rechnen.

Matthias Morgenstern beschließt seine Überlegungen zum antiken griechischen Asyl mit gedanklichen Brückenschlägen, die die direkte Verbindung zwischen dem antiken Heiligtumasyl und dem aktuellen Kirchenasyl in den Blick heben: „Die Durchsetzung griechischen Sakralschutzes beruhte vor allem auf dem Glauben an das Tabu, eine rechtliche Fundierung existierte erst in Ansätzen. Das Tabu ist das Element griechischen Asyls, das überdauern sollte. Im gesamten Altertum und Mittelalter stoßen wir auf dieses Phänomen. Bis heute existieren schwache Überreste dieser Vorstellung, da sich Behörden und Polizei aufgrund der kulturell geprägten Vorstellung der besonderen Würde religiöser Stätten nach wie vor davor scheuen, gewaltsam in Sakralgebäude einzudringen."[63]

Der Vollständigkeit halber sei angefügt, dass das antike Rom dem Heiligtumasyl seit jeher teils ablehnend, teils fremd gegenüberstand. So existierten zwar auch in den römischen Anfängen bereits Formen von Tempelasyl; doch war deren Bedeutung weitaus geringer als in Griechenland.[64] Daran änderte auch die im antiken Rom aufgekommene Sitte der Flucht zur Kaiserstatue nichts. Mit ihr verbanden Flüchtlinge jenen Schutz, wie man ihn ansonsten in Tempeln oder an Altären gewährt bekam. Immerhin entwickelte sich diese Hinwendung zu Herrscherbildnissen um des Asylschutzes willen zumindest in dem Jahrhundert vor und nach Christi Geburt „zu einer üblichen Praxis". Aufgrund ihrer oftmals prominenten Lage garantierten die Herrscherdarstellungen den Zuflucht suchenden Menschen ein hohes Maß an öffentlicher Wahrnehmung.[65] Da sich im Umkreis dieser Herrscherrepräsentationen allerdings kaum zufluchtsrelevante Vorkehrungen treffen ließen, eigneten sich diese Orte als Schutzzonen vornehmlich für Einzelpersonen, die zudem eine kurzfristige Problemlösung erwarteten.

2. Eine christliche Erfolgsgeschichte – Das Kirchenasyl

Abweichend von der mosaischen Gesetzgebung, die die Institution des Asyls kennt und Altäre (Ex 21,14; 1 Kön 2,28–34) ebenso wie Zufluchtsstädte (Jos 20,2–9; 1 Chr 6,42.52) als Orte mit Asylqualität würdigt, knüpfte das spätere Kirchenasyl der Christen erstrangig an das griechisch-hellenistische Heiligtumasyl an[66] – mit freilich bemerkenswerten Ergänzungen, wie noch auszuführen sein wird.

Überraschenderweise bieten die Schriften des Neuen Testaments im Sinne eines religionsgeschichtlichen Ausnahmefalles noch keine Anhaltspunkte für eine christliche Fortsetzung des traditionsreichen Asyls am Heiligtum. Vor allem liegt diese Eigenart darin begründet, dass die Jesus-Botschaft von der Gottesherrschaft zwar heilige Personen, aber keine Orte mit Sakralqualität kennt, wie sie in den antiken Kulturen ansonsten selbstverständlich waren. So ist Jesus gemäß dem Neuen Testament allein dort gegenwärtig, wo Menschen um seinetwillen zusammenkommen: „Wo zwei oder drei in meinem Namen versammelt sind, da bin ich mitten unter ihnen", wie das Matthäusevangelium (18,20) die Position Jesu überliefert.

Doch bereits ab dem 4. Jahrhundert, als der Kaiser die christliche Religion zu einer fortan im Römischen Reich erlaubten Religion erklärt hatte, begannen die Christen mit der Errichtung ihrer frühesten christlichen Versammlungsbauten und etablierten diese zugleich als heilige Asylstätten nach griechisch-hellenistischem Vorbild. Umso mehr bedarf es angesichts dieser

Übereinstimmung der Hervorhebung, „dass das christliche Asyl von der Kirche allen Gotteshäusern grundsätzlich zugeschrieben wird und nicht erst kraft kaiserlicher Erlässe nur einzelnen Gotteshäusern zukommt"[67].

Im Sinne der weiteren Chronologie ist hervorzuheben, dass sich die Entwicklung eines originär christlichen Asylrechts, das zugleich die zunehmende Bedeutung der Bischöfe widerspiegelt, erst für die „Zeit nach Kaiser Konstantin († 337)" nachweisen lässt.[68] Überhaupt nahm die kommunale Bedeutung der christlichen Bischöfe zu, weil die Infrastruktur im Imperium Romanum ab dem 5. Jahrhundert zu schwächeln begann und kommunale Spitzenposten kaum noch mit geeignetem Verwaltungspersonal besetzt werden konnten. In der Folge sprangen die schreib- und administrationserfahrenen Bischöfe in diese Bresche und stiegen so über ihre kirchliche Rolle hinaus zu leitenden Kommunalbeamten auf. Diese ohnehin größere Nähe zum Kaiser ermöglichte ihnen zugleich eine zügige Ausübung des ihnen gewährten Fürsprecherechts (Recht auf Interzession) gegenüber dem Kaiser: zugunsten der Armen und Fremden, für die Rechtlosen und Verfolgten, nicht zuletzt zugunsten der Menschen im Kirchenasyl!

Die gesetzgeberischen Konsequenzen der bischöflichen Fürsprache (Interzession) zugunsten der Menschen, die ihre Zuflucht in die Kirchen genommen hatten, waren weitreichend: Nach ersten gesetzlichen Initiativen zu Beginn des 5. Jahrhunderts erfolgte der rechtliche Durchbruch für das Kirchenasyl durch Kaiser Theodosius II., der für das Ostreich im Jahr 431 und für das Westreich im Jahr 439 verfügte, dass das kirchliche Asylrecht nun auf sämtlichen kirchlichen Grundstücken gelten sollte.[69] Damit war der 419 noch durch Kaiser Honorius auf das Kirchengebäude sowie darüber hinaus in einer Entfernung von 50 Schritten ab der Kirchentür festgeschriebene Asylbezirk[70] deutlich erweitert. Mit diesen Ausdehnungen des Asylbezirks wollte man erreichen, dass die Asylanten angesichts ihres oftmals lang währenden Aufenthalts nicht im Kirchengebäude wohnen und schlafen mussten. Markant stellt der Rechtshistoriker Christian Traulsen das Besondere dieser Regelung heraus, die sich in allem an den Belangen und Interessen der Kirche orientierte: „Jedem Gotteshaus wurde ein unantastbarer Raum zugestanden, aus dem bei Todesstrafe niemand gewaltsam herausgeholt werden durfte. Dieser Raum war so großzügig bemessen, dass weder die Heiligkeit des Ortes noch die Bedürfnisse des Gottesdienstes durch Flüchtlinge gestört wurden. Zum Aufenthalt derselben sollte nicht länger die Basilika dienen, sondern die sie umgebenden Höfe und Gebäude, soweit sie innerhalb der Umfassungsmauer lagen. Die Kleriker waren gehalten, hierauf in aller Höflichkeit hinzuwirken, aber auch zu nachdrücklicher Durchsetzung befugt. Allen, die sich fürchten, sollte der kirchliche Schutz offenstehen, also jedem Menschen, aus welchem Grund auch immer. Lediglich zwei Einschränkungen waren getroffen, wiederum zugunsten der Kirche und ihrer Asylgewähr: Wer Waffen trug, hatte diese abzulegen und durfte nötigenfalls mit Gewalt entfernt werden. Und den, der selbst das Asylrecht gebrochen hatte, schützte dasselbe nicht."[71] – Kurz gefasst: In dem Maße, wie in dem inzwischen deutlich pro-christlich eingestellten Imperium Romanum die heidnischen Tempel durch christliche Kirchen ersetzt wurden, tat sich auch im Asylbereich ein Vakuum auf, das die christlichen Kirchen füllten, allzumal sie ja bereits als Anlaufstellen für Bedürftige bekannt waren: „Christliche Lehre, heidnisches Tempelasyl, gesellschaftliche Umstände und staatliches Kalkül greifen also bei der Entstehung des Kirchenasyls ineinander."[72]

Unter vielen anderen Bischöfen kam Johannes Chrysostomus († 407) als Bischof von Konstantinopel in einer seiner Predigten alltagskonkret auf einen Fall von Kirchenasyl zu sprechen. Gegenüber seiner Gemeinde ergreift er Partei für den kaiserlichen Beamten Eutropios. Nachdem dieser entmachtet und ihm vom kaiserlichen Militär nachgestellt worden war, flüchtete er sich in eine christliche Kirche. Aufgrund seiner so manifest gewordenen Gesinnungsumkehr sei er geradezu zum „Schmuck des Altares" geworden, wie der Bischof würdigend hervorhebt. Anstatt dass sich die Gemeindemitglieder darüber aufregten, dass Eutropios den Christen ehedem geschadet hätte, bittet Johannes Chrysostomus sie, ihm seine früheren Vergehen aus christlichem Großmut zu vergeben. In der Konsequenz ruft der Bischof seine Gemeinde dazu auf, ihn bei seiner Fürsprache (Interzession) für Eutropios gegenüber den kaiserlichen Beamten zu unterstützen, allzumal Eutropios` Hauptverfolger Arkadios seine Versöhnungsbereitschaft bereits bekundet und die Sakralität des Zufluchtsortes anerkannt habe. Für die Gemeinde sieht Johannes Chrysostomus jedenfalls die Zeit gekommen, den Glauben durch Mitleid, Barmherzigkeit, Nachsicht, Erbarmen und aktive Nächstenliebe zu bezeugen, indem sie einerseits Gott und andererseits den Kaiser um der Kirche und des heiligen Altars willen anflehen möge, das Leben des Eutropios zu schonen.[73]

Ähnliche Beispiele lassen sich auch für die Westkirche beibringen: Mehrfach kommt Bischof Augustinus von Hippo († 430) in seinen Schriften auf die 410 erfolgte Eroberung Roms unter dem Westgotenkönig Alarich zu sprechen. Auf Befehl des Gotenführers, der sich ebenso wie sein Volk als christlich verstand, durften sowohl die Christen als auch die Heiden in allen Kirchen gleichermaßen ihre Zuflucht vor marodierenden Soldaten nehmen.[74] Geflüchtete seien während der Plünderungen sogar zu den Schutz verheißenden christlichen Kirchen hingeleitet worden, wie Augustinus im Rückblick gleich mehrfach unterstreicht.[75] Er mahnt, dass unter den Geflüchteten, die am Altar Schutz suchten, nicht zwischen Gerechten und Ungerechten, Guten und Bösen unterschieden werden dürfe. Vielmehr sollten alle Gemeindemitglieder dem Bischof dabei helfen, dass Geflüchtete nicht mit Gewalt vom Altar weggerissen werden.[76]

Mit Abstand am häufigsten unter allen zeitgenössischen Schriftstellern, nämlich mehr als 40 Mal, handelt im 5. und 6. Jahrhundert Bischof Gregor von Tours († 594) in seinen historischen Aufzeichnungen vom Asyl am Altar bzw. im Kirchengebäude: Immer wieder – so resümiert eine einschlägige Untersuchung die zuvor analysierten Einzelfälle – mahnt Gregor zur

„vorbehaltlosen Respektierung einer sakralen Zufluchtnahme, wenn er aufzeigt, dass selbst eine noch so subtile Nötigung des Bedrängten von Gott und dem Kirchenpatron als Missachtung gewertet und bestraft wird“[77].

Im Blick auf den Westmittelmeerraum lässt sich für die Zeit bis zum 10. Jahrhundert durchgängig festhalten, dass die Gruppe der Schutzsuchenden vielfältig war: So widersetzten sich Frauen auf diese Weise einer Verheiratung oder flüchteten vor einer ihnen drohenden sexuellen Gewaltanwendung. Gleichermaßen kamen fremdstämmige Sklaven, kirchliche Würdenträger oder Klosterbewohner aus den unterschiedlichsten Gründen. Ebenfalls belegt sind kollektive Zufluchtsmaßnahmen der Bevölkerung einer angegriffenen Stadt.[78] In jedem Fall war der Schutz am Asylort dadurch begründet, dass der Betroffene als „Eigentum Gottes“ galt.[79]

Die Grundpfeiler des christlichen Kirchenasyls – also die Heiligkeit der Stätten und die Beistandspflicht der Kleriker für Verfolgte – sollten die Geschichte dieser Institution bis weit über das Mittelalter hinaus (womöglich bis heute) prägen. Nicht zuletzt fanden sie Eingang in die kirchliche Gesetzgebung.

Die Durchschlagskraft der asylbezogenen kirchlichen Normen spiegelt sich exemplarisch darin wider, dass das kirchliche Asylrecht in den frühmittelalterlichen Germanenreichen „überall Anwendung fand“[80]. Auch Kaiser Karl der Große († 814) bekannte sich zum Kirchenasyl.[81] Sein Hofschreiber Alkuin († 804) mahnt die zeitgenössischen Christen in Kenntnis der antiken griechischen Asyltraditionen, dass sie sich für die Wahrung des Asyls an den christlichen Altären tatkräftig einsetzen mögen. Bekräftigend fragt er seine Mitchristen in rhetorisch-kritischer Manier, ob sie ihren Kultstätten etwa weniger Ehrfurcht entgegenbringen wollten als die Heiden dem Jupitertempel?! Ob einer Kirche der Gottesmutter Maria geringere Ehre gebühre als dem Juno-Asyl?! Ob der heilige Martin, ein wahrer Diener Gottes, im christlichen Reich weniger zu verehren sei als Äskulap in paganer Zeit?![82] Oder ob sie als Christen etwa hinter den alttestamentlich bezeugten Asylstädten zurückbleiben wollten?![83] Übrigens ist Alkuin mit seinen Suggestivfragen einer der ganz wenigen lateinischen Schriftsteller zwischen Spätantike und Frühmittelalter, die sich zur Rechtfertigung des christlichen Kirchenasyls vergleichend auf griechische und jüdische Traditionen berufen![84]

Auf der bereits skizzierten Linie liegt auch Kaiser Ludwig der Fromme († 840), der sogar verfügt, dass man bei den Kirchen eigens Gebäude für Büßer und Asylsuchende errichten solle.[85] Im Jahr 1095 gingen die Konzilsväter auf dem Konzil von Clermont noch über diesen Vorschlag hinaus, indem sie das Asylrecht auf die Umgebung von Wegkreuzen ausweiteten.

Solange sich ein Verfolgter im kirchlichen Asylbezirk aufhielt, durfte er sich vor gegnerischen Übergriffen sicher wähnen: Unter dem Schutz Jesu Christi und seiner Heiligen stand sowohl der verfolgte Asylant als auch seine Habe. Wenn der Asylant mittellos war, kam die lokale Kirchengemeinde für seine Verpflegung auf. Ohne eine kirchliche Zustimmung durfte der Asylant nicht vom Ort seines Asyls entfernt werden. Dieser Rechtsschutz für den Asylanten, der eine allgemeine Anerkennung des Kirchenasyls widerspiegelt, führte – so ist es beispielsweise für das 13. und 14. Jahrhundert in Fülle belegt – dazu, dass er den Asylbereich nach Monaten oder Jahren oft nur dann verließ, wenn ihm seine Verfolger zuvor eine Begnadigung zugesagt hatten.

Im Rückblick fällt für den mittelalterlichen Westen auf, dass das kirchliche Asylrecht seinen Einfluss gewann, als die Herrschergewalt seit dem Zerfall des Imperium Romanum an Durchschlagskraft verloren hatte. Umgekehrt führte die Stärkung der Staatsgewalt spätestens seit dem 16. Jahrhundert zu einem Niedergang des Kirchenasyls.[86] Erstens entwickelte sich die Frage, welche Personengruppen zukünftig vom Asylschutz ausgeschlossen werden sollten, schon im Spätmittelalter zu einem der wesentlichen Konfliktpunkte zwischen der weltlichen Obrigkeit und der Kirche. Immerhin blieb der Asylschutz, den das klassische kanonische Recht ursprünglich nicht nur Christen, sondern auch Juden und weiteren Gruppen von Andersgläubigen („Heiden") zugestanden hatte, bis in die Neuzeit hinein unangetastet.[87] Als Zweites übernahm die weltliche Obrigkeit durch das von ihr ausgeübte Institut des „Landfriedens" selber einen wichtigen Teil des Kirchenasyls, insofern sie in mittelalterlicher Tradition vertragsmäßig auf die Anwendung von (eigentlich legitimer) Gewalt zur Durchsetzung eigener Rechtsansprüche verzichtete. Und drittens stießen sich die federführenden Juristen in der Periode der Aufklärung am kirchlichen Asylrecht, weil es einer geordneten Rechtspflege im Weg stand. Ebenso wie die Machthaber in Preußen das kirchliche Asylrecht 1794 abschafften, vollzogen auch die Regierungen vieler anderer europäischer Länder im 18. Jahrhundert diesen Schritt. Schließlich fand das kirchliche Asylrecht im 19. Jahrhundert überall in Europa sein Ende.

Keine Frage: Die in der Epoche der Aufklärung betriebene Trennung von Kirche und Staat ordnete das Asylrecht allein dem staatlichen Bereich zu. Die daraus resultierenden *kirchlichen* Konsequenzen zog freilich erst das geltende Kirchenrecht von 1983, indem es den Kanon 1179 aus dem Kirchenrecht von 1917 ersatzlos außer Kraft setzte.[88] Im Rückblick unterstreicht der Kirchenrechtler Klaus Mörsdorf die traditionsgesättigte Bedeutung der Kirchenasylbestimmungen von 1917: „Die Kirche als Haus Gottes hat den Charakter einer Freistätte. Ein Verbrecher, der sich der strafrechtlichen Verfolgung durch Flucht in die Kirche entzogen hat, darf aus derselben nicht mit Gewalt herausgeholt werden (...). Kirche ist hier im weiten Sinn zu verstehen und umfasst auch die Vorhalle, Pforte, Außenwand und Turm. Den Schutz der Freistätte genießen alle, Getaufte wie Ungetaufte, Gebannte wie Irrgläubige. Die Verletzung des Asylrechtes ist ein Sakrileg. In der staatlichen Gesetzgebung wird das Asylrecht der Kirchen nicht mehr anerkannt."[89]

3. Letzte Hoffnung Kirchenasyl – Aktuelle Herausforderungen

Der Theologe Markus Babo sieht das „unterscheidend Christliche" beim Schutz von Flüchtlingen historisch darin, dass die Christen an einen Gott glauben, der die Armen besonders in sein Herz schließt. Eben deshalb hätten einige kirchliche Dokumente die Gewährung von Schutz am Heiligtum sowie das Mühen um die staatliche Anerkennung dieser Zuflucht damit begründet, „dass die Kirche erst recht die zu ihr Flüchtenden schützen müsse, wenn dies schon in heidnischer Zeit geschehen sei. Und frühe Theologen dachten bereits daran, dass der Kirchenflüchtling aufgrund seines Menschseins, d. h. seiner ihm eigenen Würde zu schützen sei." Dieser Einsatz für die Armen im Zuge der Rechtsentwicklung gehöre „gleichsam zur Identität der Kirche"[90].

Nachdem die beiden großen Kirchen in den letzten zwei Jahren den Wert des Kirchenasyls immer wieder unterstrichen haben und das Innenministerium 2015 zugesichert hat, dass es das Instrument des Kirchenasyls respektiert, auch wenn es keine Rechtsform hat, nutzen Menschen in den beiden Kirchen weiterhin die Möglichkeit, zugunsten von Flüchtlingen und Schutzsuchenden – also normalerweise von Menschen, die bereits ein Asylverfahren mit negativem Ergebnis durchlaufen haben – fürsprecherisch (interzessorisch) aktiv zu werden. Hier sind die Christen aufgrund ihres historisch erfolgreichen Einsatzes zugunsten der Fremden sogar erstrangig gefragt. Dabei erleben sich auch die Ehrenamtlichen, die an den Schutzmaßnahmen mitwirken, mit ihrer gesamten Persönlichkeit herausgefordert. Sie leisten ihren Beitrag zu der einen – alle Menschen umfassenden – Menschheitsfamilie und bringen sich im Sinne von „Rechts*schutz* statt Rechts*bruch*" gesellschaftskritisch ein, indem sie die Abschieberegelungen und die Abschiebepraxis unseres Landes infrage stellen.

Mehr denn je stehen die christliche Aufmerksamkeit und der tatkräftige Einsatz für die Geflüchteten in der Bundesrepublik Deutschland aufgrund der zunehmenden Einengung des staatlichen Asylschutzes vor einer besonderen Herausforderung. Zur Erinnerung: Einen Rechtsanspruch von politisch Verfolgten auf Asyl gibt es bis heute völkerrechtlich nicht, auch wenn bestimmte Hinweise der UNO-Menschenrechtscharta (Art. 14) und der Genfer Flüchtlingskonvention in diese Richtung deuten.

Überhaupt kennen außer Deutschland nur wenige Staaten das Asylrecht im Sinne eines individuellen Anspruchsrechts. So hieß es unter anderem in Deutschland bis zur Grundgesetzänderung 1993 ohne Einschränkung: „Politisch Verfolgte genießen Asylrecht“ (Art. 16 GG aF). Im Blick auf die weitreichende Gewährung von Asyl in Deutschland, die sich erstrangig den Erfahrungen der Nazizeit und des Zweiten Weltkrieges verdankte, spricht die Sozialethikerin Marianne Heimbach-Steins von einer „weltweit einmaligen und geschichtlich beispiellosen Errungenschaft“[91]. Wer sich als Geflüchteter, also aus begründeter Furcht vor Verfolgung wegen seiner Rasse, seiner Religion, seiner Nationalität, seiner Zugehörigkeit zu einer bestimmten sozialen Gruppe oder wegen seiner politischen Überzeugung zwangsweise außerhalb seiner Heimat aufhielt (Art. 1 A Nr. 2 GFK), durfte in Deutschland berechtigt auf Asyl hoffen.

Inzwischen aber hat sich hierzulande die Rechtslage geändert, obwohl die „zunehmende Einschränkung und Verrechtlichung des Asyls besonders von caritativen Organisationen und den Kirchen kritisiert“ wurde.[92] So sieht der Asylkompromiss vor, dass Geflüchtete, die über ein sogenanntes sicheres Drittland eingereist sind, vom Asylverfahren ausgeschlossen und schnellstmöglich in die Transitländer abgeschoben werden. Im Kern bedeutet diese Regelung eine massive Einschränkung des politischen Asyls. Im gleichen Sinne gilt, dass diejenigen, die aus Nichtverfolgerstaaten kommen, ein verkürztes Asylverfahren durchlaufen.

Welche Folgen hat die aktuelle rechtliche Situation für den „Flüchtlingsschutz in Kirchenräumen“, um eine treffliche Formulierung des Deutschen Caritasverbandes aufzugreifen? Marianne Heimbach-Steins benennt das Konfliktpotenzial: „Die Koppelung eines caritativen Motivs mit einer politischen Wirkung des Handelns gewinnt im Falle des ‚Kirchenasyls' dadurch besondere Brisanz, dass die Hilfe für abgelehnte Asylbewerber nur durch einen Schritt am Rande bzw. jenseits der Legalität geleistet werden kann."[93]

Spätestens an dieser Stelle muss ausdrücklich hervorgehoben werden, dass das aktuelle Problem in unserem Staat nicht das Kirchenasyl, sondern ein eingeschränktes Grundrecht auf Asyl ist. Entsprechend unterstreicht die Erklärung der bundesweiten Kirchenasylkonferenz („Frankfurter Erklärung zum Kirchenasyl") vom 1. Juli 2017, „es ist am erstrebenswertesten, dass wir gar kein Kirchenasyl mehr gewähren müssten". Damit ergibt sich folgende Grundperspektive: „Es bleibt unser Hauptziel, im Dialog mit der Politik und den staatlichen Behörden die Ursachen von Kirchenasyl zu beseitigen. Wir erwarten von den politisch Verantwortlichen, uns durch die Rückkehr zu einer besonnenen, rechtsstaatlichen Ansprüchen genügenden und an den Menschenrechten orientierten Flüchtlingspolitik dabei zu unterstützen."[94]

Wenn man vor dem beschriebenen Hintergrund mit dem Philosophen John Rawls sagt, dass hier ziviler Ungehorsam im Sinne einer „öffentlichen, gewaltlosen, gewissensbestimmten, aber politisch gesetzwidrigen Handlung" gefordert ist[95], die eine Änderung der Gesetze oder der Regierungspolitik herbeiführen soll, dann ist die kirchengemeindliche Gewährung von Kirchenasyl nicht als Gegensatz, sondern vielmehr als Korrektiv staatlichen Handelns zu verstehen. In Deutschland nimmt dieses Mühen um Korrektur durch die Gewährung von Kirchenasyl besonders seit der Asylrechtsänderung von 1993 zu, wie Markus Babo unterstreicht.[96] Radikaler noch markiert das „Ökumenische Netzwerk Asyl in der Kirche in NRW" die zutiefst prophetische Dimension im Kirchenasyl, die auf eine grundsätzliche Veränderungsbedürftigkeit des aktuellen Asylrechts verweise. Jeder Einzelfall werfe die Grundfrage auf, ob die asylpolitische Praxis mit menschenrechtlichen Standards vereinbar ist. Insofern diene Kirchenasyl immer auch als ein politisches Mittel, um die strukturellen Rahmenbedingungen dieser Praxis zu thematisieren: „Darum sind wir in unseren Kirchen, Pfarrgemeinden, Klöstern, Kommunitäten und Solidaritätsgruppen herausgefordert, Verantwortung zu übernehmen und Partei zu ergreifen, nicht nur für die Flüchtlinge und Asylsuchenden, die unter uns leben, sondern auch für die, die schon an den Außengrenzen Europas scheitern und uns gar nicht mehr zu Gesicht kommen. Das Asylrecht ist nichts wert, solange der Zugang Schutzsuchenden verwehrt bleibt.“[97]

Wenn Kirchengemeinden auch heutzutage ihre Räumlichkeiten für Geflüchtete zur Verfügung stellen, die staatlicherseits von der Abschiebung bedroht sind, verstehen die Aktiven dieses solidarische Handeln zugunsten der Fremden auch als einen Dienst an der stets notwendigen Fortentwicklung des Rechtsstaates, zudem als prophetisches Statement zugunsten der umfassenden Wahrung der Menschenrechte auch in diesen Fällen. Umgekehrt: Wenn staatliche Stellen die christlich motivierte Gewährung von Asyl in kirchlichen Räumen nicht antasten, sondern dulden, womöglich sogar das prophetisch verstandene Engagement gegen Entrechtung durch verschärfte Asylgesetze wahrnehmen und aufgreifen, mag derlei zugleich als Ausdruck staatlichen Respekts gegenüber christlichem Flüchtlingsengagement gelten, selbst wenn dieses Engagement bislang noch nicht zu der christlicherseits eigentlich angezielten Veränderung der Rechtslage geführt hat.

Politisch vorsichtiger unterstreicht der Jesuitenpater Frido Pflüger als Leiter des ordenseigenen Flüchtlingsdienstes: „Wo gesetzlich korrektes Handeln Menschen in Gefahr bringt oder große Not verursacht, bietet Kirchenasyl dem Staat die Möglichkeit, sein Handeln zu überprüfen und den Einzelfall noch einmal sorgfältig abzuwägen.“ So schreibt der Kirchenmann dem individuellen Zeugnis auch der ehrenamtlichen Kirchenasylhelferinnen und -helfer, das sie um der Zusammengehörigkeit aller Menschen willen ablegen, eine gesellschaftskritische Kraft zu, die staatliche Institutionen zu nochmaligem Nachdenken veranlasst.

Deutlicher noch lässt sich der Jesuit mit den Worten vernehmen: „Kirchenasyl kann den Rechtsstaat davor bewahren, gegen seine eigenen Werte zu verstoßen. Gemeinden, die Kirchenasyl gewähren, sind ein Segen für unseren Rechtsstaat.“[98]

Wie gesagt, stellt der Schutzraum des Gotteshauses kein sicheres, rechtlich verbrieftes Asyl dar. Vielmehr vertraut der Geflüchtete darauf, dass die staatlichen Organe die *reverentia loci* respektieren. Immerhin führt die Flucht in ein Gotteshaus zunächst dazu, die Lage um den Geflüchteten herum zu beruhigen, sodass sich Freiräume für Verhandlungen zwischen den beteiligten Stellen auftun. Darüber hinaus macht sich der Vertreter der geistlichen Macht im Sinne des Fürsprechers (Interzessor) gleichsam zum Anwalt des Flüchtlings, indem er versucht, in Kooperation mit den staatlichen Stellen eine für alle Beteiligte tragbare Lösung herbeizuführen. Insofern ist die politische Bedeutung der sakralen Institution und des interzedierenden Geistlichen von höchstem Wert. Nochmals: Ohne dass mit dem Kirchenasyl angesichts des geltenden deutschen Rechts ein Rechtsanspruch verbunden sein kann, ist es nichtsdestoweniger als ein vorläufiges, subsidiäres, nur relativ sicheres letztes Mittel zur Beseitigung von Ungerechtigkeit und Inhumanität hilfreich.

4. Fazit

Für heutige Christen und Kirchen bietet das Engagement im Rahmen der Gewährung von Kirchenasyl die historisch tief verwurzelte Möglichkeit des Einsatzes für konkrete menschliche Nöte – unabhängig von der Rasse und dem Geschlecht, von der religiösen oder der nationalen Zugehörigkeit der Bedürftigen. Hier ist der einzelne Flüchtlingshelfer mit seinem individuellen Einsatz gefordert, der sich nicht einmal auf rechtliche Vorgaben berufen kann. Insgesamt geht es bei der Gewährung von Kirchenasyl darum, dass das Verbindende unter den Menschen in den Vordergrund und das Trennende in den Hintergrund gerät. Zuletzt stimmen die Ehrenamtlichen durch ihre Ermöglichung des Kirchenasyls in den gesellschaftskritischen Appell ein, dass der Staat seine Abschiebeentscheidung gegenüber dem Flüchtling noch einmal überprüfen möge.[99]

Ein Berliner Flüchtlingsaktivist mit Kirchenbindung hat jüngst einen Mentalitätswandel unter seinen Gemeindemitgliedern festgestellt. Unabhängig davon, ob es um die Gewährung von Kirchenasyl gehe oder nicht, sei deren Sensibilität für die Geflüchteten während der vergangenen Jahre spürbar gewachsen: „Früher hieß es: Müssen wir überhaupt helfen? Seit ein, zwei Jahren fragen die Leute: Wie können wir helfen? Die kritischen Fragen sind einem Mitmachenwollen gewichen." So organisierten etwa in Pankow und Steglitz – wie aktuell an zahlreichen Orten über die gesamte Bundesrepublik Deutschland hinweg – Kirchenmitglieder Willkommensgruppen, um Geflüchtete in neuen Heimen zu begrüßen. Seit dem Herbst 2015 weiten sich derartige Engagements – ungeachtet aller flüchtlingskritischen Zwischenrufe – beinahe im Sinne einer bundesweiten Bürgerbewegung zugunsten der Geflüchteten aus.

Dass dieses neue Selbstverständnis nebenbei eine Intensivierung auch von ökumenischen Kontakten bedeutet, spiegelt sich im kirchenasylbezogenen Austausch all jener evangelischen, katholischen und freikirchlichen Gemeinden wider, die sich als Netzwerk in der vielfach preisgekrönten (u. a. Dietrich-Bonhoeffer-Preis 1998 oder Hanns-Lilje-Stiftungspreis 2013) ökumenischen Bundesarbeitsgemeinschaft „Asyl in der Kirche" zusammengeschlossen haben. Auf dieser Basis darf man mit dem Pastoraltheologen Ottmar Fuchs tatsächlich hoffen, dass das konfessionsverbindende Engagement für Geflüchtete, die von der Abschiebung bedroht sind, der „ökumenischen Gesamtkirche eines multikulturellen Christentums" das erhoffte ausstrahlungskräftige Profil verleiht.[100]

Immerhin erwähnt die Homepage der ökumenischen Bundesarbeitsgemeinschaft „Asyl in der Kirche" für den 29. April 2017 mehrere hundert Fälle von aktuell praktiziertem Kirchenasyl: „Wir wissen zurzeit von 321 Kirchenasylen mit mindestens 539 Personen, davon etwa 143 Kinder."[101]

Im Ergebnis lässt sich zusammenfassen: Auch aktuell weiten viele Christen und christliche Gemeinden mit ihrem Einsatz zugunsten von Geflüchteten ihre bisweilen allzu binnenkirchliche Perspektive. Damit öffnen sie sich zugleich für die Nöte der Welt. Die Herausforderung eines solchen Einsatzes liegt maßgeblich darin, dass er nicht in bischöflich-hierarchischen Vorgaben wurzelt, sondern sich normalerweise als Gewissensentscheidung aus der direkten Konfrontation der Menschen vor Ort mit den existenziellen Bedrohungen von Geflüchteten ergibt[102] – oftmals als eine von hauptamtlichen Seelsorgerinnen und Seelsorgern sowie von Gemeindemitgliedern gleichermaßen getragene Gemeinschaftsaufgabe. Ohne Übertreibung darf man dieses gemeindliche Eintreten für Geflüchtete, die unmittelbar von der Abschiebung bedroht sind, als Ausdruck einer neuen und lebendigen Weise des kirchengemeindlichen Lebens verstehen. Es kehrt sich von den Selbstverständlichkeiten einer Volks- oder Betreuungskirche ab und wendet sich stattdessen den institutionenkritischen Prämissen einer Beteiligungs- oder Basiskirche zu.

Somit veranschaulicht das Thema „Kirchenasyl" die Kennzeichen der Gelebten Religion vielfältig: Die je persönliche Gewissensentscheidung der über das Kirchenasyl bestimmenden haupt- und ehrenamtlichen Verantwortlichen vor Ort, überdies der Weltbezug der hiesigen Gemeinden im Sinne der Begegnung mit fremden Schicksalen sowie schließlich die Institutionenskepsis (hier: gegenüber staatlichen Stellen) verbinden sich zugunsten einer besonderen Weise mitmenschlicher Hilfe. Freilich bezieht sich diese Unterstützung erstrangig auf die physische und die psychische Hilfe gegenüber den Geflüchteten, wohingegen die Bemühungen, die Geflüchteten durch Vermittlung von Sprachkenntnissen oder rechtliche Belehrung zu Anwälten ihrer eigenen Situation zu machen, oftmals erst später einsetzen dürften.

II. Caritas im Knast –
Die Gefangenenbücherei

BÜCHER ÖFFNEN WELTEN

Die Gefangenenbücherei Münster
als Deutschlands „Bibliothek des Jahres 2007" –
Wurzeln, Werdegang und Wirkung

Herausgegeben vom
Förderverein Gefangenenbüchereien e.V.
Vorsitzender: Gerhard Peschers

Redaktion: Dr. Thomas Eickhoff

ARDEY

Am Rande einer Wiese, die an ein Haus mit vier Fenstern grenzt, wächst ein Baum. Er ist kein gewöhnlicher Baum, denn anstelle von Blättern trägt er Bücher an den Ästen. Und das Haus auf der Wiese ist kein normales Haus, denn Sträflinge wohnen darin. Man bemerkt ganz überrascht: Wie durch ein Wunder wachsen die „Bücheräste" durch die Fenster in das Gefängnis. – Mit diesem eindrücklichen Motiv hat Stefan Ahler malend zum Ausdruck gebracht, wie sehr Menschen während ihrer Haft die Bücher als „Boten der Freiheit" erleben.[103]

Ohne Frage geht es dem Künstler hier um die Beziehung zwischen Innen und Außen. Der auf der Gefängnismauer wachsende Baum sorgt dafür, dass es eine Wechselbeziehung zwischen der farbigen Welt draußen und der grauen Welt des Gefängnisalltags drinnen gibt. Die Fenster des Gefängnisses sind um ein Kreuz herum angeordnet. Mit diesem Kreuz weist der Künstler nach eigenen Worten auf die biblische Einladung hin, dass Menschen, die selber in Freiheit leben, die Gefangenen besuchen sollen. Auf seinem Bild wirken die Bücher wie Besucher, die den Kontakt herstellen zwischen Draußen und Drinnen und die Licht in die Düsternis des Gefängnisalltags bringen. Mehr noch: Der Künstler sieht die Bücher, die Gefangene über Jahre hinweg in der Gefangenenbücherei ausleihen, sogar als eine Verbindung mit der ganzen Welt. Sie ermöglichen ihnen den Kontakt aus der Haft mit dem Leben außerhalb der Gefängnismauern.

Angesichts der überraschenden Perspektive, beherzte Mitmenschlichkeit mithilfe von Büchern und Lektüreanregungen in die Tat umzusetzen, sei umso neugieriger gefragt, inwieweit auch hinter dieser Unterstützung das Streben nach Individualität, die Sehnsucht nach Ganzheitlichkeit und die Aufmerksamkeit für Institutionenskepsis stehen. Überdies sei vor dem Hintergrund der historischen Entwicklung der Gefangenenfürsorge und -seelsorge erwogen, inwieweit das Engagement für das Lektüreangebot von Gefangenen diesen zugleich dabei hilft, ihren Mitmenschen auch außerhalb des Gefängnisses auf Augenhöhe zu begegnen.

1. Fesseln sprengen – Gefangenenbücherei der JVA Münster

Alljährlich wird mit dem Deutschen Bibliothekspreis eine Bibliothek in Deutschland als „Bibliothek des Jahres“ ausgezeichnet. Im Jahr 2007 erhielt eine kleine Bibliothek den Preis, von der zuvor kaum jemand gehört hatte. So war die Sensation perfekt, als die Auszeichnung an die Gefangenenbücherei der Justizvollzugsanstalt (JVA) Münster ging. Dieses 160 Jahre alte Gefängnis, das über mehr als 500 Haftplätze im geschlossenen Vollzug verfügt, konnte das Preisgeld von 30.000 Euro gut gebrauchen, basierten doch die mannigfaltigen vorangegangenen Anstrengungen weitgehend auf Spenden und ehrenamtlichem Engagement.

Als treibende Kraft hinter dem Einsatz für die Gefangenenbücherei in Münster und weit darüber hinaus steht Gerhard Peschers, der diese Bibliothek seit vielen Jahren leitet und sich seit 1992 für die Belange von 30 Gefangenenbüchereien im geografischen Bereich von Westfalen-Lippe federführend einsetzt: 1960 am Niederrhein geboren, ein Westfale mit alltagspraktischem Sinn für die Wirklichkeit, ein katholischer Theologe mit Gespür für das Lebensförderliche der christlichen Tradition, ein Organisator mit Geschick beim Knüpfen von Netzwerken. Vor allem sieht er sich in seiner Biografie vielfältig beschenkt und schöpft aus diesem Gefühl der Dankbarkeit, wenn er sich hinter Gittern für andere Menschen einsetzt, denen es in ihrem Leben oft nicht so gut ergangen ist wie ihm selbst. So antwortet er auf die Frage, wie er einem Außerirdischen erklären würde, was Westfalen ist: „Gemäß einem Motto von Tolstoi – Um Westfalen zu verstehen, musst du dir seine Gefängnisse von innen ansehen.“ Unter den Büchern seines Herzens nennt er als Erstes die Psalmen und das Hohelied Salomos aus dem Alten Testament, zu seiner Lieblingsmusik zählt er Bachs „Brandenburgische Konzerte“. Mit seinen tiefen religiösen Wurzeln zeichnet Gerhard Peschers eine große Offenheit für alles Neue aus. Auf die Frage, was er für eine lange Reise rund um die Welt auf jeden Fall in den Koffer packen würde, antwortet er ebenso bescheiden wie unternehmungslustig: „Ein leeres Blatt".[104]

Gerhard Peschers hat einen eindrucksvollen Weg der persönlichen Sinnsuche hinter sich. Die Wechselspiele des Lebens sind ihm nicht fremd. Früher lebte er in der katholischen Brüdergemeinschaft der Canisianer. Dann verliebte er sich in eine Frau, verließ das Klosterleben nach 15 Jahren und heiratete. Das Grundanliegen der Canisianer, denen die Bedürftigen die Nächsten sind, gilt ihm freilich bis heute als Richtschnur seines Lebens. Natürlich ist ihm selbst bewusst und er kann darüber herzhaft schmunzeln, dass er in seinem Leben von einer „Anstalt" in die nächste übergewechselt ist: vom Kloster in den Knast. Doch trennt er nicht zwischen dem Heiligen und dem Profanen, dem Religiösen und dem Weltlichen. So versteht er sich, der Leiter der Gefangenenbücherei Münster, als „Bibliothekar im Weinberg des Herrn"[105].

Als Chef der Gefangenenbücherei Münster hat Gerhard Peschers eine von vier gefängnisbezogenen Stellen für Bibliotheksfachkräfte in ganz Deutschland inne. Wenn er die 30 Gefangenenbüchereien in seinem Zuständigkeitsbereich regelmäßig bereist, koordiniert er eine Fülle verschiedener Arbeitsbereiche: von Hinweisen zu möglichen Neuanschaffungen über Impulse für die Verbesserung der Datenverarbeitung bis hin zu Initiativen zugunsten der Fortbildung von ehrenamtlichen Mitarbeiterinnen und Mitarbeitern vor Ort oder Tipps für eine verbesserte Raumnutzung. Immer geht es ihm darum, den Gefangenenbüchereien innerhalb des Gefängnisbetriebes den ihnen gebührenden Platz zu verschaffen. In diesem Rahmen müht er sich darum, dass Gefangene das Büchereiangebot als eine Hilfe kennenlernen, um sich mit ihrer eigenen Biografie und nicht weniger mit dem Leben der anderen außerhalb des Gefängnisses zu befassen. Dazu zählt er die Mitmenschen ebenso wie die Institutionen, die das Leben in unserer Gesellschaft prägen. Kurzum: Das erstrangige Ziel seiner Gefangenenbüchereiarbeit sieht Gerhard

Peschers darin, dass es dem einzelnen Häftling immer besser gelingt, sein eigenes Leben selbstständig in die Hand zu nehmen.

a) Offenheit – Autorenlesungen in neuen Räumen

Auch der 2006 in Münster gegründete „Förderverein Gefangenenbüchereien e. V." geht auf die Anregung von Gerhard Peschers zurück. Bis heute ist diese bundesweit ausgerichtete Initiative ein erstrangiger Träger der vielfältigen Bemühungen für ein verbessertes Bücher- und Büchereiangebot hinter Gittern. An den Start gegangen waren die Mitglieder des Vereins mit dem ausdrücklichen Ziel, die Büchereiarbeit in Jugendarrestanstalten und Justizvollzugsanstalten in Deutschland zu unterstützen. Im Bereich der Öffentlichkeitsarbeit leistet der Verein seinen Beitrag zur Integration der Gefangenenbüchereien in die Gesellschaft. Er engagiert sich für die Anschaffung neuer Medien ebenso, wie er bei der Datenverarbeitung hilft oder bei der Raumgestaltung die Planung unterstützt. Um die Verbindung zwischen dem Gefängnis und der sonstigen Gesellschaft durchlässiger zu gestalten, beteiligen sich die Vereinsmitglieder federführend an der Organisation von Veranstaltungen, indem sie beispielsweise Autorenlesungen im Gefängnis organisieren.[106] Auch im Blick auf die Gesetzgebung mischt sich der Förderverein ein: Seit 2007 hat er immer wieder öffentlich darauf hingewiesen, dass die zuständigen Bundesländer unbedingt ein Büchereiangebot in ihren Entwurf des Jugendstrafvollzugsgesetzes aufnehmen sollten, um zumindest in dieser Hinsicht die Europäischen Strafvollzugsgrundsätze von 2006 zu erfüllen. Mit dieser Forderung steht nicht weniger auf dem Spiel, als dass auch Menschen im Gefängnis einen angemessenen Zugang zu Medien und Information erhalten.[107]

Über die Initiative des Fördervereins hinaus ist es auch den persönlichen Kontakten von Gerhard Peschers zu verdanken, dass Schriftsteller wie Stan Nadolny oder Bernhard Schlink in der JVA Münster aus ihren Werken vorgetragen haben und mit

Gefangenen darüber in ein Gespräch eingetreten sind. So resümiert der ehedem in der DDR politisch inhaftierte Autor Erich Loest aus Leipzig, was er empfand, nachdem er im Rahmen einer Lesung und einer anschließenden Diskussion mit den Gefangenen in Kontakt gekommen war. Immerhin war sein Besuch in der JVA Münster seine erste Lesung für Gefangene, nachdem er vor über 40 Jahren nach dem Ende seiner Haft in Bautzen entlassen worden war: „Am zweiten Abend [meiner Lesereise] betrete ich die Justizstrafanstalt. (...) Mein Ohr hat das Klirren der Schlüssel, das Scheppern der Gittertüren nicht vergessen. Jemand fragt, wie ich mich fühle. Ich antworte, ich wüsste, in drei Stunden sei ich wieder draußen. Der Bibliotheksraum: Helles Holz und Spiegel, die Weite vortäuschen, plakativ optimistisches Grün. Der Buchbestand erstaunlich. Da möchte man jahrelang – mein Gedanke verheddert sich. Anwesend sind an die zwanzig Häftlinge und zwanzig Mitglieder des Fördervereins für Gefangenenbüchereien. Die Direktorin, die einzige Frau in diesem Männerhaus, begrüßt. Ich lese aus ‚Nikolaikirche', der danach gedrehte Film ist vorher gezeigt worden. Sofort kommt eine Debatte auf. (...) So mag ich das. Nach zwei Stunden genehmige ich die letzten drei Fragen. Besser kann eine Veranstaltung solcher Art nicht verlaufen. Schlüsselklirren, ich bin frei."[108]

Im Alltag der JVA Münster darf jeder Gefangene pro Woche eine Viertelstunde in der gefängniseigenen Bibliothek stöbern. Es ist ihm erlaubt, bis zu sieben Medien gleichzeitig auszuleihen. Von außen mag eine derart organisierte Ausleihe unspektakulär wirken. Tatsächlich aber ist sie etwas Besonderes, denn in anderen vergleichbaren Anstalten gibt es derartige Ausleihmöglichkeiten kaum. Dort ist es an der Tagesordnung, dass den Gefangenen lediglich ein Katalog in ihre Zellen hineingereicht wird, aus dem sie ihre Buchwünsche auswählen können. Doch allein mit Titelkärtchen können Gefangene oft nicht viel anfangen. Der Blick auf die Gestalt eines Buches, der Griff ins Regal, die kurze Orientierung im Inhaltsverzeichnis, eventuell das verständigende Gespräch mit Mithäftlingen – das ist eine Buchauswahl, die sie als sinnvoll und lebendig erleben. So entdecken die Gefangenen in Münster unmittelbar vor Ort in ihrer Gefängnisbücherei, was sie – dazu unten mehr – an Büchern, Hörbüchern oder DVDs interessiert. Jedenfalls ist das Echo der Gefangenen auf dieses Angebot überzeugend: „80 bis 90 Prozent der Häftlinge nutzt das Angebot. Bücher sind ihnen sogar wichtiger als die Flimmerkiste."[109]

Wenn Gefangene der JVA Münster und anderswo inzwischen die Bibliothek im Gefängnis gern besuchen, dann liegt das nicht zuletzt daran, dass Gerhard Peschers eine künstlerische Kooperation zwischen deutschen Gefängnissen und der „Münster School of Architecture" auf den Weg gebracht hat. Das Leitmotiv dieser Zusammenarbeit bestand darin, Ideen für eine auch räumlich optimale Gestaltung der Gefangenenbücherei zu entwickeln. So sollten die Gefangenen die Bibliothek als einen individuellen Freiraum erleben, der auch optisch aus dem grauen Gefängnisalltag herausfällt. Sie sollte zur individuellen Buchauswahl ebenso einladen wie zum Gespräch mit anderen Häftlingen.

Die international anerkannte Architekturprofessorin Julia Bolles-Wilson von der Fachhochschule Münster machte sich dieses Anliegen zu eigen und begeisterte ihre Studierenden für die ungewöhnliche Aufgabe. Sie nannte das Raumentwurfsprojekt „Bibliotheksräume hinter Gittern". Insgesamt 23 Entwürfe brachten die Studierenden zusammen, sodass auf dieser Basis sogar mehrere Gefangenenbüchereien grunderneuert werden konnten.

Frau Professorin Julia Bolles-Wilson, die mit ihrem Mann Peter Wilson die aktuelle Architektur der Gefangenenbücherei für die JVA Münster maßgeblich entworfen hat, würdigt das entstandene Ambiente rückblickend in eindrücklichen Worten:

„Der Preis ‚Bibliothek des Jahres' des Deutschen Bibliotheksverbandes und der ZEIT-Stiftung wurde 2007 an die kleine Bibliothek der JVA Münster verliehen (entworfen von BOLLES+WILSON, ausgeführt von Bediensteten und Gefangenen der JVA Münster). Die Jury lobte die beispielhafte und nutzerfreundliche Neuinterpretation von Büchereifunktionen und die Atmosphäre, die an die nahe gelegene Stadtbücherei Münster erinnert. Der Bibliotheksraum, seit jeher eingeklemmt in die ‚Achselhöhle' zweier Arme des Gefängnis-Panoptikums, wurde übersichtlich möbliert mit Regalen und Theken aus hellem Holz und freundlichen Farben. Durch Spiegel oberhalb und seitlich der Regale wird der dreieckige Raum optisch zu einem Oktogon. Dieser Trick durchbricht den physischen Raum und erweitert ihn virtuell; die Analogie zum Lesen eines Buches und zu Borges Bibliothek von Babel ist durchaus beabsichtigt. Einige Teile der Decke und Wände wurden von den Gefangenen mit einem Blattmotiv bedruckt. Hierdurch entstehen die Illusion von Natur und das Ambiente einer Laube. Diese Bibliothek ist eine Oase in der harschen Ästhetik der Vollzugsanstalt und die absolute Ausnahme im gesamten Strafvollzug, in dem Lesen bisher zu wenig gefördert wird. Die Qualität und die ‚Offenheit' dieser Ein-Raum-Bibliothek hat zu einer Ausleihe bei 80 Prozent der Gefangenen geführt und dazu, dass Lesen zu den populärsten Freizeitaktivitäten gehört. Der Erfolg und der Resozialisierungseffekt der Initiative der neuen Gefangenen-Bibliothek in Münster haben zu Lesungen prominenter Autoren in der JVA und zur Gründung eines Fördervereins zur Unterstützung weiterer Gefangenenbibliotheken geführt."[110]

Um die Bedeutung einer solchen Bücheroase inmitten der Gefängnistristesse richtig einzuschätzen, vergegenwärtige man sich allein den Weg vom Gefängniseingang der JVA Münster bis zur Bibliothek: In das Innere des Gefängnisses gelangt man durch ein großes bewachtes Eisenportal, hinter dem sich für Besucher eine Ganzkörper-Scannerkontrolle anschließt. Alsdann durchquert man einen allseits umbauten Hof. Von dort geht es über eine Außentreppe durch eine Haustür in einen langen, schleusenartigen Flur. An beiden Seiten des schmucklosen Ganges liegen die weiß gestrichenen Türen zu den Büros der Anstaltsleitung und der Anstaltsverwaltung. Die Bürotüren reihen sich aneinander wie in dem dahinterliegenden Gebäude die Zellentüren. Hat man schließlich eine weitere mit Spezialschlüsseln gesicherte Stahltür passiert, betritt man das Zentrum des vierflügeligen Baus, der im 19. Jahrhundert in der damals üblichen Sternbauweise errichtet wurde. So entsprach die JVA Münster dem Vorbild der seinerzeit trendsetzenden englischen Haftanstalt Pentonville.

Von diesem hohen zentralen Raum öffnen in vier Richtungen hohe Glastüren den Blick auf lange, mehrgeschossige Trakte, in denen sich eine Zelle an die andere reiht. Zur Mitte hin sind die einander gegenüberliegenden Gänge durch weiß gestrichene Metallgeländer begrenzt. Dazwischen sind Netze gespannt, für den Fall, dass sich Gefangene von einem der Gänge in die Tiefe stürzen wollen. Dass sich hier in unmittelbarem Anschluss an die zentrale Halle – zwischen dem zweiten und dem dritten „Sternarm" – die Gefangenenbücherei mit ihrer Farbigkeit und Wohlfühlatmosphäre anschließt, würde wohl niemand vermuten.

b) Der Bücherbaum – Neue Horizonte im Gefängnisalltag

Der bereits vorgestellte „Förderverein Gefangenenbüchereien", der auch tatkräftig hinter der baulichen Realisierung des Büchereiraums in der JVA Münster gestanden hatte, brachte gleichfalls eine Kooperation mit der Frankfurter Buchmesse 2010 zustande. Erstmals konnte so eine Tagung zur Bibliotheksarbeit im Justizvollzug für die Bediensteten von Gefangenenbüchereien und die dafür zuständigen Verantwortlichen in den Landesjustizverwaltungen in Deutschland angeboten werden. Aufgrund der regen Nachfrage folgte in Kooperation mit der Leipziger Buchmesse bereits 2013 eine zweite und 2016 eine dritte derartige Fachtagung.

Einmal auf die Bedeutung der Gefangenenbibliotheken aufmerksam geworden, zeigte die Frankfurter Buchmesse 2010 auch die von Gerhard Peschers initiierte und kuratierte Ausstellung „Libertree – Bücherbäume überbrücken Mauern", von der am Eingang dieses Kapitels schon einmal die Rede war. Diese Ausstellung, die die Bedeutung von Medienangeboten für Menschen in Haft veranschaulichen will, ist seitdem als Wanderausstellung unterwegs und bringt viele Besucher mit dem Thema „Gefangenenbücherei" in Kontakt. – Am Anfang stand ein Traum von Gerhard Peschers, der inzwischen in 25 Sprachen übersetzt worden ist:

„Am 26. März 2008 träumte ich von einem Baum, der auf einer Gefängnismauer wächst. Die trennende Mauer ist stabil und nicht etwa rissig. Der Baum wurzelt unter anderem die Mauer entlang in der einen Erde und verbindet durch seine Wurzeln beide Seiten unterirdisch. Seine Zweige strecken und biegen sich zu beiden Seiten und verbinden sie so. Er trägt Bücher als grüne Blätter und bunte Früchte. Auf der grauen Mauer und unter dem blauen Himmel wirkt er farbenfroh. Ich wachte freudig mit diesem Bild auf und erzählte es gleich meiner Frau. Dabei assoziierte ich auch einen Ausschnitt von der Berliner Mauer, auf der rot aufgemalt steht: ‚The world's too small for walls.'"[111]

Dieser Traum, der Individuen innerhalb und außerhalb des Gefängnisses als Mitmenschen sieht und die Schwellen zwischen Gefängnis und Gesellschaft abbauen hilft, hat für Furore gesorgt. So regte er viele Menschen an, sich ihrerseits dafür einzusetzen, dass Menschen hinter Gittern einen guten Zugang zu einem ausreichenden und qualitativ hochwertigen Büchersortiment bekommen. Tatsächlich war das Echo auf den Traum von globaler Reichweite, wie die vielen gemalten und geschriebenen Beiträge zur Ausstellung „Libertree – Bücherbäume überbrücken Mauern" eindrucksvoll zeigen: Zeichnungen, Collagen, Gedichte oder Lieder. Sie sind bestens dazu angetan, Menschen für die Bedeutung konstruktiver Medienangebote zugunsten von Gefangenen oder Arrestanten zu sensibilisieren. Ebenso wie diese Schau an verschiedenen Orten konzipiert wurde, wird sie – wie oben bereits gesagt – auch an vielen Orten präsentiert. So bildet sie selbst ein großes Netzwerk: „Die Wanderausstellung mit einer Auswahl aus über hundert Bildern zum Mauer-Bücherbaum-Traum, die Gefangene, Schulkinder und Künstler zum Beispiel aus Argentinien, Brasilien, China, Israel oder Palästina gemalt und gezeichnet haben, zieht um die Welt.“[112]

Wenn der Bücherbaum von draußen in die Haftanstalt hineinwächst, stellt sich die Frage, auf welche Weisen die Gefangenen mit den Büchern im Anstaltsalltag in Kontakt kommen.

Am wichtigsten sind die zahlreichen Häftlinge, die das Büchereiangebot wahrnehmen und denen sich durch das Lesen von Büchern mitten in ihrem Haftalltag neue Lebens- und Deutungsperspektiven auftun. Über das oben bereits angesprochene Bild aus der „Bücherbäume“-Ausstellung, das das Angebot von Büchern für Gefangene als Werk der Barmherzigkeit interpretiert, sei hier – stellvertretend für viele andere – ein Häftling zitiert, der nach 20-jähriger Haft seine Leseerfahrungen knapp zum Ausdruck bringt. Während seiner Gefangenschaft erlebte er Bücher als „Lebensmittel“, ja als individuelles „Überlebensmittel“, mit dessen Hilfe er sich – ungeachtet aller grundsätzlichen Skepsis gegenüber der Institution Gefängnis – mit seinen Mitmenschen auch außerhalb des Gefängnisses ganzheitlich verbunden sah: „Bücher waren für mich in der Zeit der Inhaftierung wie ein guter Freund, immer für mich da. Ich konnte mich in sie reinfallen lassen. Ohne die Bücher hätte ich sicher diese lange Zeit hinter Gittern nicht überstanden. Sie waren und sind ein Tor zu einer anderen Welt, besser oder schlechter sei dahingestellt. Bücher haben mir immer Freiheit bedeutet, beim Lesen war ich nicht eingesperrt und weggeschlossen. Ich habe anders gelebt, in den Büchern, mit den Büchern.“

Über die lesenden Häftlinge hinaus sind die als Büchereiarbeiter tätigen Gefangenen für die Arbeit der Gefangenenbüchereien von entscheidender Bedeutung. Gewissermaßen bilden sie das Verbindungsglied zwischen der Büchereileitung und den gefangenen Büchereinutzern. Sie verwalten die unterschiedlichen Medien, die die Bücherei vorhält. Für ihre Arbeit haben sie einen begrenzten Zugriff auf die Informationstechnik zu Bestandsaufbau, Inventarisierung, Katalogisierung, Erschließung, Ausleihe und Statistik.

Aus Sicherheitsgründen ist den Büchereiarbeitern am Computer der Zugriff allein auf die Daten der einzelnen Medien sowie deren Entleiher möglich. So betreuen sie die Ausleihe gemäß den ihnen erteilten Aufträgen weitgehend selbstständig. Zuständig sind sie sowohl für die Organisation der oben bereits gewürdigten Freihandausleihe als auch für die Abwicklung der Magazinausleihe. Für die Magazinausleihe, die in Münster allein für Häftlinge im geschlossenen Vollzug vorgesehen ist, füllen die Gefangenen schriftliche Anträge für die Bereitstellung der gewünschten Medien aus, nachdem sie sich anhand von umfangreichen gedruckten Katalogen mit Kurzbesprechungen über das Medienangebot informiert haben. In ihrer Zelle nehmen die Gefangenen die bestellten Medien in Empfang.

Gerhard Peschers fasst die anspruchsvolle Aufgabe der gefangenen Büchereiarbeiter pointiert zusammen: „Die Büchereiarbeiter pflegen die Medien, reparieren sie bei Bedarf oder bereiten Schadensmeldungen vor. (...) Die Büchereiarbeiter wirken bei der Leserwerbung und Ermittlung von Benutzerinteressen mit – vor allem durch Mund-zu-Mund-Propaganda und durch Vorschläge zu Neuanschaffungen und Entwicklungen in der Bücherei. Sie sorgen zudem für die nötige Raumpflege.“[113]

Die Bedeutung der Gefangenenbüchereien als „Türöffner für neue Horizonte“ der Gefangenen zeigt sich umso konturierter, wenn man sich die Ergebnisse einer Studie zu den Lesegewohnheiten von Gefangenen vergegenwärtigt. Die Dokumentationsstelle Gefangenenliteratur an der Universität Münster hat sie erstellt. Von den Gefangenen, die zwischen 20 und 40 Jahre alt sind, haben 25 Prozent keinen Schulabschluss, 55 Prozent keine Berufsausbildung. Im Schnitt sind sie seit zwei Jahren inhaftiert und gehen zu mehr als 50 Prozent keiner geregelten Arbeit im Gefängnis nach. Umso mehr erstaunt es, dass 79 Prozent dieser Menschen in ihrer Freizeit zu Büchern greifen. Alle anderen Freizeitbeschäftigungen folgen mit weitaus weniger Nennungen: 71 Prozent Fernsehen, 54 Prozent Schreiben, 40 Prozent Sporttreiben oder Musikhören. Mehr noch: Mit Lesen verbringen pro

Woche 60 Prozent der Insassen 13 Stunden, also jeden Tag etwa zwei Stunden hinter Büchern. „Damit ist Lesen", so resümiert Gerhard Peschers das tatsächlich überraschende Ergebnis der Untersuchung pointiert, „die vorrangigste Freizeitbeschäftigung"[114]. Wenn man überdies bedenkt, dass 88 Prozent der Gefangenen ihre Lektüre aus der Gefangenenbücherei nehmen, 80 Prozent der Insassen die Bibliothek monatlich und knapp 50 Prozent der Gefangenen sie wöchentlich nutzen, wird erkennbar, wie stark die Gefangenenbücherei als Kommunikationsmittelpunkt das gesamte Leben im Gefängnis und darüber hinaus prägt.

Insgesamt bedeutet die Leseförderung für die zuvor meist leseungeübten Gefangenen, dass sie über das Medium Buch angeregt werden, vertieft über sich selbst und ihre eigene Lebensgestaltung nachzudenken. Ebenso mag ihnen die Lektüre die Menschen außerhalb der Haftanstalt in den Blick rücken, sodass sie sich zumindest auf diese Weise als zugehörig zur Gesellschaft erleben. Zuletzt werden sie durch die Nutzung der Gefangenenbücherei für ihr späteres Leben außerhalb der Haftanstalt mit einer neuen Freizeitaktivität vertraut.

2. Menschlichkeit leben – Gefangenenfürsorge und -seelsorge

Wer heute in einem Gefängnis einsitzt, befindet sich an einem Ort mit langer Tradition. Auch wenn die Gefangenenbüchereien in diesem Zusammenhang als ein neuzeitliches Phänomen herausgestellt werden müssen, knüpfen sie doch an die uralten christlichen Bemühungen um Gefangenenfürsorge und Gefangenenseelsorge an – Initiativen, die angesichts großer Brutalität in antiken Gefängnissen im Rückblick umso erstaunlicher wirken.

Schon für die griechische und die römische Antike, nicht weniger für den altorientalischen Kulturkreis, sind Gefängnisse in unbekannter Zahl und für verschiedene Zwecke bezeugt. So kannte das Altertum die öffentliche Haft in den verschiedensten Ausprägungen. Im Rückblick erscheint sie als probates Mittel der Behörden gegen den Ungehorsam der Untergebenen. Gleichermaßen diente sie im Strafrechtswesen als Mittel zur Sicherstellung des Prozessablaufes und der Exekution des Strafurteils, also als Untersuchungs- und Vollstreckungshaft. Situationsabhängig konnten Betroffene in Gemeindegefängnissen oder im öffentlichen Schuldturm einsitzen.

Angesichts von schweren Delikten gestaltete sich das Leben für die Gefangenen in einem antiken Gefängnis grausam, denn die Gefangenen lagen in Ketten oder waren durch Hand- oder Fußfesseln fixiert. Eine hohe Sterblichkeitsrate war die Folge von Dunkelheit, räumlicher Enge, mangelhafter Ernährung und dem Fehlen jedweder hygienischer Vorkehrungen. Erleichterungen bekamen allein jene Gefangenen gewährt, die wegen kleinerer Vergehen einsaßen. So durften sie Besuch von Freunden und Verwandten empfangen und waren meist ungefesselt.[115]

Der christliche Dichter Prudentius († 405) vermittelt eine Vorstellung davon, was Menschen in einem antiken Gefängnis erwartete:

Nach tapferem Standhalten
kommt man in ein trostloses Gewölbe,
damit nicht der freie Gebrauch des Auges
den tiefen Atem belebt.

Mitten im innersten Zuchthaus
ist ein Ort, schwärzer als die Finsternis,
den die engen Steine eines eingesenkten Gewölbes
ganz dicht umdrängen.

Hier herrscht ewige Nacht,
ohne die Sonne zu sehen.
Dieser schauerliche Kerker
soll seine Unterirdischen begraben.[116]

Zahlreiche christliche Märtyrerakten bestätigen derart unmenschliche Lebensverhältnisse. Beispielhaft zitiert seien die Eindrücke, die man der heiligen Felicitas († 203) in den Mund gelegt hat: „Nach einigen Tagen wurden wir in den Kerker gesteckt, und ich entsetzte mich, da ich noch nie eine solche Finsternis erfahren hatte. O schrecklicher Tag! Eine gewaltige Hitze, denn in ganzen Haufen wurden die Leute von den Soldaten hingeworfen ..."[117]

Wie verhielt sich das antike Judentum zum zeitgenössischen Gefängniswesen? Im Unterschied zu seiner kaiserlich geprägten Umwelt kannte es „keine Gefängnisstrafe als Rechtsinstitut, sondern Gefangensetzungen [nur] ad hoc". Wenn im Alten Testament überhaupt von Gefangenschaft die Rede ist, dann bezieht man sich damit erstrangig auf Bevölkerungsgruppen, die in Kriegsgefangenschaft geraten waren. So findet sich in den Prophetenbüchern manche Gottesrede überliefert, die dem Volk Israel himmlischen Trost zuspricht: „Verzage nicht, Israel. Denn ich bin es, der dich aus fernem Land errettet, deine Kinder aus dem Land ihrer Gefangenschaft" (Jer 30,10). Nicht zuletzt wird die Gefangenschaft dieser Menschen zum Bild für die Hilfsbedürftigkeit vor Gott, wenn es beispielsweise in Ps 79,11 heißt: „Das Stöhnen der Gefangenen dringe, o Gott, zu dir."[118]

Auch die frühen Christen unterhielten keine Gefängnisse, doch setzen die Schriften des Neuen Testaments die Existenz dieser Einrichtungen in der kaiserlich geprägten Umwelt klar voraus. So berichtet die Apostelgeschichte davon, wie kaisertreue Gegner des Christentums die Gefangenen festsetzten, um die weitere Ausbreitung dieser neuen Religion nach Kräften einzudämmen (Apg 5,18). Längst nicht allen Christen widerfuhr daraufhin das Glück, dass ihnen ein Engel auf wundersame Weise den Ausbruch aus dem Gefängnis ermöglichte (Apg 5,19)! Zudem waren derart himmlische Eingriffe auf Christen beschränkt, die wegen der Verkündigung des Evangeliums in einem Gefängnis einsaßen. Anderweitig straffällig gewordene Christen blieben davon ausgenommen.

Die Sorge um die verfolgten Glaubensgeschwister steht auch hinter weiteren Empfehlungen zur Gefangenenhilfe im 2. und 3. Jahrhundert. So beschreibt der christliche Theologe Tertullian († nach 220) werbend, dass christliche Gemeinden ihre gemeinsame Kasse einsetzten, um Glaubensgeschwister im Gefängnis mit Lebensmitteln zu unterstützen.[119] Gemeindeordnungen zählen die Gefangenenhilfe zu den caritativen Kernaufgaben unter Christen.[120] Grundlegend war die Fürsorge für die eingekerkerten Glaubensgeschwister darauf ausgerichtet, ihre völlige Freilassung zu erreichen. Diese Befreiung vollzog sich in erster Linie mittels Loskauf – meist motiviert durch den biblischen Gedanken, dass alle Christen einen einzigen Leib bilden und es für die Funktionsfähigkeit dieses Leibes auf die Funktionsfähigkeit eines jeden Gliedes ankommt (1 Kor 12,26).

Tatsächlich führte die unter den neutestamentlichen Werken der Barmherzigkeit genannte Sorge um die Gefangenen für viele Christen in der Gefangenschaft eine Verbesserung ihrer Situation herauf. In der Gesetzgebung hat sich dieser Wandel besonders ab dem 4. Jahrhundert niedergeschlagen: „Die wesentlichsten Merkmale christlichen Gedankengutes, die in einigen hier relevanten Gesetzen zum Ausdruck kommen, sind die der Liebe (caritas) und der Menschlichkeit (humanitas)."[121] Wurde die menschenunwürdige Haltung und Unterbringung von Gefangenen bis dahin mit „immensus cruciatus" beschrieben[122], zielte die christlich mit inspirierte Gesetzgebung ab dem 4. Jahrhundert einen weniger brutalen Umgang mit den Häftlingen an. Beispielsweise sollten Männer und Frauen voneinander getrennt eingesperrt werden.[123] Frauen sollten möglichst überhaupt nur noch in Klöster überstellt werden.[124] Es gelang sogar, die regelmäßige Visitation der Gefängnisse durch die Bischöfe zum Standard zu erheben.[125]. Erwähnenswert: Die „häufigste theologische Begründung" für diesen humanen Einsatz zugunsten von Gefangenen „wird mit Mt 25 gegeben", also mit dem Verweis auf die Werke der Barmherzigkeit („... ich war gefangen, und ihr habt mich besucht")[126]. – Inwieweit und ab wann Christen freilich begannen, über die verfolgten Glaubensgeschwister hinaus auch kriminelle Strafgefangene zu betreuen, lässt sich historisch bislang nicht beantworten.

Über die Gefangenen*fürsorge* hinaus initiierten die Christen eine Gefangenen*seelsorge*, die sie gleichfalls von den Werken der Barmherzigkeit ableiteten: auch in diesem Falle ursprünglich konzentriert auf kaiserlich verfolgte Glaubensbrüder und Glaubensschwestern, nach den Zeiten der Christenverfolgungen ab dem 4. Jahrhundert ausgeweitet auf christliche Gefängnisinsassen, die in die Kriminalität abgerutscht waren. Gegenüber den glaubensbedingt gefangenen Christen riefen ihre freien Mitchristen als Ausdruck des geistlichen Trostes die Flüchtigkeit der Welt und die Unvergänglichkeit des ewigen Heils in Erinnerung: „Und wenn ihr auch einige Lebensfreuden verloren habt, so ist es ja ein Handelsgeschäft, etwas zu verlieren, um größeres zu gewinnen", wie Tertullian († nach 200) ermutigt.[127] Ähnlich lässt der nordafrikanische Bischof Cyprian († 258) verlauten: „Wie glücklich der Kerker, den eure Gegenwart verherrlicht hat! Wie glücklich der Kerker, der die Männer Gottes zum Himmel sendet!"[128] Oder: „Nicht an den Tod, sondern an die Unsterblichkeit denke ein jeder und nicht an die zeitliche Pein, sondern an die ewige Herrlichkeit."[129]

Gefangenenseelsorgerliche Impulse für „eindeutig kriminelle Strafgefangene" äußerte erstmals Bischof Ambrosius von Mailand († 397). Beispielsweise wandte er sich gegen eine „vergeltende Strafe" für derartige Missetäter, um sich stattdessen für eine auf den Einzelfall zugeschnittene, also „sinnvoll bedachte Behandlung" auch dieser Kriminellen starkzumachen.[130]

Ursprünglich beschreibt ein Gesetz im Jahre 419 die Aufgaben des Priesters im Gefängnis, die der äußeren und inneren Heilung der Gefangenen dienen sollen, mit folgenden Worten: „Auch dem Priester räumen wir die Möglichkeit ein, dass er die Räume des Gefängnisses zur Ausübung der Mildtätigkeit betritt, die Kranken heilt, die Armen ernährt und die Unschuldigen tröstet. Und er soll, wenn er nach genauer Befragung die Fälle der einzelnen kennen gelernt hat, seine Maßnahmen bei dem zuständigen Richter im Rahmen des Gesetzes bemessen. Wir wissen nämlich – und das ist auch in zahlreichen Bittgängen immer wieder vorgetragen worden –, dass die meisten ins Gefängnis geworfen werden, damit sie der Freiheit beraubt werden, vor den Richter zu treten. Und wenn einmal eine Person aus den niedrigen Schichten begonnen hat, das Gefängnis zu ertragen, bevor der Fall untersucht ist, dann wird sie gezwungen, eine ungerechte Strafe zu erdulden. Es soll auf der Stelle das zuwiderhandelnde Gerichtspersonal zwei Pfund Gold an unsere Staatskasse zahlen, wenn ein frecher Wächter einen Priester, der so heilige Dinge verrichtet, ausgeschlossen hat."[131]

Der nordafrikanische Bischof Augustinus von Hippo († 430) vertieft diese Linie, indem er „zum ersten Mal in der Kirchengeschichte den Begriff des Verbrechens in Analogie zum Krankheitsbegriff gebracht" hat[132]: „Man muss", so Augustinus, „die Bösen in der Absicht lieben, damit sie nicht mehr böse seien, wie man auch die Kranken liebt, nicht damit sie krank bleiben, sondern damit sie gesund werden."[133] Ziel der (priesterlichen) Unterstützung auch von kriminellen Strafgefangenen ist deren „Besserung" – ein Ausdruck, der wiederum „im Zusammenhang mit Rechtsbrechern bei Augustinus zum ersten Mal in der Geschichte der Kirche auftritt"[134]. Alltagskonkret optiert der Bischof dagegen, dass die Gefängnisstrafe für einen Kriminellen allein dem vergeltenden Ausgleich für das begangene Unrecht dient. Stattdessen fordert er dazu auf, die Gefangenschaft so zu gestalten, dass sie einen Umkehrprozess des Betroffenen ermöglicht. Gegebenenfalls empfiehlt er zugunsten dieses Ziels auch die Fürsprache des Bischofs bei den Richtern.[135]

Tatsächlich geht die Verurteilung eines Übeltäters um seiner inneren Besserung willen auf kirchlichen Einfluss zurück. So kannte die Kirche zwar das Einsperren eines Gefangenen ins Kloster, überdies in Türmen und Verliesen, als Ausdruck einer Kirchenstrafe. Doch unabhängig von der Dauer seiner Strafe handelte es sich hierbei um Verurteilungen, die ein Übeltäter zum Zwecke seiner inneren Besserung auferlegt bekam. Dieses Mühen um die innere Korrektur des Sünders war von dem Gedanken getragen, dass unter den Menschen jene Heilskraft wirksam sein sollte, mit der sie sich von Jesus, ihrem vielfältig als heilend überlieferten und erlebten *medicus*, beschenkt sehen.

Die medizinale Ausrichtung der Bußauflage für Übeltäter durch die Kirche ist als etwas menschheitsgeschichtlich epochal Neues herauszustellen. Im Hintergrund steht der Gedanke, dass jemand, der anderen Menschen Schaden zugefügt hat, den für Christen selbstverständlichen Weg der Mitmenschlichkeit verlassen hat. Diese Abirrung – so sind die Christen überzeugt – ist nicht durch eine der Missetat genau entsprechende Ausgleichsleistung zu beheben, sondern allein durch die neuerliche Einübung in die Nächstenliebe, wie Jesus sie vorgelebt hat.

In der Tat bemühten sich die Christen um die Einführung der christlichen Barmherzigkeitsethik in das Recht. Dieser Schritt darf religionsgeschichtlich als wegweisend gelten: „'Barmherzigkeit' war dem vorchristlichen Recht unbekannt gewesen. (...) Jede einzelne herkömmliche Rechtsnorm wurde von der Kirche anhand der Frage überprüft, ob sie mit der kirchlichen Lehre von Gut und Böse vereinbar war. Die Ethik der Bibel wurde zum Maßstab des Rechts."[136]

Mehr als ein Jahrtausend dauerte die Übertragung der biblischen Ethik in Rechtsform. Angesichts vielfältiger sozialgeschichtlicher Veränderungen während des Mittelalters mussten die jeweils gefundenen Übersetzungen stets neu überdacht und an die veränderten Lebensverhältnisse angepasst werden. In diesem Inkulturationsgeschehen erhob die Kirche die Ausrichtung an der christlichen Barmherzigkeit zum alleinigen Maßstab. Ohne Übertreibung mündete dieser weit über das Mittelalter hinaus virulente Prozess in eine bis heute spürbare Verchristlichung des Rechts: „Je länger das Recht unter kirchlicher Kontrolle stand, umso (...) mehr schöpfte es seine Rechtfertigung aus der christlichen Ethik."[137]

In der Konsequenz führte die Ausbreitung des Evangeliums mit seiner Umwertung aller Werte zur Sittenpflege, Erziehung und Überwachung der Lebensführung eines jeden einzelnen Menschen – und das weit über die Kirche hinaus: „Dieser Gedanke wurde 1555 erstmals in England von weltlichen Behörden aufgegriffen. In Bridewall bei London entstand das erste eigentliche Gefängnis als ‚house of correction'", wie der Rechtshistoriker Wolfgang Schild unterstreicht.[138] Fortan sollten die Gefängnisseelsorger den Betroffenen auch in den staatlichen Gefängnissen helfen, über ihre Verfehlungen nachzudenken und mit geistlicher Betreuung ihren Weg zurück zu einer von Barmherzigkeit durchprägten Lebensweise zu finden.

So verfasste Vincenz Eduard Milde († 1853), der spätere Erzbischof von Wien, 1818 eine „Anleitung zur Seelsorge in Strafhäusern". Darin fordert er die in den Gefängnissen tätigen Geistlichen auf, sich gründliche psychologische Kenntnisse anzueignen, um die Persönlichkeit des Rechtsbrechers möglichst genau erfassen zu können.[139] Zeitgleich initiierte Elisabeth Fry († 1845) in England die religiös-pädagogisch orientierte Gefangenenseelsorge. Im berüchtigten Londoner Newgate-Gefängnis richtete die Quäkerin für erwachsene Gefangene eine Gefangenenkapelle ein, für gefangene Kinder eine Gefängnisschule und für weibliche Gefangene eine Lehr- und Arbeitsschule. Zu den Errungenschaften ihres lebenslangen Einsatzes zugunsten der Gefangenen und deren Besserung zählte unter anderem die juristische Festschreibung, dass jedem Gefangenen, der religiöse Handlungen verrichten möchte, dieses zugestanden werden muss.[140] Entsprechend charakterisiert ein Zeitgenosse die initiativreiche Quäkerin im Rahmen ihrer Gefängnisseelsorge als ökumenisch offen[141]: „Sie erkundigt sich nicht nach der Religion der Gefangenen. ‚Es kommt mir nicht darauf an', sagt sie, ‚ob es Protestanten, Katholiken oder Juden sind.' Doch spricht sie Allen (sic!) vom Evangelium."[142]

Für die Gefangenenseelsorge wirkte Frys Bemühen um die Besserung der Gefangenen eröffnend, allzumal sie damit beispielsweise Theodor Fliedner († 1864)[143] inspirieren konnte. Dessen Wirken zugunsten der Gefangenen traf wiederum auf ein reiches Echo. Nach der Rückkehr von seinen Gefängnisbesuchen in England und in den Niederlanden schrieb er an die Regierung daheim in forderndem Ton: „Nicht anders als wohltätig ist es für die Gefangenen, wenn man mit ernster Liebe sie in ihr Herz blicken lehrt, ihnen ein klares Bewusstsein von Gottes Heiligkeit und ihrer Strafwürdigkeit gibt, ihren Willen aufs Bessere lenkt und stärkt durch das Wort Gottes."[144]

Als Ausdruck der Gefangenenfürsorge und der Gefangenenseelsorge – und das ist eine bemerkenswerte Fortschreibung des Bemühens um die Besserung von Gefangenen – sollte auch die Versorgung der Häftlinge mit Büchern erfolgen. Indem Theodor Fliedner die Zuteilung von Büchern gegenüber den Häftlingen sogar als „Hauptzweck aller Gefangenenhäuser" herausstellte, griff er einen zeitgenössisch wegweisenden Impuls auf. Dem genannten Ziel sollten sich die Hausgeistlichen in den Gefängnissen ebenso verpflichtet fühlen wie die dort tätigen Lehrer, deren Aufgabe darin bestand, sich im Rahmen ihres Elementarunterrichts für die Verbreitung religiöser und anderer nützlicher Bücher starkzumachen.[145]

Niemals ließ Theodor Fliedner einen Zweifel daran, was ihn zugunsten der Gefangenenarbeit erstrangig motivierte: Im Rahmen all seiner geistlichen und organisatorischen Bemühungen für die Besserung der Gefangenen sowie für die Unterstützung der Entlassenen „brachte er immer wieder die biblische Verankerung der ganzen Arbeit zum Ausdruck. Er fand sie in dem Wort des Herrn: Ich bin gefangen gewesen, und ihr seid zu mir gekommen (Mt 25,36)."[146]

3. Einsichten eröffnen – Zur Impulskraft des Lesens

Parallel zur Verbreitung von Volks- und Stadtbüchereien lässt sich die Entwicklung von Gefangenenbüchereien verfolgen, deren Leitung gleichfalls in den Händen von Lehrern und Geistlichen lag. In beiden Fällen währt die Geschichte erst etwa 160 Jahre. Maßgebliche Impulse gehen jeweils auf den „Volksbildungs- und Bibliothekspionier“[147] Karl Benjamin Preusker († 1871) zurück, der die Entwicklung eines öffentlichen Büchereiwesens überhaupt erst an den Start brachte. Weil es ihm um verbesserte Lebensbedingungen und möglichst gleiche Bildungschancen für alle Menschen ging, bezog er die Gefangenen und die von ihm als notwendig erachteten Gefangenenbüchereien von Anfang an in seine Pläne ein: „Büchersammlungen zur Besserung der Gefangenen – belehrende und zugleich unterhaltende Bücher“ – das galt ihm als Herzensanliegen innerhalb seiner Pläne für ein gestuftes allgemein öffentliches Bibliothekswesen, wie es von namhaften zeitgenössischen Wissenschaftlern und Kommunalpolitikern unterstützt wurde.[148]

Jahrzehnte bevor auch andere Gefängnisseelsorger auf den Nutzen von Büchern für Häftlinge aufmerksam geworden waren, mahnte der oben schon genannte Wegbereiter der modernen Pädagogik und spätere Bischof Vincenz Eduard Milde 1818 in einer programmatischen Schrift den Nutzen von Büchern für Insassen von Gefängnissen an. Er sieht sie im Dienste einer „neuzeitlich anmutenden Resozialisierungsidee“[149]. So sollen sich die Häftlinge mithilfe von Büchern selbst belehren und bilden sowie vor unnützem Geschwätz und deprimierender Untätigkeit bewahrt bleiben. Den Gefangenenseelsorger sieht Vincenz Eduard Milde bei der Zuteilung von Büchern an Gefangene in einer dreifachen Verantwortung: Als Erstes soll der Seelsorger jedes Buch, das er an Gefangene ausgibt, selbst vollständig gelesen haben, damit er mit dem Inhalt wirklich bestens vertraut ist. Als Zweites obliegt dem Seelsorger die Verantwortung dafür, dass er jedem Gefangenen ein zu dessen Auferbauung individuell passendes Buch auswählt. Als Drittes endet die Verantwortung des Seelsorgers nicht mit der Zuteilung des Buches an den Gefangenen; vielmehr möge er sich Zeit nehmen für ein lektürebegleitendes und -vertiefendes Gespräch mit dem Gefangenen, sodass dieser umso mehr Nutzen aus dem Buch ziehen kann.[150]

Als 1848 in Bruchsal das erste deutsche Gefängnis mit Einzelzellen seinen Betrieb aufnahm, verfügte es zugleich über eine Gefangenenbücherei: „Ein vorzügliches wirksames Mittel zur Belehrung und Besserung der Gefangenen ist in Zellengefängnissen durch die Gefängnisbibliothek geboten", wie der damalige Gefängnisdirektor unterstrich.[151] Zugleich war er davon überzeugt, dass die Bücherangebote in drei Kategorien unterteilt sein sollten: erstens konfessionsspezifische Gebetbücher (katholisch, evangelisch, jüdisch); zweitens nach Konfessionen getrennte erbauliche Unterhaltungsschriften; drittens belehrende Schriften, entweder nach Konfessionen getrennt oder ohne Unterschied der Konfessionen. Die Aufgabe des Gefängnisseelsorgers sieht er darin, dass er die Bücher für jeden Gefangenen individuell auswählt – wie ein um das individuelle Wohl seiner Patienten bemühter Arzt.

In der Folge wird die Gefangenenbibliothek in jedem „Jahresbericht über Zustände und Ergebnisse des Zellengefängnisses Bruchsal" ausführlich erwähnt. So heißt es für das Jahr 1864: „Die Unentbehrlichkeit der Gefängnisbibliothek bei Durchführung der Einzelhaft ist anerkannt. Wie die Bevölkerung einer Strafanstalt aus den verschiedensten Individuen zusammengesetzt ist, so ist auch eine Mannigfaltigkeit der Bücher nöthig, in denen die Gefangenen Erbauung, Belehrung und Trost finden können. Die Zahl der Schriften der Bibliothek kann nie zu gross sein, wenn bei Zutheilung der Bücher die Individualität und das Bedürfnis der einzelnen Leser gehörig berücksichtigt wird."[152]

Gleichfalls im Dienst der individuellen Leseförderung und Besserung der Gefangenen um deren gesellschaftlicher Integration willen verstand sich der spätere Kulturkampfbischof Johann Bernhard Brinkmann († 1889) als zweiter katholischer Seelsorger bei der Königlichen Strafanstalt zu Münster. Mit Blick auf dieses Ziel war er gemäß einer Instruktion seines Ortsbischofs vom 5. März 1853 mit der damals pionierartigen Aufgabe betraut, „die Anschaffung von Büchern zum öffentlichen Gebrauche der Sträflinge" zu initiieren. – Auch auf evangelischer Seite war das Engagement zugunsten der Gefangenenbüchereien als Ausgangspunkt für die Besserung der Häftlinge pionierartig. So stellt der für zwei Strafanstalten in Köln zuständige evangelische Pastor Rommel 1871 im Sinne eines unmissverständlichen Merksatzes heraus: „Es ist nicht bloß eine nützliche, sondern es ist eine ganz unentbehrliche Sache, dass die Gefangenen allzeit mit einer passenden Lektüre versehen werden." Angesichts der „unendlichen Öde", die die „Gefangenen angähne", sowie inmitten ihres „Gefühls der Leere" führe eine sorgsam ausgewählte Lektüre „unsere Leute in eine bessere Gedankenwelt ein, als die ist, worin sie sich gewöhnlich umhertreiben": „Schon der negative (der nähere) Zweck, sie vom Bösen abzuziehen, und ihre wild schweifenden Gedanken einzufangen – ist ein wichtiger. Der positive aber (der weitergehende) Zweck: sie allmählig zum Guten zu erziehen und sie in einer edleren Gedankenwelt heimisch zu machen – dieser Zweck bezeichnet die Versorgung mit passender Lektüre als eins der wesentlichsten Besserungsmittel im Gefängnis." Keine Frage, dass Pastor Rommel zu den Schlüsselwerken einer Gefangenenbibliothek die Bibel, das Gesangbuch, ein Gebetbuch oder biblische Geschichten sowie den Katechismus zählt, die jeweils in zahlreichen Exemplaren vorrätig sein sollten.[153]

In ökumenischer Einmütigkeit hebt der lutherische Gefängnispfarrer Alfred Bienengräber († 1908) aus Sachsen hervor, dass die Lektüre des Buches den moralischen Schwächen des Gefangenen wie eine für den Einzelfall ausgewählte Medizin entgegenwirken möge: „Der verständige Seelsorger kann hier die Lektüre gerade so benützen wie der verständige Arzt die Arznei bei seinen Kranken. Den trägen schläfrigen Seelen, die nie ein Buch zur

Hand nehmen möchten, kann er jene unterhaltenden, lieblichen und auf die angenehmste Weise belehrenden Volks- und Jugendschriften anbieten. Der Lesetüchtige kann auf schmale Kost gesetzt und dadurch genötigt werden, dieselben Bücher öfter zu lesen, das Gelesene zu verarbeiten und darüber nachzudenken. Den Grüblern und Geheimniskrämern kann entzogen werden, was ihrer krankhaften Neigung Vorschub leistet, und dafür das geboten werden, was einen schlichten, lebendigen, in Liebe tätigen Glauben erzeugt. Tausch von Büchern, die für Angehörige einer anderen Konfession bestimmt sind, hört in Einzelhaft auf. Das individuelle Bedürfnis eines jeden Gefangenen kann hier auf das vollkommenste berücksichtigt werden."[154]

Seit dem letzten Quartal des 19. Jahrhunderts verzichtete man zunehmend auf die Anwendung von Zwang, um die Gefangenen an religiöse Lektüre heranzuführen. Eher versuchte man, sie mit sanften Mitteln für religionsbezogene Bücher zu gewinnen. Im Hintergrund hatte sich die Überzeugung entwickelt, dass nur ein befreiter Umgang mit der Religion deren Lebensquellen wieder attraktiv machen konnte: „Die Religion rührt die innersten und tiefsten Kräfte der menschlichen Seele und des menschlichen Willens an und befähigt, sich selbst zu überwinden. Die religiöse Pflege bedarf überall, besonders aber in den Gefangenenanstalten einer zarten, kunstgeübten Hand. Die Religion erträgt keinen harten Zwang, sie gedeiht nur in freier Luft."[155]

In dem Maße, wie man im 20. Jahrhundert im Rahmen einer allgemeinen Verbesserung des öffentlichen Büchereiwesens zugleich die Professionalisierung des Gefangenenbüchereiwesens forcierte, traten Bibliothekare oder „weltliche Lehrer" an die Stelle der Gefangenenseelsorger.[156] Dem traditionsreichen christlichen Ideal blieben auch sie selbstverständlich verpflichtet: Gefangenenfürsorge sowie Gefangenenseelsorge um der individuellen Besserung willen.

Die JVA Münster ist aktuell in der komfortablen Situation, dass ein Theologe mit fürsorglichem Geschick und einem seelsorgerlichen Herz die Gefangenenbücherei leitet, ja der neben einem Theologiestudium zugleich über eine Ausbildung als Bibliothekar verfügt und das Gefangenenbüchereiwesen national wie international inspiriert; der ein Gespür hat für die individuelle Förderung der Gefangenen und im Sinne der Ganzheitlichkeit eine gesellschaftliche Verantwortung für die Gefangenen und deren Lektüreangebot anmahnt. Wenn er zugleich eine juristische Festschreibung des Anspruchs von Inhaftierten auf Lektüre fordert, mahnt er im Sinne institutioneller Glaubwürdigkeit, dass die Bereitstellung von Büchern für Gefangene kein Akt der Barmherzigkeit ist, sondern auf einem Rechtsanspruch gründet. Denn allein mithilfe von Büchern sieht er eine gute Vorbereitung der Gefangenen auf ihren Alltag nach der Entlassung gewährleistet.

4. Fazit

Die Gefangenenbücherei der JVA Münster kann exemplarisch verdeutlichen, wie wichtig Bücher für Menschen im Gefängnis sind: Sie bieten den Gefangenen Anregungen, um ihr Gespür für ihre individuellen Begabungen und Bedürfnisse weiterzuentwickeln. Zudem kann Lesen ihre Fähigkeit schulen, sowohl mit den eigenen Emotionen wertschätzend umzugehen als auch besser zu verstehen, was andere Menschen denken und fühlen. Nicht zuletzt stimuliert das bei der Lektüre aufkommende Gefühl von Wohlbefinden, Zufriedenheit und Vergnügen die Selbstannahme des Gefangenen. So erlebt er sich nicht allein als Objekt der Sorge und der erzwungenen Umerziehung, sondern zugleich als Subjekt, das sich auf ein Leben in Freiheit vorbereitet – allzumal er sich in diese soziale Ausrichtung im Gefängnis unter anderem als Büchereiarbeiter einüben kann. Das Motto „Von und mit Gefangenen lernen“ trifft also auch auf die Arbeit der Gefangenenbücherei zu.[157]

Im Wissen um alle aufgezählten Möglichkeiten unterstützt der Leiter der Gefangenenbücherei die Gefangenen individuell mit seiner sozialen und pastoralen Kompetenz. Die Vernetzung, die ihm so als „Reso Netzwerker“[158] innerhalb der Gefängnismauern gelingt, erreicht er auch beim Knüpfen von Kontaktnetzen, die Menschen außerhalb der Haftanstalt in ihrem Engagement zugunsten von Gefangenenbüchereien unterstützen: indem sie sich für die individuelle Begegnung mit den Gefangenen öffnen, die Welt des Gefängnisses in ihren Weltdeutungshorizont einbeziehen und institutionenkritisch auf eine Rechtsprechung zugunsten von Gefangenenbüchereien drängen.

Unter dem beschriebenen Horizont ist eine Gefangenenbücherei tatsächlich eine „Seelenapotheke“, wie sie ihr Leiter Gerhard Peschers charakterisiert. Sie hilft allen Beteiligten, bessere Menschen zu werden – sowohl innerhalb des Gefängnisses als auch außerhalb. Das Interesse für die Literatur und für die Menschen, die sie schreiben oder lesen, verbindet diejenigen, die sich dafür einsetzen, dass der äußerlich geschlossene Raum einer Justizvollzugsanstalt möglichst nicht zu einer Verwahranstalt verkommt. Stattdessen soll die im Knast angesiedelte Gefangenenbücherei Menschen in einen inneren Kontakt mit ihrer eigenen Lebenswirklichkeit bringen, auf dass sie ihren persönlichen Weg nach der Haftzeit umso entschiedener finden. Übrigens lässt sich allein schon die Existenz einer Gefangenenbücherei als Ausdruck einer gewissen Institutionenskepsis verstehen, versucht man dort doch mit Nachdruck, das zu verwirklichen, was eigentlich als Auftrag des Gefängnisses insgesamt zu gelten hat: die je persönliche Resozialisierung des Gefangenen, die dafür steht, dass ihn mehr mit der Gesellschaft außerhalb der Gefängnismauern verbindet, als ihn von ihr trennt.

III. Essen, wo es hingehört – Tafeln in Deutschland

TAFEL

DEUTSCHLAND

Schon seit mehr als 20 Jahren engagieren sich in der Bundesrepublik Deutschland, einem der wohlhabendsten Länder der Erde, zahlreiche Ehrenamtliche, indem sie andernorts überflüssige Lebensmittel zusammentragen, um sie an Bedürftige – keinesfalls allein an Obdachlose! – weiterzuverteilen. Inzwischen ist die Tafel aus diesen unscheinbaren Anfängen zu einer Tafel-Bewegung angewachsen. Bevor ihre quantitativ und qualitativ bemerkenswerte Entwicklung anhand einiger Schlaglichter vorgestellt wird, sei an den großen Untersuchungshorizont („Gelebte Religion") erinnert, unter dem auch dieses Buchkapitel steht. Erstens: Inwieweit fördert die Tafel-Initiative die Individualität der Beteiligten? Zweitens: Bringt sie Menschen tatsächlich zusammen, sodass sie das Erleben eines ganzheitlichen Horizonts forciert? Drittens: In welchen Hinsichten lässt sich innerhalb des Tafel-Engagements die heute verbreitete Institutionenskepsis erkennen? Schließlich: Wo ist die Tafel-Initiative auf der Skala zwischen „Sorge für die Bedürftigen" auf der einen Seite und „Partizipation der Tafel-Kunden" auf der anderen Seite einzuordnen?

Am Anfang der Tafel-Bewegung steht menschliches Mitgefühl. So löste die Berliner Sozialsenatorin Ingrid Stahmer zu Beginn des Jahres 1993 mit ihrem Vortrag über obdachlose Menschen in der Bundeshauptstadt große Betroffenheit aus. Im Nachklang der schockierenden Ausführungen fassten einige hilfsbereite Mitglieder der „Initiativgruppe Berliner Frauen e. V. (IBF)" den Entschluss, sich zugunsten von Obdachlosen in der Stadt aktiv einzusetzen. Diese bessergestellten Frauen, unter denen einige auch aus einer christlichen Motivation dabei waren, nahmen es als grotesk wahr, dass die Berliner damals einerseits ein Fünftel aller Lebensmittel wegwarfen, während andererseits die Zahl der Obdachlosen immer weiter stieg.

So brachte Ursula Kretzer-Mossner, ein Mitglied der „Initiativgruppe Berliner Frauen", nach einer USA-Reise gegenüber ihren Mitstreiterinnen den Vorschlag ein, das Konzept der in New York ansässigen Sozialinitiative „City Harvest" für Berlin zu übernehmen.[159] Tatsächlich engagierten sich die Frauen nach dem New Yorker Vorbild fortan dafür, die ökologisch sinnlose und moralisch fragwürdige Vernichtung jener Lebensmittel einzuschränken, welche im Handel zwar nicht mehr verkauft wurden, jedoch für den Verzehr weiterhin geeignet waren. Diese Lebensmittel sammelten die Engagierten in Geschäften und auf Märkten, um sie anfangs an soziale Einrichtungen, später auch direkt an Bedürftige weiterzuverteilen – der Beginn der Tafel in Deutschland!

Zwischen 1994 und 1996 nahm die Zahl der Tafel-Spender und Tafel-Sponsoren – darunter die REWE Handelsgruppe als erster überregionaler Unterstützer der Tafel-Idee – in Berlin und anderswo ebenso zu wie die Zahl derer, die von der Umverteilung der Lebensmittel profitierten. Ausgehend von Berlin, etablierte sich die Tafel rasant. Sie war aufseiten der Geber, der Ehrenamtlichen und der Bedürftigen gleichermaßen beliebt. Auch dafür steht die Gründung des Bundesverbandes „Deutsche Tafel e.V." im Jahr 1996 – mit anfangs 35 Niederlassungen.

Zwischen 1996 und 2003 expandierte die Tafel-Bewegung weiter, wie sich im Rückblick exemplarisch an der „Berliner Tafel" erkennen lässt. So lieferte die dortige Tafel die eingesammelten Lebensmittel an immer mehr soziale Initiativen und Organisationen. Beispielsweise engagierten sich die Ehrenamtlichen, deren Zahl kontinuierlich zunahm, dafür, dass die Nahrungsmittel zukünftig auch an bedürftige Kinder in Schulen oder in Kinder-Sozialprojekten gelangten. Zugleich machten die Obdachlosen, für die sich die Stadt zwischenzeitlich kräftig ins Zeug gelegt hatte, unter allen Zielgruppen bereits in dieser Entwicklungsphase der „Berliner Tafel" nur noch ein knappes Viertel aller Lebensmittelempfänger aus. Das heißt: weniger Wohnungslose, aber mehr Armut. Für die „Berliner Tafel" verschärfte sich diese Mangelsituation dadurch deutlich, dass die Supermärkte aufgrund einer optimierten Bedarfsplanung damals weniger Lebensmittel als zuvor an die Tafel abgaben. Trotz dieser Schwierigkeiten bezeichneten Medien wie das Nachrichtenmagazin DER SPIEGEL die „Berliner Tafel" und die an anderen Orten zwischenzeitlich entstandenen Tafeln als „die größte soziale Bewegung der 90er-Jahre".

Mit dem Jahr 2004 erreichte die „Berliner Tafel" eine neue Innovationsstufe. Seitdem basiert das Engagement der Mitarbeiterinnen und Mitarbeiter nicht mehr allein auf dem ursprünglichen Einsammeln und Verteilen von übrig gebliebenen, aber weiter für den Verzehr geeigneten Lebensmitteln, sondern bezieht sich zunehmend auch auf das Einwerben und Verteilen von materiellen Großspenden. Parallel dazu stieg nicht allein die Anzahl der belieferten Einrichtungen erneut, sondern gleichzeitig die Zahl der Ehrenamtlichen. Zudem stellte man damals – eine weitere Neuerung – hauptamtliche Mitarbeiterinnen und Mitarbeiter ein, um die Ehrenamtlichen logistisch zu unterstützen, wie es heute in der Tafel-Bewegung selbstverständlich ist.

Im Hintergrund der beschriebenen Expansion stand 2004 maßgeblich Sabine Werth. Sie versteht sich als engagierte Christin und ist in der „Berliner Tafel" eine Frau der ersten Stunde. 2004 entwickelte sie in Zusammenarbeit mit dem „Rundfunk Berlin-Brandenburg (RBB)" unter dem Titel „LAIB und SEELE" das Konzept für ein Kooperationsprojekt in Gemeinschaft mit der „Berliner Tafel". Angezielt war, dass Berliner Kirchengemeinden ihre Räumlichkeiten einmal wöchentlich für die Essensausgabe öffnen und ehrenamtliche Helfer rekrutieren sollten. Die Belieferung der bis heute 45 Ausgabestellen mit Lebensmitteln lag von Anfang an bei der „Berliner Tafel". Um auch diese Expansion bewältigen zu können, suchte man wiederum nach neuen Spendern und noch größeren Spenden.

Aktuell beliefert die „Berliner Tafel" mehr als 300 Sozialeinrichtungen. Mithilfe der Ausgabestellen von „LAIB und SEELE" versorgt sie über 125.000 Bedürftige, also etwa 3,6 Prozent der Berliner Bevölkerung.[160]

Insgesamt gibt es in Deutschland gegenwärtig etwa 900 ortsbezogene Tafeln mit mehr als 3000 Tafel-Läden und Ausgabestellen. Die eine Hälfte befindet sich in der Trägerschaft von kirchlichen Wohlfahrtsverbänden. Die andere Hälfte der Tafeln sind eigenständige „e. V.'s" im Sinne nicht konfessioneller Wohlfahrtsverbände – wiederum oftmals stark unterstützt durch kirchliche Organisation und ehrenamtlich tätige Christen.[161] Laut dem Bundesverband engagieren sich heutzutage knapp 60.000 Freiwillige – die meisten von ihnen weit über 20 Stunden im Monat. Aktuell erreichen die Tafel-Angebote bundesweit etwa 1,5 Millionen Menschen. Hinzu kommen ungezählte ähnliche Initiativen, die nicht verbandlich organisiert sind und auch ihrerseits viele Kunden haben. Zuletzt ist die Zahl der Tafel-Nutzer angesichts der vielen Geflüchteten, die in unser Land kommen, abermals sprunghaft gestiegen, ohne dass dazu bereits präzise Zahlen vorliegen.

So wollen die folgenden Überlegungen – es sei ausdrücklich wiederholt – klären helfen, inwieweit die Tafel-Bewegung auf die individuellen Wünsche der Bedürftigen und der ehrenamtlichen Mitarbeiter eingeht sowie einen ganzheitlichen Horizont – beispielsweise die Zusammengehörigkeit von Bedürftigen und Ehrenamtlichen – erlebbar macht. Vor diesem Hintergrund wird sich zeigen, inwieweit sich die Tafel-Bewegung auf die helfende Sorge beschränkt. Oder setzt sie sich mit einer institutionenkritischen Stoßrichtung dafür ein, die Bedürftigen als Subjekte zu stärken, indem sich die Tafel-Bewegung gleichermaßen für das Recht auf eine ausreichende Versorgung der Armen einsetzt, auf dass diese nicht länger auf Almosen angewiesen sind?

1. Aufgeschnappt – Stimmen bei der Tafel

Die folgende Unterhaltung, die eine Kundin und ein ehrenamtlicher Mitarbeiter bei der Lebensmittelausgabe Holweide bei Köln miteinander führen, kann etwas von der menschlich aufmerksamen Atmosphäre vermitteln, die die Kunden an den Tafel-Treffpunkten schätzen. Besonders bringt dieser Dialog zur Sprache, dass sich die Kunden bei der Tafel als Menschen erleben, deren individuelle Bedürfnisse Beachtung finden. Zugleich empfinden sie sich hier – anders als häufig vor staatlichen Stellen – als Menschen, die in die Gesellschaft integriert sind:

„Ich bin ein sparsamer Mensch. Man kommt aber mit dem Geld, das einem die Behörden überlassen, wirklich nicht aus. Und die Tafel, die ist speziell gut. Ja, ich bin froh, dass es nicht Behörden machen, weil da ist man immer ungebetener Gast. Und hier, man wird empfangen von einer Vanessa, die jedem das Gefühl gibt, man ist willkommen. Dann wird man gefragt, was man haben will. Was man nicht haben will. Ich esse koscher. Man hat von Anfang an Rücksicht darauf genommen, ja. Und ich bin dankbar, dass die Kirche das macht, dass man mich überhaupt angenommen hat für die Tafel, weil ich bin Jüdin. Und deswegen hier wird jeder angenommen." – „Ich muss hier mal eingreifen. Wir haben hier Moslems, ich wusste gar nicht, dass sie Jüdin ist, höre ich jetzt zum ersten Mal, wir haben Evangelische, wir haben Leute, die gar nicht in der Kirche sind, wir sind hier einfach. Wir bemühen uns, christlich zu handeln. Das ist unser Auftrag hier." – „Ja, und ich sehe das als Geschenk. Ja, es gibt tolle Sachen, die ich mir auch nicht leisten könnte, mit dem Geld, was ich habe, sowieso nicht. Und ich sehe auch immer, dass man so gerecht wie möglich sein will. Leute mit Kindern kriegen dann die Süßigkeiten oder die dicke Ananas noch dabei und ich habe immer die Angewohnheit zu sagen: Gibt es Knoblauch oder Peperoni? Dann wird geguckt und ich bekomme, wenn es da ist. Ja, also der einzelne Mensch ist hier ein Wertgegenstand, verstehen Sie? Und deswegen, ich freue mich immer zu kommen!"[162]

Die zahlreichen Ehrenamtlichen, die an den Tafel-Standorten ihren Dienst versehen, erfahren reiche Anerkennung für ihre Arbeit, wenn es ihnen gelingt, den Kunden fair und menschlich gegenüberzutreten. In diesem Sinne unterstreicht eine Mitarbeiterin: „Ich sage immer: Wir, die in der Tafel ehrenamtlich arbeiten, haben einen tollen Bezahltarif – den VG-Tarif, den sogenannten ‚Vergelt`s-Gott-Tarif'. Und das ist das einzige Danke, was vonseiten der Vorstandschaft kommt und was vor allen Dingen von den

Kunden kommt, dass einfach leuchtende Augen Danke sagen, wenn sie mit ihren Lebensmitteln versorgt den Tafel-Laden wieder verlassen."

Wie oben bereits andeutet, gehören zum vollständigen Gesamtbild der Tafel-Arbeit in Deutschland mittlerweile auch die sogenannten Logistik-Tafeln mit ihren hauptamtlichen Mitarbeiterinnen und Mitarbeitern. Unter anderem stehen sie für die großräumige Verteilung der eingeworbenen Großspenden. Beispielsweise gibt es in Baden-Württemberg insgesamt fünf Logistik-Tafeln. Eines dieser Verteil- und Lagerzentren, von denen jedes mehrere Sattelzüge, beladen mit Trockenware annehmen und mindestens eine LKW-Ladung mit Kühl- und Tiefkühlware lagern kann, befindet sich in Rastatt. Das Lager, das hinter einem Tafel-Laden liegt, führt Marktleiter Torsten Weber. Um eine grüne Klappkiste geht es hier nicht. Hier denkt man größer. Für Weber fährt auch schon mal eine Spedition durch die ganze Republik. Rastatt ist innerhalb des Bundesverbandes der Ansprechpartner für die Verteilung von Großspenden und Zwischenlager für die 35 Tafeln der Rheinschiene. Per Mail oder SMS werden die Logistik-Tafeln über die Großspenden informiert und können sich als Abnehmer melden.

Noch immer ist die ursprüngliche Idee der Tafel, im Handel nicht mehr verkäufliche Lebensmittel vor der Vernichtung zu bewahren, deutlich erkennbar. Das gilt für kleine Mengen ebenso wie für große, wie Torsten Weber im Blick auf seinen Arbeitsalltag erklärt: „Wir reagieren stündlich. Wenn jetzt einer anruft und sagt, er kommt heute Mittag, dann kommt er. Dann sind wir in der Lage, das zu verarbeiten. Die Leute sagen, das haben wir da noch liegen, das müssen wir über das Wochenende weg haben, weil wir neue Ware bekommen. Der braucht ja auch Platz, ist ja eine Platzfrage, und dann ruft er an und sagt, Herr Weber, wir haben zum Beispiel Gurken, 20 Tonnen Gurken, können Sie die Ware nehmen, dann sagen wir: jawoll, nehmen wir. Dann rufen wir über das Internet unsere Regional-Tafeln an, was braucht ihr an Gurken, dann kriegen die das und die kriegen das auch umsonst, aber die Transportkosten müssen die anteilig bezahlen."[163]

Der vielleicht größte Einschnitt in der Verbandsgeschichte des „Bundesverbandes Deutsche Tafeln" erfolgte zehn Jahre nach seiner Gründung, als nämlich im Jahr 2005 mit dem sogenannten „Hartz-IV-Gesetz" die sehr knapp bemessene „Grundsicherung für Arbeitssuchende" eingeführt wurde und es in der Folge zu einem wahren Gründungsboom bei den Tafeln kam.[164] Mit seinen fünf Millionen Euro an Sach- und Geldspenden, die der Bundesverband im Jahr 2013 einsammelte, gibt er sich selbstbewusst: als größte soziale Bewegung unserer Zeit und bemerkenswerte Erfolgsgeschichte des Social-Sponsorings in Deutschland!

Tatsächlich ist die gesellschaftliche Wertschätzung, die der Bundesverband und seine Mitglieder erfahren, beachtlich. So erhalten sie als Zeichen der Anerkennung zahlreiche Vergünstigungen und Geschenke aus anderen Unternehmen: Transportfahrzeuge von Mercedes, Reifen von ATU, Mietautos von Europcar. Darüber hinaus bekommt der Verband Sonderkonditionen für Gabelstapler und für Hubwagen, auch für Schmierstoffe und für Kühlzellen oder für Versicherungen beim ADAC.

Alles in allem: Von den bescheidenen Anfängen der „Berliner Tafel" bis zur heutigen Großorganisation war es ein weiter Weg, wie ihn auch die Veränderungen in der Außendarstellung und im Selbstverständnis der Tafeln widerspiegeln.

2. Die Tafel – Premiummarke mit Abendmahlscharakter?

Wenn es die Tafel-Bewegung in 20 Jahren zu unübersehbarem Einfluss und hohem Prestige gebracht hat, hängt das nicht zuletzt damit zusammen, dass sich das Anliegen und seine Träger als „Premiummarke" etablieren konnten. So fällt der Tafel im Konzert des Ringens um gesellschaftliche Aufmerksamkeit eine markante und deutlich vernehmbare Stimme zu, wie es sie in unserem Land kein zweites Mal gibt. Die Tafel etablierte sich mit einem einmaligen Anliegen als eine unvergleichliche und erstklassig geschätzte Marke, die die Sorge um Individualität, das Streben nach Ganzheitlichkeit und die Überzeugung einer gewissen Institutionenskepsis zusammenführt.

Zu dieser Gesamtbewertung als geachteter sozialer Dienstleister passt auch das Markenzeichen der Tafel: das Kreissymbol, darin nebeneinander stilisiert: Messer und Gabel. Rechts von diesem Emblem steht in großen Buchstaben der Markenname: „DIE TAFELN". Und darunter der Slogan „Essen, wo es hingehört".[165] Ein Werbestratege lobt die Gesamtoptik, mit der sich die Tafeln in der Öffentlichkeit präsentieren. Auf diese Weise hätten sie sich sogar als ein besonders edles und begehrtes Leistungsangebot in den Köpfen der Menschen festgesetzt: „Die Tafeln haben einen sehr professionellen (Internet-)Auftritt. Er besticht vor allem durch die Corporate Colour – die Signalfarbe Orange."[166]

Warum werden anerkannte Marken und Markenprodukte mit dem Label „Die Tafel" in Verbindung gebracht? Wie sieht das Ideal aus, das der Markenname „Die Tafel" sowie das dazugehörige Logo und der Slogan in den Menschen verankern wollen? Immerhin hätte man das Nahrungsmittelangebot für bedürftige Menschen auch „Brotkorb" oder „Armenspeisung" nennen können.

Im Unterschied zu „Brotkorb" oder „Armenspeisung", die Alltägliches oder Caritatives zum Ausdruck bringen und wenig geprägt erscheinen, reicht das Label „Armentafel" bis in das Hochmittelalter zurück und ist historisch beispielsweise für Nordafrika, das heutige Belgien und die heutigen Niederlande ebenso wie für das Elsass bezeugt.[167]

Innerhalb des heutigen Verstehenshorizonts kommt in der Rede von der „Tafel" das Festliche, ja sogar der Luxus zur Sprache. An die Tafel begibt man sich aufgrund einer Einladung in besonderer Kleidung und bekommt edle Speisen und Getränke gereicht, weil man an einem herausragenden Fest (Hochzeit, Jubiläum etc.) teilnimmt. Assoziiert man die Bedeutung der Tafel überdies mit der Welt der Malerei, fällt den Darstellungen des Letzten Abendmahles – der Tafel mit Christus und seinen Jüngern am Vorabend seines Todes – eine besondere Rolle zu. Dieser Bezug liegt umso näher, da sich auf der Homepage der Tafel-Bewegung bis heute die an das Vaterunser anklingende Formulierung findet: „Nicht alle Menschen haben ihr täglich Brot – und dennoch gibt es Lebensmittel im Überfluss."

Erstrangig erinnert sei hier an das Werk „Das Letzte Abendmahl" (L'Ultima Cena) des italienischen Malers Leonardo da Vinci († 1519), eines der berühmtesten Wandgemälde weltweit. Das 422 cm hohe und 904 cm breite Werk zeigt Jesus mit seinen Jüngern in dem Moment, als er ihnen gesagt hat, dass einer von ihnen Verrat an ihm üben werde.

Konsequent lässt sich die Spur dieses „Abendmahles" als die womöglich prägendste Darstellung einer Tafel noch heute weiterverfolgen – bis hinein in die moderne Werbeikonografie! In der Welt des Kommerzes wirkt das Spitzengemälde von Leonardo da Vinci tatsächlich wie ein herausragender Werbeträger, denn es ist ein durch und durch positiv konnotiertes Gemälde einer Tafel! Beispielsweise griffen Schnellrestaurantketten darauf zurück, um sich mithilfe dieses Bildes als Stätten festlichen Miteinanders zu inszenieren. In ähnlicher Weise nutzte Brigitte Niedermaier das Gemälde, um ihr Mode-Label „Girbaud" davon profitieren zu lassen. Auch Otto Kerns Werbekampagne für Markenjeans integrierte das „Abendmahl", um seiner Marke die Aura des Feierlichen oder sogar Heiligen zu verleihen. Kurz gefasst: Durch die Anreicherung der Werbung mit dem „Abendmahl" sollen die Kunden die beworbenen Markenartikel so erleben, dass diese einerseits für das Individuelle stehen, während sie andererseits die soziale Eingebundenheit derer akzentuieren, die das Produkt kaufen, erläutert ein Designer unserer Tage.[168]

Der beschriebene Zusammenklang von Individualität und Gemeinschaft beeinflusst auch die Rede von der Lebensmittel-Tafel. Mehr noch: Der schon in der Antike, später auch im Mittelalter religiös mitgeprägte Sinnhorizont einer Tafel – davon wird noch die Rede sein – verstärkt sich im Blick auf die so bezeichnete Sozialorganisation heutzutage womöglich auch deshalb, weil Leonardos „Abendmahl"-Tafelszene auf unsere Vorstellung einer Tafel im Sinne eines religiös konnotierten Zusammenseins einwirkt. Immerhin gilt gleichermaßen für die Tafel-Werbung, was der kanadische Soziologe Erving Goffman für Ikonen der Werbung grundsätzlich herausstellt: Selten, wenn überhaupt, „kreieren die Reklame-Designer (...) die ritualisierten Ausdrucksweisen, mit denen sie arbeiten."[169] Stattdessen greifen sie meist selbstverständlich auf derartige Vorgaben zurück.

Freilich lassen sich die Schlüsselmerkmale der Tafel, nämlich überschüssige Lebensmittel einzusammeln und sie an Menschen in materieller Armut zu verteilen, kaum mit dem traditionellen Verständnis einer Tafel vereinbaren. Die positive Konnotation von Tafel – das Festliche, das Religiöse, das Vielfältige und das Reichhaltige – wird hier für Verhältnisse in Anspruch genommen, die praktisch das Gegenteil davon darstellen: Reste, Armut und materielle Bedürftigkeit.

Warum aber wählten die Tafel-Initiatoren seinerzeit den Namen „Tafel", wenn er eigentlich etwas grundlegend Anderes bezeichnet als die Verteilung von Lebensmittelüberschüssen? Zum einen könnte sich hinter der Wahl des so klangvollen Namens die Verleugnung der eigentlich traurigen Armut als Ausgangspunkt für die Aktivitäten der Tafel verbergen. Mit dem bewussten Verschließen der Augen vor der gesellschaftlich eben auch von Armut geprägten Realität wäre freilich niemandem gedient – weder den Gebern noch den Empfängern der Tafel. Und das Signum „institutionenkritisch" dürfte eine solche Initiative erst recht nicht beanspruchen. – Zum anderen könnte die Wahl auf diesen Namen gefallen sein, weil die Initiatoren der Tafel-Bewegung einen Kontrast zur herkömmlichen Vorstellung einer Tafel schaffen wollten, um mit der Namensgebung in kritischer Intention auf einen gesellschaftlichen Missstand aufmerksam zu machen.

Im zuletzt beschriebenen Sinne stellt Stephan Lorenz heraus, wie provokant die Variante ist, die bewusst von einer Tafel spricht, um damit zugleich auf einen gesellschaftlichen Mangel hinzuweisen: „Es wird eine Tafel angekündigt, aber ein Resteessen aufgetragen." Dass mit den Lebensmittelresten überhaupt eine Tafel symbolisch ausgerichtet werden kann, liegt daran, dass sie allesamt noch von uneingeschränkter Qualität sind. Freilich mündet die exzessive Erzeugung des Überflusses zugleich in ihre massenhafte Entsorgung. „Der kritische Gehalt der kreativen Verwendung des Lebensmittelüberflusses durch die Tafeln", so folgert Stephan Lorenz, „richtet sich also sowohl gegen den Ausschluss von Menschen vom Wohlstand als auch gegen den achtlosen Umgang mit wertvollen Lebensmitteln."[170]

Ohne Zweifel sind die Tafeln „ein eindrucksvolles Beispiel für den Erfolg einer jungen Non-profit-Organisation, die eine innovative soziale Dienstleistung anbietet"[171]. – Inzwischen liegt hinter der Tafelbewegung ein langer Weg mit zahlreichen Transformationen. Auf zwei dieser Veränderungen lohnt sich ein nochmaliger Blick, weil sie das Selbstverständnis der Tafeln als Premiummarke womöglich leicht relativieren.

Erstens ist mittlerweile eine latente Abkehr von der Ursprungsidee erfolgt, überschüssige, jedoch noch für den Verzehr geeignete Lebensmittel einzusammeln und an Bedürftige zu verteilen. Wie bereits angesprochen, werden anstelle des mühevollen Einsammelns von Lebensmitteln vor Ort nämlich tonnenweise Lebensmittel durch Zukauf oder Spendenakquise herbeigeschafft, die dann zur Versorgung der Bedürftigen dienen. Folgt man der Satzung des „Bundesverbandes Deutsche Tafeln", ist der Zukauf von Lebensmitteln untersagt; doch faktisch praktizieren ihn zahlreiche Tafeln innerhalb des Bundesverbandes, sodass hier eine erhebliche Diskrepanz zwischen den rhetorischen Absichtsbekundungen und der alltäglichen Praxis vorliegt.

Als Zweites ist zu bedenken, dass sich die Tafeln ursprünglich als ein von Ehrenamtlichen getragenes Angebot verstanden, das eigentlich „auf Zeit" gedacht war. Inzwischen aber ist es – siehe oben – zu einer Verstetigung der Tafeln sowie zu einer Einstellung von Hauptamtlichen gekommen. Ja, die Tafeln selbst betreiben die beständige Ausweitung und Professionalisierung ihrer Arbeit. Ihre Präsenz reicht mittlerweile schon so weit, dass staatliche Institutionen auf die Unterstützung der Tafeln verweisen, anstatt ihrerseits die Zuwendungen für Bedürftige zu erhöhen oder sie sogar gesetzlich festzuschreiben. – Ungeachtet dieser aktuellen Veränderungen, die später noch weiter zu problematisieren sind, sei nunmehr gefragt, an welche christentumsgeschichtlichen Langzeittraditionen die Tafeln anknüpfen.

3. Christliche Traditionen der Armenspeisung

Die Lebensmitteltafeln unserer Tage lassen sich in eine lange Geschichte der Armenspeisungen einordnen. Tatsächlich gehört es von Anfang an zur Geschichte des Christentums, dass Christen bedürftige Menschen mit dem Lebensnotwendigen unterstützen. Allerdings ist einschränkend zu bedenken, dass die heutigen Tafeln die Lebensverhältnisse einer Überflussgesellschaft widerspiegeln. Dagegen ereignete sich das Leben während der 2000-jährigen Christentumsgeschichte ansonsten fast durchgängig in Gesellschaften, die nur eine „Mangelwirtschaft" kannten.[172] Umso bemerkenswerter ist es, dass sich auch die Menschen dieser Epochen um die Sozialsorge und die Speisung der Bedürftigen mühten, selbst wenn ihnen klar sein musste, dass sie die übergroße Not nicht einmal mit größtem Einsatz besiegen konnten.

a) Armenspeisung – Eine Diesseitshilfe

Seit ihren Anfängen orientiert sich die Sozialtätigkeit der Christen am Selbstverständnis und am Selbsthandeln Jesu. So heißt es im Markusevangelium (Mk 10,45) im Blick auf den Religionsstifter programmatisch: „Der Menschensohn ist nicht gekommen, um sich bedienen zu lassen, sondern um zu dienen.“ Konkret meint dieses Dienen den Dienst bei Tisch, sozusagen das „Bei-Tisch-Aufwarten“[173]. Dabei – so die im Hintergrund leitende Vorstellung – nimmt der Aufwartende die Position des Dieners, ja sogar des „Sklaven aller“ ein (Mk 10,44). Genau diese Sicht macht sich Jesus zu eigen – auch im Blick auf die damals „Letzten“ der Gesellschaft, wie das Lukasevangelium (Lk 12,37) herausstellt: Für seine Knechte „wird er sich gürten, die zur himmlischen Hochzeit Eingeladenen am Tisch Platz nehmen lassen und sie der Reihe nach bedienen“.

Für die damalige Zeit stellt Jesus die sozialen Verhältnisse mit seinem Handeln geradezu auf den Kopf. Denn eigentlich hätte der Diener seinen Herrn bedienen müssen und erst nach dessen Mahl selbst etwas zu sich nehmen dürfen: „Gürte dich und bediene mich. Und wenn ich gegessen und getrunken habe, kannst auch du essen und trinken“, wie das Lukasevangelium einem selbstbewussten Herrn die damals übliche Ansage gegenüber seinem Knecht in den Mund legt (Lk 17,8). Aber genau dieses Sich-bedienen-Lassen lehnt Jesus ab. Er erhebt die Zurückweisung dieses Dienstverständnisses sogar zum Markenzeichen für seine Anhänger (Lk 22,26–27): „Der Größte unter euch soll werden wie der Kleinste, und der Führende wie der Dienende. Welcher von beiden ist größer? Wer bei Tisch sitzt oder wer bedient? Natürlich derjenige, der bei Tisch sitzt. Ich aber bin unter euch wie der, der bedient.“

Das Verhalten Jesu als Tischdiener ist für Christen auch deshalb so aussagekräftig, weil er jede Berechnung und alles Spekulieren auf Gegenseitigkeit hinter sich lässt. Stattdessen wandelt er die Erfahrung, von Gott ohne menschliche Vorleistung empfangen zu haben, in eine soziale Pflicht um, nämlich „umsonst zu geben“, wie das Matthäusevangelium einschärft (Mt 10,8).

Die Apostelgeschichte (Apg 6,1–6) überliefert, wie wichtig man das leibliche Wohl aller Mitglieder in den christlichen

Gemeinden von Anfang an nahm. Immerhin galt die für alle auskömmliche Ernährung als Maßstab, wie weit sich die Christengemeinde der Vorgabe Jesu angeglichen hatte, unbedingte Solidarität untereinander zu praktizieren, eben „ein Herz und eine Seele zu sein" (Apg 4,32). Auf keinen Fall sollte es in den Reihen der frühen Christen Bedürftige geben (Apg 4,34).

Jedoch erfährt man bereits aus den urgemeindlichen Anfängen, wie schwer das jesuanische Ideal im Alltag zu verwirklichen war. So wurde bei der Armenspeisung irgendwann ein Teil der Witwen übersehen. Die Apostel, denen die vehemente Kritik der Betroffenen entgegenschlug, entschuldigten sich damit, dass sie neben der von ihnen betriebenen Wortverkündigung leider keine Zeit für die Belange der Witwen gefunden hätten. Um derartigen Missständen zukünftig vorzubeugen, wählte die Gemeinde sieben Männer aus ihren Reihen, die die Aufgabe des Tischdienstes erstverantwortlich übernehmen sollten (Apg 6,3–6). Zwar blieb es dabei: Der Dienst am Nächsten als Ausdruck der vornehmsten christlichen Pflicht oblag grundsätzlich jedem Gemeindemitglied; nichtsdestoweniger verwirklichten einige Gemeindemitglieder die Armenspeisung mit einem besonderen gemeindlichen Mandat.

Der hervorgehobene Auftrag, für die Ernährung der Bedürftigen zu sorgen, ging auf die Bischöfe über. Allesamt sind sie dem Wohl der Armen derart verpflichtet, dass sie schon in der Alten Kirche „Väter der Armen" hießen. So erklärte es beispielsweise Papst Gregor der Große († 604) zur Chefsache, für die Nahrung der Armen einzustehen: „An alle Armen der Stadt Rom verteilte er zu Beginn eines jeden Monats die angesammelten Lebensmittelvorräte, also zur jeweiligen Jahreszeit Getreide, Wein, Käse, Gemüse, Schmalz, essbares Fleisch, Fisch oder Olivenöl. Als Erster des bischöflichen Hauses brachte er alles mit größter Sorgfalt unter die Armen", wie die Menschen ihm nachrühmten.[174] Ihm war es ein Herzensanliegen, dass die päpstlichen Landgüter auf Sizilien bestmöglich organisiert waren, sodass sie Getreide in ausreichender Menge bereitstellten, mit dem er über das Jahr hinweg die Bedürftigen in der Stadt Rom ernähren konnte.[175]

Obwohl es unter Nicht-Christen ebenso wie unter Christen heutzutage kaum bekannt ist, bildeten gottesdienstlich-liturgisches und sozial-ethisches Handeln im Christentum von Anfang an eine Einheit. So war im Rahmen schon der altkirchlichen Eucharistiefeier jeder teilnehmende Christ verpflichtet, seine Gaben für die Bedürftigen der Gemeinde darzubringen – übrigens mit epochenübergreifenden Folgen: „Die Abgabe von Geld- oder Naturalspenden in der Messe hat in der Geschichte der Liturgie eine sehr hohe Bedeutung gehabt."[176] Und ortsgemeindebezogen sekundiert der Kirchenhistoriker Franz Dünzl: „Dass jeder nach Kräften etwas zu diesen eucharistischen Mählern beisteuerte, bewirkte – wenigstens im Idealfall – einen Versorgungsausgleich zwischen reicheren und ärmeren Christen."[177] Hören wir dazu alltagskonkret den Märtyrer Justin († 165): „Von denen, die die Mittel und den Willen dazu haben, gibt ein jeder nach eigenem Ermessen von seinem Eigentum, was er will. Und was da beim Vorsteher zusammenkommt, wird beim Vorsteher hinterlegt. Dieser kommt damit den Waisen und Witwen zu Hilfe, ebenso denen, die wegen einer Krankheit oder aus einem anderen Grund bedürftig sind, den Gefangenen und den Fremden, die sich (in der Gemeinde) aufhalten – kurz: Er wird allen, die in Not sind, zum Fürsorger."[178]

Was heute nur noch in manchen orthodoxen Kirchen an Samstagen und Sonntagen anzutreffen ist, war in der Alten Kirche allüberall eine Selbstverständlichkeit: Tische in den Kirchen für Naturalien aller Art, vorrangig für Obst und Gemüse, das die Gläubigen mit zur Eucharistiefeier brachten und das die Kleriker im Anschluss an die gemeinsame Liturgie erstrangig an die Armen verteilten. Die *Traditio Apostolica*, eine auf die Gemeinde von Rom bezogene Kirchenordnung aus dem 2. Jahrhundert, charakterisiert die in der Eucharistiefeier geopferten Naturalien als mediterrane Lebensmittel – also beispielsweise Öl, Käse (oder Quark), Oliven und Wein. Über diese Gaben sprach der Bischof,

Priester oder Diakon ein Segensgebet, bevor man sie an die Bedürftigen weiter verteilte[179]: „Der Verwendungszweck der Gaben war in der Geschichte (...) vor allem die Armenversorgung gemäß dem Grundsatz, dass das Vermögen der Kirche ein Armengut darstellt und vor allem für Zwecke der Caritas zu verwenden ist."[180]

Seit dem 8. Jahrhundert nahm der weiterhin verpflichtende Opfergang eine Form an, wie sie im Westen über Jahrhunderte hinweg üblich blieb. Bei der Gabenprozession gingen die Gläubigen nämlich von links um den Altar herum. Dabei legten sie ihre Naturalien auf einem Tisch ab. An manchen Orten standen dort große silberne Schüsseln zur Aufnahme der Opfergaben bereit. Je mehr Menschen während der Liturgie ihre Lebensmittel für die Armen opferten, umso höher war die logistische Herausforderung an die Opferprozession. Trotzdem ereignete sich selten eine derartige Katastrophe, wie sie bei der Weihe der vom heiligen Norbert († 1134) zu Prémontré erbauten Kirche passierte, als derartig viele Menschen dahinströmten: Während der Darbringung der Gaben und beim Umschreiten des Altares entstand unter den vielen Menschen ein solches Gedränge, dass dabei der neu errichtete Hauptaltar zerbrach.[181] Offenbar entzog sich dem Opfergang selbst angesichts des dramatischen Menschenstroms niemand. Nur allzu gut wussten die Gläubigen, dass man ohne die vorherige Gabe von Lebensmitteln für die Armen nicht auf einen Anteil an den Messfrüchten für sich und seine Anliegen hoffen durfte, die man als himmlische Wirkung der auf Erden gefeierten Eucharistie ansah.

An der Armensorge als Ausdruck allseitiger und vorbehaltlos geschwisterlicher Solidarität, wie man sie aus der Urgemeinde und der Alten Kirche kannte, haben sich die Christen in ihrer weiteren Geschichte immer wieder orientiert. Dabei erinnerten sie sich ihrer göttlichen Bejahung und bemühten sich, diesen Impuls der Liebe sozial fruchtbar werden zu lassen – besonders gegenüber den Bedürftigen. Bemerkenswerterweise waren hier neben Klöstern und Pfarrgemeinden auch christliche Einzelpersönlichkeiten initiativ, wie der Einsatz von Laien aus der gesellschaftlichen Führungsschicht belegt, die sich seit dem Hochmittelalter für die Organisation der Armentafeln stark machten. Sie sorgten sich nicht allein um die Einkünfte der Tafeln, um die (Zwischen-)Lagerung der Lebensmittel oder – zumindest in manchen Fällen – um die Ausfertigung der Armenlisten, sondern entschieden auch über die Ausgaben, die erstrangig dort getätigt wurden, wo die Not am größten war[182].

Ikonografisch kommt der Zusammenhang zwischen der göttlichen Bejahung jedes Menschen und dem – darauf antwortenden – Sozialeinsatz unter den Menschen seit dem Hochmittelalter in den künstlerischen Darstellungen der *Maria lactans* zum Ausdruck. Sie zeigen die Gottesmutter Maria mit offener Brust, wie sie entweder ihrem Säugling Jesus oder anderen Bedürftigen ihre Marienmilch reicht. Der Beter oder Betrachter sollte diese Bilder oder Skulpturen so wahrnehmen, dass er mariengleich handelt: Die ihm auf geistliche Weise in der Marienmilch geschenkte Nahrung dankt er mit der Sorge um die Verköstigung jener Menschen, die kaum über das Lebensnotwendige verfügen.[183]

In vergleichbarer Weise ließe sich auf die zahlreichen figürlichen Darstellungen der Caritas hinweisen, die zugleich das Selbstverständnis der Städte seit dem Hochmittelalter bis in die Neuzeit hinein prägten. So brachte man die Caritas – ursprünglich eine christliche Grundhaltung – den Menschen nahe, indem man sie in der Figur der mütterlichen Lehrmeisterin darstellte, die den ihr Anvertrauten das Lebensnotwendige vorbehaltlos schenkt. Diese werbende Präsentation der Caritas sollte auf das städtische Selbstverständnis massiven Einfluss nehmen. So galten im Gefolge der „Mutter Caritas“ bald auch die Städte im metaphorischen Sinne als Mütter. Die Rede von der Stadt als Mutter zielte darauf hin, dass möglichst alle Bürger aus dem Wissen um das eigene göttliche Beschenktsein ihr Engagement entschieden auf die Speisung der Armen richteten oder andere Werke der Nächstenliebe solidarisch praktizierten.

Zwar sind Personifikationen der Caritas bereits vor dem 16. Jahrhundert in den Bildkünsten anzutreffen. Doch erfreute sich dieses Motiv seit der Reformation einer zuvor unbekannten Beliebtheit. Man denke allein an die zahlreichen Versionen der Caritas als stillende Mutter, wie sie aus der Werkstatt von Lukas Cranach d.Ä. († 1553) hervorgegangen sind. Während diese Bilder ursprünglich im Umfang klein waren und wohl als Privatbilder dienten, nahmen sie bald an Ausmaßen zu und fanden sich immer öfter im öffentlichen Raum. Dort entwickelte sich dieses Motiv weiter, indem es die neuen Herausforderungen der städtischen Armensorge – auch in Gestalt der Armenspeisungen – widerspiegelte.[184] Erinnert sei hier erstrangig an die Personifikation der Stadt in der Gestalt einer sich erbarmenden Frau, die sich „bis weit ins 19. Jahrhundert hinein als aktuell erwies“[185]. Denn – daran kann nicht oft genug erinnert werden – *das* „Kennzeichen der Armut war in der (Frühen) Neuzeit in erster Linie immer noch eine unzureichende Ernährung.“[186]

b) Armenspeisung – Eine Jenseitshilfe

Der Grundgedanke – oder besser: die Gleichung – „Materielle Vorleistung für geistliche Gegenleistung“ begann spätestens seit dem Frühmittelalter alle Bereiche der Frömmigkeit zu dominieren. So betrachteten es die Mönche zunehmend als ihre besondere Pflicht, für die ihnen anempfohlenen Toten nicht nur zu beten. Vielmehr erbrachten sie für jeden von ihnen ergänzende caritative Leistungen zugunsten der Armen, auf dass die Begünstigten für den Verstorbenen umso mehr beteten und sein Seelenheil damit bestmöglich abzusichern halfen. Beispielsweise fügten die Klöster Sankt Gallen und Reichenau, die im Jahre 945 zum wiederholten Mal miteinander vereinbarten, sich gegenseitig im Gebet zu unterstützen, ihren Bestimmungen eine entscheidende neue Vorschrift hinzu. Am Tag des Jahrgedächtnisses eines verstorbenen Bruders und darüber hinaus noch an den 30 folgenden Tagen sollten die Armen jene tägliche Essensration erhalten, die dem Toten zu Lebzeiten zugestanden hatte. Die gleiche Regelung galt nicht allein für jeden verstorbenen Mönch des eigenen Klosters, sondern auch für jeden übermittelten Todesfall aus der Schwesterabtei.[187]

Tatsächlich finden sich für die früh- und hochmittelalterlichen Klöster zahlreiche Vereinbarungen – man nannte sie Gebetsverbrüderungen –, denen zufolge die Mönche eines Klosters sowohl für jeden Verstorbenen aus ihrem eigenen Kloster als auch für die verstorbenen Brüder aus befreundeten Klöstern in entsprechender Zahl Arme speisen mussten.

Odilo († 1049), einer der bedeutenden Äbte Clunys, verkörperte die Offenherzigkeit gegenüber den Armen, wie sie sich über die Verköstigung hinaus auch in Kleidergaben manifestierte, auf eine so umfassende Weise, dass er sich für seine Freigiebigkeit sogar die scharfe Kritik seiner Mönche anhören musste. Doch war er von den Mahlzeiten, die er den Armen zur Verfügung stellte, so überzeugt, dass er die Vorwürfe seiner Mitbrüder mit größter Entschiedenheit beantwortete: „Lieber will ich um der Barmherzigkeit willen ein barmherziges Urteil empfangen, als wegen Grausamkeit grausam verdammt zu werden."[188] So orientierte sich Abt Odilo über alle Totensorge hinaus zutiefst am Maßstab des Matthäusevangeliums, das in jedem mit Nahrung versorgten Armen Christus selbst präsent sieht.

Der spätere cluniazensische Abt Petrus Venerabilis († 1156) glaubte sich angesichts der ständig steigenden Armenspeisungen gar gezwungen, einschneidende Maßnahmen zu ergreifen und eine Obergrenze festzulegen, um die Unterstützung für die Armen in Cluny drastisch zu verringern. Fortan sollten die Bedürftigen pro Tag nicht mehr als 50 mönchische Tagesrationen erhalten. Somit bekamen 50 Arme ihre Kost – und niemand darüber hinaus. Ansonsten drohte dem Kloster – das war die düstere Zukunftsaussicht des Abtes – der finanzielle Bankrott.[189] Trotz dieser einschneidenden Kürzung bei den Armenspeisungen blieb die wirtschaftliche Leistung des Klosters weiterhin enorm, denn noch immer reichte man dort jährlich 18.000 Armen die Tagesration eines Mönches![190]

Keine Frage, dass die beschriebenen Steigerungen der Armenspeisungen auch damit zusammenhingen, dass für besonders prominente Mönche eines Klosters ein nochmals gesteigertes Pensum an Armenspeisungen fällig wurde. Erinnern wir uns an Abt Bern von Reichenau († 1048), der für einen in seiner Abtei hochverdienten Mönch anlässlich von dessen Tod Folgendes verfügte: Über ein veritables Mess- und Gebetspensum hinaus sollten am ersten Tag 100 Arme, am dritten Tag 200 Arme, am siebten Tag 300 Arme und am dreißigsten Tag 400 Arme gespeist werden. Tatsächlich erforderte der Tod dieses einen Mönches damit nicht weniger als 1000 Armenspeisungen, mit denen man zugleich den Seelenfrieden des Verstorbenen absichern zu können glaubte.[191]

Bisweilen waren selbst Großklöster auf Großspender angewiesen, um die Last der Armenverköstigung vollumfänglich erbringen zu können. Wie umfassend die vorbildliche Sorge um die Ernährung der vielen Armen durch den bereits genannten Abt Odilo besonders in der Not war, lässt sein Brief an König Garcia II. von Navarra lebhaft erahnen. Flehentlich bat er diesen Herrscher, ihn in seiner Sorge um die Speisung der so zahlreichen Bedürftigen zu unterstützen.[192] Mehrere Tausend Arme, so hält der Biograf Jotsald rückblickend fest, seien durch das königliche Engagement in Cluny unter Abt Odilo dem Hungertod entgangen und hätten im Gegenzug für die Verstorbenen gebetet.

Somit lässt sich zusammenfassen: „Vor allem die mit dem Tod obligaten Liebeswerke – besonders die Speisungen Armer – wuchsen sich im abendländischen Christentum zu einem so umfänglichen Dienst an den Lebenden aus, dass sie in der Welt der Religionen kaum ihresgleichen finden dürften."[193] – Bemerkenswerterweise praktizierte man die Armenspeisungen im Dienste des Totengedenkens seit dem Mittelalter nicht allein in den ländlich gelegenen Klöstern, sondern seit dem Aufkommen der Städte im 12. Jahrhundert mehr denn je innerhalb der Stadtmauern.

Im Detail sind diese Zusammenhänge für das niedersächsische Osnabrück bekannt und erforscht. So zeigt ein Überblick über das Religions- und Sozialleben in dieser Stadt zwischen dem 14. und dem ausgehenden 16. Jahrhundert, dass die Spender und Stifter auch aus den weniger vermögenden Schichten stammten. Sie alle sahen sich im Dienst der Erinnerung an Einzelpersonen sowie an Familien- und Freundesverbände, indem sie sich materiell für die Speisung der Bedürftigen engagierten und im Gegenzug auf deren Gebet hofften.

Einerlei, ob die Kirchen und Klöster oder ab dem Spätmittelalter zunehmend die Städte und ihre Bediensteten die jeweilige Memorialstiftung verwalteten, bestand das Gros der Stiftungen aus einer hinterlegten Geldsumme. Meist besagte die Verfügung, dass das Geld anlässlich bestimmter Gedenktage im Jahr der Speisung von Armen mit Lebensmitteln (Brot, Hering, Bier etc.) zugutekommen sollte. So lauten die Verfügungen etwa: Armenspeisung mit Brot am Vorabend von Allerheiligen, Armenspeisung mit Brot und Heringen am Vorabend des Festtages Christi Himmelfahrt etc.[194]

Nur wenige Großstiftungen konnten zur ganzjährigen Versorgung der Armen beitragen. Beispielsweise sollen die Einkünfte gemäß einem Stiftungsdokument aus Osnabrück nach dem Tod der Stifterin vom späteren Besitzer ihres Hauses dazu verwendet werden, Schankbier zu brauen und dieses täglich an arme Menschen „umbe Gottes willen" zu verteilen. Aus diesem Grund stattete die Stifterin ihr Haus mit einem großen Braukessel und einem Dreifuß aus und legte fest, dass beide Geräte zukünftig im Haus verbleiben sollten.[195]

Städtische Rechnungsbücher belegen, dass das Gesamt der Stiftungserträge von Jahr zu Jahr schwanken konnte. Diese Abweichungen hingen vor allem mit den je nach Ernteausfall schwankenden Preisen für Getreide und Heringe zusammen.

Überdies erwies sich die im Vorhinein nicht immer kalkulierbare Zahl an notwendigen Armenspeisungen als ein logistisches Problem: „Der Eintrag [im Osnabrücker Rechnungsbuch] des

Jahres 1493 lässt Rückschlüsse zu, wie die Stadt die Spenden organisierte. Zum Teil wurde das Getreide gekauft, gelagert und je nach Bedarf verbacken, zum Teil aber auch fertiges Spendenbrot bezogen. Zusätzlich wurde Hering angeschafft und – soweit in den Anweisungen der Stiftungen vorgeschrieben – direkt Geld verteilt."[196] Übrigens lassen die städtischen Rechnungsbücher in Osnabrück keinen Zweifel daran, dass die beschriebene Praxis bis über das Ende des 19. Jahrhunderts hinaus anhielt.

Fassen wir zusammen: Das Almosen gründete im Westen seit spätantiker Zeit auf der Stiftungs- und Spendenbereitschaft der Christen. Mithilfe dieser Freigiebigkeit setzte man alles daran, den Armen zumindest das Lebensnotwendige an Nahrung zur Verfügung zu stellen, auf dass damit gleichzeitig den Verstorbenen im göttlichen Gericht eine irdische Hilfsleistung zuteilwurde. – Ob diese Hilfsbereitschaft im Rückblick dadurch relativiert erscheinen muss, dass die Gaben an die Armen im Mittelalter zugleich der eigenen Selbstempfehlung gegenüber Gott dienten und sie sich schlussendlich als wenig effektvoll erwiesen, um „der *strukturellen* Bedürftigkeit wirkungsvoll abzuhelfen"[197]?

Jedenfalls kam es erst in der Neuzeit zu einer planmäßigen kommunalen Sozialfürsorge: mit der Zuständigkeit der städtischen Räte anstelle der Kirchen bei der Verteilung der Almosen, mit einer klaren Reglementierung der Armenspeisung sowie mit der Errichtung eines Verwaltungsapparates im Dienste auch der Ernährung armer Menschen.[198] Eben diese städtische Armenunterstützung ergänzt die Tafel-Bewegung seit inzwischen mehr als 20 Jahren durch die Verteilung von Nahrungsmitteln, die im Handel nicht mehr verkauft werden, aber weiter genießbar sind. Religiöse Motive mögen hier zwar weiterhin einzelne Beteiligte motivieren, doch bleibt die Initiative insgesamt weltanschaulich offen.

4. Fazit

Wenn der Sozialhistoriker Hans-Jürgen Teuteberg die heutigen Tafeln als „eine Form der vielen privaten Selbsthilfeorganisationen mit Stiftungscharakter“ beschreibt, bleibt erstrangig zu erwägen, inwieweit sie die christlich-traditionsreichen und von oben nach unten organisierten Armenspeisungen einfach fortsetzen. Provokativer gefragt: In welcher Weise lassen sich organisatorische Neuerungen bei den Tafeln so verwirklichen, dass das Element der Partizipation deutlicher zum Tragen kommt – erstrangig unter den Kunden der Tafeln? Von der Beantwortung dieser Frage hängt nicht zuletzt ab, inwieweit sich auch die Bedürftigen bei der Tafel mit ihren individuellen Bedürfnissen gesehen und mit ihrer Sehnsucht nach Ganzheitlichkeit respektiert fühlen, ohne dass ihre Skepsis gegenüber einer Gesellschaft „übertüncht“ wird, an deren Rand sie sich erleben.

Der beschriebene Fokus liegt umso näher, wenn man Armut heutzutage nicht allein als materielles Defizit versteht, sondern – wie bereits mehrfach angesprochen – zugleich als Mangel an gesellschaftlicher Teilhabe. Immerhin belegen soziologische Forschungen auch für den deutschen Sprachraum, dass sich ein drastisches Partizipationsdefizit ab der Schwelle zeigt, wenn Menschen weniger als die Hälfte des durchschnittlichen Nettoeinkommens zur Verfügung haben. Betroffen sind demnach aktuell in erster Linie Alleinerziehende und Arbeitslose.

Die Angebote der Tafel wurzeln in einem zivilgesellschaftlichen Aufbruch und sind mit weiteren bürgerschaftlichen Aufbrüchen – man denke an die Hospizbewegung – vergleichbar. Unter anderen sozialen Gruppen engagieren sich Christen für die Tafeln: „Auch in der Tafel-Bewegung wirken Christen und kirchliche Einrichtungen mit, ohne in ihr eine Führungsrolle anmelden zu wollen oder zu können. Das ist heilsam und reinigend für alle Seiten. Christen und kirchliche Organisationen lernen in den zivilgesellschaftlichen Bewegungen eine neue Präsenz – eine zukunftsweisende Präsenz unter und mit den anders oder ähnlich im zivilgesellschaftlichen Engagement Motivierten, nicht neben ihnen."[199]

Unter der Voraussetzung, dass das (christliche) Engagement für die Tafeln, das dem Mühen um Barmherzigkeit entspringt, immer auch darauf bedacht sein muss, die strukturellen Realitäten zu berücksichtigen, bedarf es der Integration in ein Netzwerk professionellen Handelns. Das nach Kräften situationsgemäße, adressatenorientierte und gerechtigkeitsfördernde Tun findet eine hilfreiche Inspiration in den (bereits genannten) biblischen Erzähl- und Denktraditionen, die Barmherzigkeit *und* Gerechtigkeit gleichermaßen akzentuieren. Aus diesen Grundüberzeugungen lassen sich drei Postulate ableiten, die eine christlich mit inspirierte Weiterentwicklung der Tafeln konturieren können[200]:

- Im Sinne einer ersten Nothilfe werden die Bedürftigen mit (zuvor gesammelten) Lebensmitteln unterstützt.
- Die strukturellen Ursachen hinter der Armut so vieler Menschen, die sich auf die Tafeln angewiesen sehen, müssen in die gesellschaftliche Diskussion eingebracht werden. Dies geschieht in der Überzeugung, dass die Armut so vieler Menschen ein soziales Unrecht ist und politisch gewendet gehört.
- Die Tafeln vernetzen sich mit anderen caritativen bürgerschaftlichen Aufbrüchen, um ihre Hilfe auf diese Weise umso effektiver und nachhaltiger zu gestalten.

Unter den genannten Vorzeichen steht die Tafel-Arbeit einerseits dafür ein, dass die Not von Menschen auch durch ehrenamtlichen Einsatz eine deutliche und konkrete Linderung erfährt. Die Ehrenamtlichen nehmen den Tafel-Kunden als individuelle Persönlichkeit mit speziellen Bedürfnissen wahr. Beide begegnen sich möglichst auf Augenhöhe und mit gegenseitigem Respekt. Andererseits muss es den Trägern der Tafel in institutionenkritischer Absicht um eine Reform des Sozialstaates gehen, sodass er den Bedürftigen das Lebensnotwendige zur Verfügung stellt und sie nicht auf die Tafel angewiesen sind.

Im Blick auf die Ehrenamtlichen kann die Tafel zum einen ein Ort sein, an dem auch junge Menschen lernen, mit Bedürftigen solidarisch zu leben und zu teilen. Zum anderen sind Christen und Kirchen gefordert, aus ihrem (historisch mit fundierten) Erfahrungsschatz heraus Impulse für eine staatliche Gesetzgebung einzubringen, die die Integration von Armen verbessert, sodass sie nicht länger auf die Tafel festgelegt bleiben.

Die Zielperspektive des christlich-kirchlich mitgetragenen Tafel-Engagements ließe sich in diesen Worten bündeln: von der Armen*sorge* zur Armuts*bekämpfung*! Oder im Sinne eines umfassenderen Plädoyers: „Ethisch erträglich ist nur ein Konzept, das bei der Lebensmittelvergabe nicht nur Almosen verteilt, sondern diese Verteilung mit Recht und Gerechtigkeit verbindet, die Armen aus ihrer Objektrolle herausholt und sie als Subjekte mit Beteiligungsrechten stärkt."[201] – Womöglich hilft dem Ziel, dass Bedürftige an den Tafeln nicht als Objekte, sondern als mündige Subjekte Beachtung und Ansehen finden, auch eine „Entfaltung des Tätigkeitsspektrums" der Tafeln voran.[202] Gemeint sind Angebote, die zunehmend in die Tafelinitiativen integriert werden und Menschen dabei unterstützen, ihre eigene Stimme zu erheben: Sprachkurse, Rechtshilfe etc.[203]

Zusammengefasst: Entsprechend den Armenspeisungen seit urgemeindlicher und altkirchlicher Zeit, die auch im historischen Rückblick als humanisierende Faktoren anerkannt werden, sieht man die Tafeln unserer Tage in der Gefahr, dass sie private Barmherzigkeit anstelle garantierter Bürgerrechte (neuerlich) etablieren. Die Differenz lässt sich prägnant erläutern: Während barmherzige Hilfe vom Handeln des Bittstellers und des Almosengebers abhängig ist, sind Rechte personen- und situationsunabhängig. Würde man den Umgang der Tafeln mit den Bedürftigen aktuell auf der Skala zwischen „Versorgung" und „Befähigung zur Teilhabe" einordnen, würde der erstgenannte Akzent (noch) klar überwiegen.

Mit Blick auf die Rechte von bedürftigen Menschen ist neben anderen gesellschaftlichen Gruppen auch das Votum von Christen und Kirchen gefragt, wenn es darum geht, ob Tafeln den Sozialstaat zukünftig substituieren oder ihn komplementär ergänzen, ja wo die Grenze zwischen beiden Optionen liegt. Entsprechend muss sich die konkrete Tafelarbeit mehr denn je daran messen lassen, „ob sie Arme ausschließlich abhängig macht oder sie im Rahmen des Möglichen zur Selbstbestimmung befähigt, ob sie Arme demütigt oder ihnen zu ihrem Recht verhilft, ob sie Erfahrungen der Würde oder Erfahrungen der Würdelosigkeit befördert"[204]. Unter diesem Vorzeichen stärkt die Arbeit der Tafeln die Individualität der Bedürftigen, indem sie ihnen den ganzheitlichen Horizont einer gesellschaftlichen Eingebundenheit erlebbar macht und sie so gegen gesellschaftliche Ausgrenzung schützt. Umgekehrt sind die ehrenamtlichen Tafel-Mitarbeiter herausgefordert, sich gegenüber den Bedürftigen authentisch, aufrichtig und respektvoll zu verhalten, wenn sie sich selbst als Teil einer durch Diversität geprägten Gesellschaft erleben und sich gesellschaftlichen Ausgrenzungstendenzen institutionenkritisch entgegenstellen.

IV. Gemeinsam mit und ohne geistige Behinderung – Die „Arche“

ICH
BIN
ICH

Erst seit wenigen Jahren steht das Mühen um die Inklusion von Menschen mit Behinderung im Mittelpunkt der Sozialpolitik in Deutschland. Das Ziel aller entsprechenden Maßnahmen besteht gemäß dem neuen „Index für Inklusion von 2014" erstens darin, dass Barrieren für das Lernen und die Teilhabe in allen Bereichen der Gesellschaft abgebaut werden, damit Menschen mit Behinderung nicht in die soziale Isolation geraten. Zweitens geht es darum, dass sich Menschen gegenseitig in ihrer Verschiedenheit respektieren und unterstützen. Drittens schließlich bedarf es der Auseinandersetzung mit „institutioneller Diskriminierung" durch Ämter, Sozialeinrichtungen, Schulen etc., auf dass Menschen mit Behinderung je nach ihren persönlichen Möglichkeiten am gesellschaftlichen Leben teilnehmen können.

Beispielsweise soll gemäß den aktuell maßgeblichen Leitlinien das gesamte Schulsystem inklusiv ausgerichtet sein, sodass das gemeinsame Leben und Lernen von Menschen mit und ohne Behinderung zur Normalform wird. So hat das Land Nordrhein-Westfalen mit dem 9. Schulrechtsänderungsgesetz die ersten Schritte auf dem Weg zu einer inklusiven Bildung an allgemeinen Schulen im Land gesetzlich verankert. Schülerinnen und Schülern, bei denen ein sonderpädagogischer Förderbedarf vorliegt, soll grundsätzlich immer ein Platz an einer allgemeinen Schule angeboten werden. Freilich steht den betroffenen Eltern auch weiterhin die Möglichkeit offen, für ihr Kind die Förderschule zu wählen.[205] – Gleichermaßen verändern sich die ehedem sogenannten „beschützenden Werkstätten" hin zu Zentren, die die Teilhabe und Selbstbestimmung von Menschen mit Behinderung am Arbeitsplatz fördern wollen und dafür eine Vielzahl von Unterstützungs- und Fördermaßnahmen bieten – immer mit dem Ziel, die Integrationsfähigkeit der Menschen mit Behinderung auch außerhalb ihrer Arbeitsumgebung nach Kräften zu stärken: „Das Normalisierungsprinzip ist neben der Integration, der Qualifizierung und gegenseitigen Wertschätzung eines unserer Handlungsprinzipien", wie es in den Leitlinien der „Caritas Werkstätten gem. GmbH Paderborn" heißt.[206] – Schließlich betrifft die Inklusion die Schließung bzw. Umorganisation von großen Behinderteneinrichtungen („Anstalten"). Während die Menschen hier früher zentral untergebracht und versorgt wurden, haben sich die Zielvorstellungen auch für diesen Bereich inzwischen deutlich verlagert: von der Massenunterbringung und gesellschaftlichen Exklusion hin zur Gründung dezentraler Wohngruppen in Etagenwohnungen oder kleinen Häusern mit dem Ziel der vollständigen sozialen Integration. Anstelle einer Rundumversorgung sollen die Menschen mit Behinderung lernen, dass sie ihr alltägliches Gemeinschaftsleben entsprechend ihren jeweiligen Fähigkeiten unter Anleitung von Menschen ohne Behinderung selbst organisieren.[207]

Kurzum: Kaum ein Paradigmenwechsel prägt das gesellschaftliche Leben in Deutschland und den Nachbarländern aktuell so sehr wie das Mühen um die Inklusion von Menschen mit Behinderung. Dies gilt umso mehr, da mit der alltagspraktischen Verwirklichung dieser politisch gewollten Umorientierung und Umorganisation in unserer Gesellschaft die Fragen nach den Verantwortlichkeiten und den Geldgebern vielfältig neu zu regeln sind. So spiegeln die Fortschritte einer auf Inklusion ausgerichteten Praxis, ob sich die Gesellschaft das neue Verständnis von „Menschen mit Behinderung" als „Menschen mit besonderen Begabungen" bereits zu eigen gemacht hat oder inwieweit hier noch Nachholbedarf besteht.

Viele Jahrzehnte, bevor sich die Inklusion als gesellschaftlich und medial beachtetes Thema etablieren konnte, hat sich der noch heute aktive Kanadier Jean Vanier, beginnend in Frankreich, inzwischen weltweit und auch in Deutschland, diesem Themenkomplex zugewandt. Angetrieben von seiner christlich fundierten Überzeugung, dass alle Menschen gleichermaßen Menschen sind, einerlei ob mit oder ohne Behinderung, gründete er eine internationale und bis heute lebendige Gemeinschaft. Im Rahmen dieses Zusammenlebens teilen Menschen mit und ohne Behinderung ihr Leben miteinander auf Augenhöhe.

Wie ist Jean Vanier auf seine vorwärtsweisende Idee gekommen? In welcher Weise hat er versucht, sie zu verwirklichen? Welche Erfahrungen haben Menschen innerhalb dieser Gemeinschaften miteinander gemacht? Und nicht zuletzt: An welche christlichen Traditionen konnte Jean Vanier bewusst oder unbewusst anknüpfen? Die Beantwortung dieser Fragen mag veranschaulichen, dass sich die Initiative ihres Gründers heutzutage bestens in den größeren Horizont der Gelebten Religion mit ihrer Betonung von Individualität, Ganzheitlichkeit und Institutionenskepsis einfügt. Zugleich zeigt sein Werk, wie es ihm und seinen Mitstreitern im Sinne einer Initiative zugunsten von beherzter Mitmenschlichkeit gelingt, dass Menschen mit Behinderung nicht länger Objekte der Fürsorge sind, sondern ihr Leben selbst in die Hand zu nehmen lernen.

1. Jean Vanier – Sein Weg zur „Arche"

Jean Vanier, der sich seit den 1960er-Jahren als christlicher Pionier für Menschen mit geistiger Behinderung einsetzt, wurde 1928 als viertes von fünf Kindern kanadischer Eltern geboren. Auf ihn geht die internationale ökumenische Gemeinschaft „Die Arche" zurück, in der Menschen mit geistiger Behinderung sowie Menschen ohne Behinderung in Kommunitäten zusammenleben. Als Zweites initiierte er ab 1971 die Bewegung „Glaube und Licht". Ausgehend von einer gemeinsamen Wallfahrt nach Lourdes, an der Menschen mit Behinderung und ihre Angehörigen teilnahmen, treffen sich in diesen Gruppen die Menschen mit Behinderung sowie deren Familien und Freunde regelmäßig zum Austausch, zum Gebet und zum Feiern.

Die ersten zwei Jahrzehnte im Leben von Jean Vanier lassen noch nichts von seinem späteren Lebensschwerpunkt erahnen. Zur Welt kam er in der Schweiz, weil sein Vater, der als Soldat im Ersten Weltkrieg ein Bein verloren hatte, damals als Militärberater der kanadischen Delegation beim Völkerbund mit Sitz in Genf arbeitete.[208] – Via Paris zog die Familie schließlich zurück nach Kanada.

Anders als gegenüber seinem Vater fiel Jean Vanier der Kontakt zu seiner Mutter nicht immer leicht, denn sie litt an schweren Depressionen.[209] Nichtsdestoweniger empfing er mütterlicherseits prägende spirituelle Impulse, weil seine Großmutter durch den Jesuitenpater Almire Pichon († 1919) geistlich begleitet worden war. Dieser Priester, der auch als Beichtvater der Karmelitin und Mystikerin Therese von Lisieux († 1879) gewirkt hatte, hatte seine Christlichkeit ganz auf die emotionale und tatkräftige Hingabe an die grenzenlose Liebe Gottes ausgerichtet, während er dem strengen und kasuistisch geprägten Katholizismus seiner Zeit überhaupt nichts abgewinnen konnte. Seiner Meinung nach sollten die Verehrung des Herzens Jesu und der (zeituntypische) häufige Empfang der Kommunion als dankende Anerkennung für das göttliche Geschenk des Lebens den Alltag der Christen bestimmen.[210] Nachdem diese geistliche Prägung über die Großmutter auf Jean Vaniers Mutter übergegangen war, bewegte sie auf diesem indirekten Weg auch Jean selbst. So bewahrt er die 110 Briefe von Pater Pichon an seine Großmutter noch heute sorgfältig auf.

Auf eigenen Wunsch besuchte Jean Vanier – ab 1941 – als Dreizehnjähriger das Elite-College der britischen Marine in Dartmouth. Die Zustimmung seines Vaters zu diesem Schritt bedeutete ihm unendlich viel. Er nennt dieses Erlebnis sogar seine „dritte Geburt" – im Anschluss an die erste Geburt der Entbindung und die zweite Geburt der Taufe: „Die Antwort meines Vaters ‚Du hast mein volles Vertrauen' schenkte mir nicht nur ein festes Selbstvertrauen, sondern sie half mir auch mein Leben lang, anderen Vertrauen zu schenken."[211]

So setzte er 1941 mit einem für Soldaten gecharterten und während der Passage mehrfach kriegerisch bedrohten Truppentransportschiff von Halifax nach Liverpool über. Er war stolz darauf, dass er es in einen so elitären militärischen Zirkel geschafft hatte und viel unterwegs sein durfte. Ab 1946 war er auf dem Ausbildungskreuzer „H.B.S. Frobisher“ eingesetzt, um in der Folge seinen militärischen Dienst auf verschiedenen Schiffen, zuletzt auf einem großen Flugzeugträger, abzuleisten.

In diese Zeit fiel ein Erlebnis, das er in Paris hatte, nachdem sein Vater dort im Anschluss an die Befreiung der Stadt 1944 als kanadischer Botschafter wirkte. Als Jean Vanier ihn 1945 besuchte, sah er am Pariser Bahnhof mit eigenen Augen, wie das kanadische Rote Kreuz Überlebende aus den Konzentrationslagern Buchenwald, Dachau, Bergen-Belsen und Auschwitz in Empfang nahm: „Sie kamen wie Skelette aus den Zügen. Ihre Gesichter waren von Angst, Schrecken und Schmerzen zerquält und sie trugen immer noch ihre weiß gestreiften Uniformen.“[212]

Nachdem sein älterer Bruder George 1946 in das Trappistenkloster Oka bei Montréal eingetreten war, intensivierte auch Jean Vanier seine christliche Lebenspraxis weiter, als er von der englischen in die kanadische Marine überwechselte. Vor allem zog es ihn immer mehr zu den Armen, sodass er schließlich seinen inneren Regungen nachgab und die Armee verließ.

Im Jahre 1950 nahm er Kontakt zum „Friendship House“ in New York-Harlem auf. In den Lebenserinnerungen des mystisch begabten Mönches Thomas Merton († 1968) hatte er gelesen, dass auch dieser von ihm so bewunderte Ausnahmechrist hier gewesen war. Nach einigen Monaten in diesem Zentrum für soziale Gerechtigkeit siedelte Jean Vanier ab September 1950 von New York aus in einen armen Pariser Vorort, wo das Studienhaus „L`Eau Vive“ des Dominikanermönchs und Mystikfreundes Thomas Philippe († 1993) lag: Heimat einer kleinen Gemeinschaft, die vornehmlich aus Studierenden bestand und deren Leitung Jean Vanier für sechs Jahre übernahm. Aus seiner Begegnung mit dem Dominikanerpater, die auf Kontakte seiner Mutter zu dem Ordensmann zurückging, sollte sich eine tiefe geistliche Freundschaft entwickeln. Vor allem nahm ihn dieser so an, wie er war. Dieses Erlebnis, einerseits erkannt und andererseits angenommen zu werden, wertete Jean Vanier im Rückblick neben der vorbehaltlosen Akzeptanz durch seinen Vater als die „zweite entscheidende Erfahrung“ seines Lebens.[213] So folgte er Père Thomas, als dieser sich 1962 in dem kleinen Dorf Trosly-Breuil nordöstlich von Paris niederließ, um dort – nahe einer Einrichtung für Menschen mit geistiger Behinderung – als Armer unter Armen zu leben.

Im Jahr 1962 schloss Jean Vanier sein Studium der Philosophie und Theologie mit einer Doktorarbeit zur Philosophie des Aristoteles, näherhin zu Aristoteles` Verständnis der Freundschaft, ab. Auch als er kurz darauf an der Universität Toronto zu lehren begann, pflegte er den Kontakt zu Père Thomas weiter und besuchte ihn häufig.

Ein Umkehrerlebnis, das alle Werte seines bisherigen Lebens neu ordnete, widerfuhr ihm 1964, als er in der Spur von Père Thomas ein altes Steinhaus in Trosly-Breuil kaufte und drei Menschen mit geistiger Behinderung einlud, das Leben an diesem Ort mit ihm zu teilen. Zuvor hatte er verschiedene Behinderteneinrichtungen besucht, in denen die Menschen mit Behinderung seiner Meinung nach unangemessen untergebracht waren. So hatte ihm die Leiterin eines bei Paris gelegenen Behindertenheimes, das zwar eigentlich nur für 40 Menschen geplant, faktisch allerdings von 80 Menschen bewohnt war, drei Menschen mit geistiger Behinderung empfohlen, die er mit nach Trosly-Breuil nahm. Nachdem einer von den Dreien nicht in der Kommunität bleiben konnte, lebten Jean Vanier und seine beiden Gefährten Raphael Simi und Philippe Seux dort fortan gemeinsam unter einfachsten materiellen Umständen. Miteinander gestalteten sie ihr Zusammenleben, jeder mit seinen Möglichkeiten.

Raphael Simi war an Menengitis erkrankt und seitdem über seine geistige Behinderung hinaus auch in Sprache und körperlicher Bewegung eingeschränkt. Die geistige und körperliche Behinderung von Philipp Seux ging auf eine Encephalitis zurück. – Sein gemeinsames Leben mit den beiden Männern nannte Jean Vanier „Arche“, weil auch Noah die Menschlichkeit und die Lebendigkeit vor der Flut gerettet hatten.[214] Vor allem beeindruckte ihn sein Erleben, dass er zwar ursprünglich den beiden Männern hatte helfen und beistehen wollen, er aber mehr und mehr spürte, dass sie in Wahrheit ebenso ihm selber halfen und ihm Unterstützung gewährten. In diesem geschwisterlichen Miteinander seiner Kleinkommunität, das ihn zutiefst anrührte, wurzelt die Leidenschaft von Jean Vanier, alles dafür zu tun, dass Menschen mit und ohne Behinderung einander als gleichwertige und gleichberechtigte Menschen begegnen: „Sein Akt des Mitleids mit den Leidenden, die ihn tief erschüttert hatten, führte ihn schließlich zur ganz konkreten Entdeckung, wie reich die biblisch Armen sind."[215]

Schon 1965 übernahm Jean Vanier die in eine schwere Krise geratene Behinderteneinrichtung „Val Fleuri". In der Folge schlossen sich ihm weitere Menschen mit Behinderung sowie darüber hinaus Menschen ohne Behinderung, sogenannte Assistentinnen und Assistenten, an. – Bekannt machte er seine „Arche"-Gemeinschaften als Erstes durch sein eigenes Leben mit Menschen mit und ohne Behinderung, das durch seine alltagskonkret einladende Art besonders viel mediale Aufmerksamkeit genoss; als Zweites durch seine blühende Reise-, Vortrags- und Publikationstätigkeit. Besonders mit den ersten Exerzitien, die er 1968 in Toronto hielt, begann sein Wirken als viel gefragter Leiter von Einkehrtagen – übrigens ein nicht zu unterschätzender Ansatzpunkt für die Gründung neuer „Arche"-Gemeinschaften.

Zu den tragenden Säulen im Leben von Jean Vanier zählen die jahrzehntelangen Erfahrungen, die ihn mit seinem geistlichen Mentor Père Thomas verbanden. Immerhin lebte dieser Geistliche seit der Gründung der „Arche" 1964 an deren Ursprungsstätte in Trosly-Breuil volle 28 Jahre. So nahe die beiden sich einerseits in ihrem Wunsch nach einem geschwisterlichen Miteinander von Menschen mit und ohne Behinderung standen, kennzeichnet diese Freundschaft doch auch manche Differenz in den Grundüberzeugungen: Gemäß seiner aristotelisch geprägten Glücksvorstellung legte Jean Vanier großen Wert darauf, dass die Armen bereits im Hier und Jetzt so glücklich wie irgend möglich leben sollten. Konkret: So wichtig ihm die Feier der Eucharistie auch war, feierte er – anders als Père Thomas – die Geburtstage, Jahrestage und einfachen Feste aus Freude am Leben durchaus mit der gleichen Aufmerksamkeit. – Zwar hatte Jean Vanier zuvor mit eigenen Augen gesehen, wie groß die Not der Menschen mit geistiger Behinderung in den meisten Behinderteneinrichtungen Frankreichs tatsächlich war; doch wusste er nur allzu genau – und auch in diesem Punkt folgte er dem geistlichen Enthusiasmus von Père Thomas nicht bedingungslos –, dass er klug auswählen musste, wer sich für das Leben in einer „Arche"-Gemeinschaft eignete und wie viele Menschen überhaupt in einer solchen Kommunität sinnvoll miteinander leben konnten.

Bis heute ist Jean Vanier seiner Initiative treu geblieben. Zwar legte er 1975 sein Amt als „Internationaler Koordinator" und 1980 die Leitung der ersten „Arche"-Kommunität in Trosly-Breuil nieder. Umso engagierter verteilte er die mannigfaltigen organisatorischen Aufgaben auf verschiedene Schultern. Und als einfaches Mitglied teilt er auch weiterhin das Leben in Trosly-Breuil, während er weltweit Vorträge hält, sich kirchenpolitisch einsetzt und geistliche Bücher schreibt.

Die von Jean Vanier an den Start gebrachte Initiative hat es bis heute auf mehr als 135 „Arche"-Gemeinschaften in 30 Ländern auf allen fünf Kontinenten gebracht. In Deutschland gibt es bislang drei „Arche"-Kommunitäten: in Tecklenburg, in Ravensburg und in Landsberg am Lech. Darüber hinaus sind 1300 Gemeinschaften der oben bereits genannten Jean-Vanier-Initiative von „Glaube und Licht" in mehr als 70 Ländern aktiv. Wenn man bedenkt, dass jeder dieser Gemeinschaften 30 Personen – also Menschen mit Behinderung sowie ihre Angehörigen und Freunde – angehören und sie mindestens einmal im Monat zusammenkommen, wirkt die Grundidee von Jean Vanier auch in den regelmäßigen Treffen dieser Gruppen eindrucksvoll fort.

Angesichts der imponierenden Durchschlagskraft des Lebenswerkes von Jean Vanier auch hier und heute verlangt die „Arche" nach einer religions- und sozialgeschichtlichen Einordnung. Innerhalb dieses Rahmens konturieren sich die geistesgeschichtlichen Wurzeln von Jean Vaniers eröffnendem Verständnis für Menschen mit (geistiger) Behinderung umso deutlicher heraus.

2. Schwach oder stark? – Behinderte in der Geschichte

Bei der Durchsicht der von Jean Vanier bis jetzt zahlreich veröffentlichten Bücher und Aufsätze fällt auf, dass er kaum darüber reflektiert, in welcher Weise sich Christen in den vergangenen zwei Jahrtausenden gegenüber Menschen mit (geistiger) Behinderung verhalten haben. Im Folgenden soll diese historische Vergewisserung nachgeholt werden, um so das Lebenswerk von Jean Vanier tiefer zu verstehen und geschichtlich präziser einzuordnen.

Aufgrund fehlender Überlieferungen lässt sich für die längste Zeit der Menschheitsgeschichte kaum sagen, wie Menschen ohne Behinderung ihre Mitmenschen mit Behinderung jeweils einschätzten. Genauere Einsichten in das gesellschaftliche Miteinander von Menschen mit und ohne Behinderung ermöglichen erst die Überlieferungen aus antiker Zeit. Freilich kann man den Traditionen sowohl für diese Epoche als auch für die meisten Jahrhunderte der Christentumsgeschichte weiterhin nur selten entnehmen, von welcher Art der Behinderung – körperlich, geistig oder beides – jeweils die Rede ist.

Trotz mancher antiker Zeugnisse, die von einem fürsorglichen Verhältnis gegenüber Menschen mit Behinderung sprechen, ist dem Ethnologen Klaus E. Müller insgesamt darin zuzustimmen, dass zumindest die Vernichtung behindert geborener Kinder in Naturvölkern sowie in den Hochkulturen Griechenlands und Roms gleichermaßen praktiziert worden ist. Auf beiden Zivilisationsstufen konnte bzw. kann die seit der Geburt vorhandene Behinderung zudem als göttliche Reaktion auf menschlich verübtes

Unrecht verstanden werden. Ein Unterschied – so Klaus E. Müller – besteht allein darin, dass diese althergebrachte lebensverachtende Praxis in den antiken Schriftkulturen erstmals „ihre gesetzlich-säuberliche Fixierung" gefunden hat.[216]

Im Blick auf die Aussonderung von Menschen mit einer angeborenen oder einer erworbenen Behinderung suchten „erst die Christen (...) dieser Art von ‚Rassenhygiene' Einhalt zu gebieten", wie eine kultur- und epochenübergreifend angelegte ethnologische Untersuchung rückblickend ins Bewusstsein hebt.[217] Übereinstimmend heißt es bei dem Historiker und Sonderpädagogen Hermann Meyer: „Wenn auch das Neue Testament nur an wenigen Stellen speziellen Bezug auf die Behinderten nimmt, so ist doch festzuhalten, dass mit den Überlieferungen über das Wirken des Jesus von Nazareth zum ersten Mal in der Geschichte überhaupt für die Schwachen (...) oder Ausgestoßenen die Möglichkeit der Identifizierung gegeben wurde. Erstmalig versuchte eine Religion, diese in ihr Weltbild einzubeziehen, ja sogar in den Mittelpunkt zu stellen."[218]

Die theologische Begründung für dieses im Vergleich zu den übrigen antiken Weltanschauungen veränderte Verständnis von Menschen mit Behinderung verdient höchste Beachtung. Der christliche Akzent auf der Gleichheit aller Menschen vor Gott und das Gebot der Nächstenliebe ließen Menschen mit Behinderung in einem neuen Licht erscheinen. Dem christlichen Ideal gemäß konnten sie nicht länger als nutzlose Ballastexistenzen gering geschätzt werden. Insofern im Christentum – hier ganz in der Spur des Judentums – alle Menschen als Kinder des göttlichen Vaters gelten, ist auch allen Menschen das Lebensrecht gleichermaßen zugesagt.

Jesus selbst setzt im Umgang mit behinderten Menschen neue Maßstäbe, insofern er sie uneingeschränkt achtet und nach Kräften für sie eintritt. Dies zeigt sich besonders in den zahlreichen Heilungsgeschichten (Mk 8,23–26). Vehement weist er das uralte Verständnis zurück, das Behinderung und Krankheit als Resultat vorgängigen sündhaften Verhaltens sieht.

Konsequent und mit größter Klarheit distanziert sich Jean Vanier im Anschluss an seine wissenschaftlichen Überlegungen zur aristotelischen Ethik von Aristoteles, „der empfehle, dass wir Kinder mit Behinderungen nicht aufziehen sollten. (...) Für mich dagegen", so kontrastiert Jean Vanier, „ist jedes Kind ein Mensch."[219] Natürlich erfülle der Mensch mit einer angeborenen oder erworbenen geistigen Behinderung nicht das von Aristoteles für einen Menschen festgelegte Hauptkriterium: rationale und intellektuelle Kapazität. Nichtsdestoweniger verfüge er aber – und darauf ist noch ausführlicher einzugehen – über ein menschliches Herz, das ihm von Gott verliehen worden sei. Der schenke nämlich jedem Menschen etwas von seinem göttlichen Herzen, um so empathische Beziehungen zwischen Gott und Mensch sowie von Mensch zu Mensch überhaupt zu ermöglichen. Konsequent sieht Jean Vanier auf dem Hintergrund seines christlichen Menschenbildes jeden Menschen – unabhängig von seinen Fähigkeiten – als einen von Gott begabten Menschen an.[220]

Natürlich war damit nicht jener geschichtsmächtigen, herabwürdigenden Auffassung ein für allemal der Garaus gemacht, die Menschen mit Behinderung als Resultat einer göttlich-strafenden Reaktion auf elterlich oder anderweitig begangenes Unrecht ansieht. Bisweilen galten Menschen mit Behinderung sogar als Ausgeburt des Teufels. Man denke allein an den Reformator und Bibelwissenschaftler Martin Luther († 1546), dem es in seiner Lebensführung und in seinem Theologietreiben erstrangig darum ging, für das jesuanische Anliegen der Gottunmittelbarkeit eines jeden Menschen einzutreten. Umso mehr muss es im Rückblick erschrecken, dass er trotz seines ehrgeizigen Anliegens und ungeachtet all seiner theologischen Bildung die Menschen mit einer geistigen Behinderung für vernachlässigbare Existenzen hielt. Er erblickte in ihnen Ausdrucksformen des moralisch Schlechten („Teufelsgeburten" und „Teufelskinder"), sodass man sich ihrer möglichst zügig entledigen sollte („ersäufen"). Ohnehin hätten sie lediglich eine begrenzte Lebensdauer von höchstens 19 Jahren zu erwarten. Und bis zu ihrem frühen Tod täten sie nichts, als nutzlos zu „fressen, [zu] scheißen, [zu] saufen und [zu] schreien“[221].

Trotz seiner ökumenischen, ja sogar religiös offenen Gesinnung hielt sich Jean Vanier nicht an die zitierten Überlieferungen von Martin Luther. Stattdessen stimmen seine Überzeugungen mit dem überein, was der Kirchenvater Augustinus († 430) als Quintessenz seines biblischen Gesamtverständnisses zusammenfasst: dass nämlich jeder Mensch mit Behinderung ebenso wie jeder Mensch ohne Behinderung von Gott und dem einen Adam abstammt, sodass er als Bruder oder Schwester auf die Solidarität aller anderen Menschen zählen darf. Eindrucksvoll formuliert dieser wortgewaltige Kirchenvater: „Wer immer irgendwo auf Erden als Mensch, also als sterbliches vernunftbegabtes Lebewesen geboren ist, er mag eine für unsere Begriffe noch so ungewohnte Körperform haben, an Farbe, Bewegung, Stimme, Kraft und Teilen seiner natürlichen Eigenschaften noch so sehr von anderen Menschen abweichen; kein Gläubiger soll zweifeln, dass er seinen Ursprung aus jenem einen zuerst gebildeten Menschen herleitet. Es [die Behinderten] sind Menschen, und sie stammen [wie alle anderen Menschen] von Adam ab.“[222]

„Wir sind wirklich alle Menschen – egal ob mit oder ohne Behinderung. Und jeder Mensch ist einzigartig und bedeutsam.“[223] Ebenso hält Jean Vanier in einem umfassenderen Sinne fest: „Die Menschheit ist eine Einheit. Wir gehören alle zu derselben menschlichen Rasse, zu demselben Menschengeschlecht. Wie verschieden wir auch sein mögen nach Rassen und Kulturen und Behinderungen – wir sind alle menschliche Wesen und alle Brüder und Schwestern.“ Umgekehrt unterstreicht Jean Vanier, dass immer dann, wenn Menschen auf ihre Rasse oder ihre Kompetenz pochten, ein System entstand, das auf dem Vergleich zwischen Höherwertigem und Niederwertigem beruhe. Indem Menschen mit einer solchen Gesinnung anderen beweisen wollten, dass sie überlegen seien, entstünde ein „System der Apartheit“, das die Menschheit spalte.[224]

Von Anfang an sah Jean Vanier die Menschen mit geistiger Behinderung in einer besonderen Nähe zu Jesus. Das Weinen Jesu bei seinem Einzug in Jerusalem identifiziert er mit den Tränen, die die Menschen mit geistiger Behinderung weinen, nachdem ihnen gesellschaftliche Zurückweisung widerfahren sei: „Wenn wir uns die Botschaft des Evangeliums genauer ansehen und dazu auch das Geschenk der ‚Arche', erschließt sich uns das Geheimnis des Weinens Jesu. In unseren ‚Arche'-Gemeinschaften heißen wir Menschen willkommen, die abgelehnt und ausgestoßen wurden. Sie haben viele Tränen geweint. Die ‚Arche' wurde auf ihren Tränen errichtet."[225] Exemplarisch verweist Jean Vanier auf den schwer behinderten Luisito, der ehedem auf der Straße gelebt hatte und nach dem Tod seiner Mutter allein zurückgeblieben war: „Er war schmutzig und stank. Sein Körper war verkrümmt. Er konnte nicht gehen und nicht sprechen. Die Leute ertrugen kaum seinen Anblick. Er verstörte sie. Aber heute ist er eines der Gründungsmitglieder der ‚Arche' in Santo Domingo und es ist eine Freude, ihm in der dortigen Gemeinschaft zu begegnen."

Mit derartigen Beispielen bringt Jean Vanier als Erstes zum Ausdruck, dass die Menschen mit Behinderung – wie alle gesunden Menschen auch – Gottesgeschöpfe sind. Als Zweites folgert er daraus, dass man diesen Menschen mit größtmöglicher Aufmerksamkeit begegnen soll, wenn er unter Rückgriff auf die biblischen „Werke der Barmherzigkeit" mahnt: „Wer einen Gefangenen besucht, einen Nackten bekleidet, einen Fremden aufnimmt, der besucht Jesus, bekleidet Jesus und nimmt Jesus auf."[226] Als Drittes durchzieht sein Werk die Zuversicht, dass die Menschen, die in der „Arche" leben, an innerer Reife zunehmen, die Zusammengehörigkeit der Menschen neu erleben und wie nebenbei für das Ringen um Authentizität innerhalb eines christlich rückgebundenen Settings einstehen. Innerhalb dieses Rahmens bietet Jean Vanier pionierartige Perspektiven, um die Partizipation von Menschen mit Behinderung voranzubringen.

a) Auf Augenhöhe – Menschen mit und ohne Behinderung

Im Unterschied zu der auch christlicherseits traditionsreichen (und oftmals aus den „Werken der Barmherzigkeit“ abgeleiteten) Überzeugung, dass sich die Reichen um die Armen kümmern oder die Menschen ohne Behinderung sich den Menschen mit Behinderung caritativ zuwenden mögen, weitet Jean Vanier dieses Spektrum von Anfang an aus. Ihm geht es nicht um ein vor Gott als verdienstlich eingestuftes Geben von oben nach unten. Stattdessen spricht er sich mehr denn je für die Begegnung von Menschen mit und ohne Behinderung auf Augenhöhe aus. So formuliert er grundsätzlich: „Wenn wir zu viel für den andern *tun*, und ihm nicht bei der Weiterentwicklung oder beim Übernehmen von Eigenverantwortung behilflich sind, dienen wir dann nicht nur uns selber? Auf der Suche nach Macht und Ansehen? Zerbrochenen Menschen dienen heißt ihnen helfen – so wie auch eine Mutter ihrem Kind hilft –, die eigenen Gaben und die eigene Schönheit zu entdecken und an Selbständigkeit dazuzugewinnen, so dass wir immer mehr in den Hintergrund treten können.“[227]

Immer wieder weist der „Arche“-Gründer auf die Wichtigkeit eines mitmenschlichen Klimas im Zusammenleben hin, damit Menschen zu sich selber finden und für ihre Anliegen einzutreten lernen: „Unsere Gemeinschaften sind Orte, wo Menschen lieben und geliebt werden. Jede Heilung erwächst aus menschlichen Beziehungen.“[228] Anstelle einer „Einbahnstraßen-Caritas“, bei der sich die Vermögenden und Gesunden um die Kranken und Behinderten „kümmern“, um so vor Gott besser dazustehen, geht es Jean Vanier um das Bewusstsein, dass grundsätzlich jeder Mensch wertvoll ist und den anderen Menschen bereichern, ja ihn in seiner Bedürftigkeit stützen kann. Denn: „Wir alle haben Handicaps, einige offensichtlich, andere verborgen.“[229] So hätte sich auch Jesus selbst als Bedürftiger gesehen, wenn er sich Menschen liebevoll zugewandt hätte: „Jesus dient nicht einfach nur den Armen, sondern wird einer von ihnen. (…) Der Mann des Mitleidens wird zu einem Mitleidsbedürftigen, zu einem armen Mann.“[230]

Die beschriebene Akzentverlagerung ist – wie oben bereits angesprochen – bei Jean Vanier der Ausdruck eines persönlichen Lernprozesses: So hatte auch er sich ursprünglich als ein Vermögender und die Menschen mit geistiger Behinderung als die Bedürftigen und Empfangenden empfunden. Doch alsbald wurde ihm klar, dass diese Rollenzuschreibung der Realität des Alltagslebens nicht standhielt: „Schon meine ersten beiden Mitbewohner Raphael und Philippe wollten nicht mit einem ehemaligen Marine-Offizier zusammenleben, der alle befehligt und sich selbst für den Größten hält. Ebenso wenig wollten sie ihr Leben mit einem Ex-Philosophieprofessor teilen, der von sich glaubte, er wisse eine Menge. Vielmehr wollten sie mit einem Freund zusammenleben; (...) mit einem Menschen, der sich am Zusammenleben mit den anderen freut."[231] Seitdem erlebte sich Jean Vanier immer wieder in Situationen, in denen er, der Mensch ohne Behinderung, in der Rolle des Schwächeren war. Von seinen Mitbewohnern mit Behinderung sah er sich in solchen Situationen oftmals reich beschenkt. Diese Erfahrungen ließen in ihm die innere Bereitschaft wachsen, als der vermeintliche Könner die persönliche „Leiter herabzusteigen, um so bei einer Einfachheit anzugelangen, die einen öffnet für die menschlichen Beziehungen zu anderen in der Gruppe, anstatt sich einfach auf das Erreichen des persönlichen Erfolgs auszurichten"[232].

Mit dem zitierten Plädoyer verbindet der Gründer der „Arche"-Gemeinschaft die Hoffnung, dass sich die oberflächliche und erfolgsorientierte Identität eines Menschen ohne Behinderung wandelt: weg von der vordergründigen Illusion der eigenen Macht und Selbstgenügsamkeit, um stattdessen die eigene Verwundbarkeit und Bedürftigkeit umso deutlicher in den Blick zu nehmen.

Menschen ohne Behinderung, die sich während der vergangenen Jahrzehnte in den „Arche"-Kommunitäten zeitlich befristet oder dauerhaft auf die Arbeit mit geistig behinderten Menschen eingelassen haben, beschreiben die von Jean Vanier gewünschte Ausrichtung als „Karriere nach innen". Im Sinne der Gelebten

Religion ist damit gemeint, dass sich die ehren- oder hauptamtlich tätigen Menschen vorurteilsfrei auf eine ihnen fremde Welt einlassen und dabei an innerer Selbsterkenntnis zunehmen; dass sie das Verschwimmen von Grenzen (z. B. zwischen Menschen mit und ohne Behinderung) erleben und ein Empfinden für die Zusammengehörigkeit aller Menschen entwickeln; dass sie in gesellschaftskritischer Manier – also abseits eines verabsolutierten Leistungsstrebens – nach dem Wesentlichen suchen, Scheitern und Fallen integrieren, Angenommen-Sein und Heilen mit anderen teilen und Vertrauen aufbauen. Jean Vanier selber fasst seine Grundüberzeugung so zusammen: „Gemeinsam leben ist ein großes Abenteuer. Ich möchte, dass es vielen zuteilwird. Es geht dabei um nichts anderes als um die innere Befreiung: die Freiheit, zu lieben und sich lieben zu lassen."[233]

Alltagskonkret „übersetzt" er sein Plädoyer so: „Für die ‚Arche' besteht die Treue darin, mit geistig behinderten Menschen im Geist des Evangeliums und der Seligpreisungen zu leben. Mit ihnen leben ist etwas anderes, als sie zu betreuen. Es heißt nicht nur, an einem Tisch zu essen und unter einem Dach zu schlafen. Es heißt auch, wahrhaftig Beziehungen gegenseitiger Abhängigkeit einzugehen: Menschen mit Behinderung zuzuhören, ihre Gaben anzuerkennen und sich mit ihnen zu freuen. An dem Tag, an dem wir nur noch Fachleute und Therapeuten sind, die andere erziehen und behandeln, sind wir nicht mehr die ‚Arche' – selbst wenn das Zusammenleben fachliche Betreuung natürlich nicht ausschließt."[234]

In seinen Reflexionen zum guten gemeinsamen Leben in den „Arche"-Gemeinschaften erläutert Jean Vanier das Miteinander auf Augenhöhe zwischen Menschen mit und ohne Behinderung eindrucksvoll anhand des gemeinsamen Feierns: „Ein Fest ist etwas anderes als eine Aufführung, bei der einige Schauspieler oder Musiker die Zuschauer unterhalten und entspannen. Beim Fest ist *jeder* Schauspieler und *jeder* Zuschauer. *Jeder* muss spielen und teilnehmen, sonst ist es kein Fest." Diese Grundüberzeugung sieht Jean Vanier auch im größeren Kontext des kirchlichen Lebens fortgesetzt: „Es ist wunderbar, wie sich die Kirche den Sinn für das Feiern bewahrt hat. Jeder Tag ist bei ihr ein Fest! (...) Untereinander müssen wir innerlich verbunden sein, weil wir mit Jesus verbunden sind.“[235]

Ohne Frage befindet sich die von Jean Vanier verkörperte und angemahnte Sensibilität für ein auf Augenhöhe angesiedeltes Zusammenleben von Menschen ohne und mit Behinderung noch in den Anfängen. In diesem Punkt ist er – es sei noch einmal wiederholt – seiner Zeit weit voraus, wie das aktuelle Ringen zugunsten der Rechte von Menschen mit Behinderung veranschaulicht.

Angesichts von 50 Millionen Menschen mit Behinderung in Europa galt das Jahr 2003 mit Beschluss des Rates der Europäischen Union als das „Europäische Jahr der Menschen mit Behinderungen“. Im Vorfeld legte der „Europäische Behindertenkongress“, der im März 2002 in der spanischen Hauptstadt getagt hatte, als Leitwort für das „Europäische Jahr der Menschen mit Behinderung“ fest: „Nichts über uns ohne uns.“

Anstelle von ausgrenzender Fürsorge gegenüber Menschen mit Behinderung optiert diese von 600 Teilnehmerinnen und Teilnehmern verabschiedete Deklaration für ihre „uneingeschränkte Teilhabe“ am gesellschaftlichen Leben: Statt „abwertendes Mitleid“ fordert die Erklärung die „völlige Gleichstellung“ der Menschen mit Behinderung. In Abkehr von „wohlmeinender Bevormundung“ plädiert sie für das „Recht auf Selbstbestimmung“ der Menschen mit Behinderung.[236] Beeindruckend, ja visionär liest sich das Vorwort der Deklaration, deren Inhalt damals für Jean Vanier freilich längst eine Selbstverständlichkeit war: „Behinderte Menschen haben dieselben Menschenrechte wie alle anderen Bürger. Der erste Artikel der Menschenrechtsdeklaration legt fest: Alle Menschen sind frei und gleich in ihrer Würde und in ihren Rechten.“ Ausdrücklich sieht die Versammlung von Madrid diese Perspektive im Dienste einer „Gesellschaft für alle“ (Vorwort 1).

Als Behinderung gilt hier – in Anlehnung an die Definition der Weltgesundheitsorganisation (WHO) von 1997 – „eine dauerhafte und sichtbare Abweichung im körperlichen, geistigen oder seelischen Bereich, der allgemein ein entschieden negativer Wert zugeschrieben wird". In der aktuellen Definition von „Behinderung" aus dem Jahr 2005 stellt die WHO nicht länger die Orientierung an den körperlichen oder geistigen Defiziten in den Vordergrund, sondern akzentuiert vielmehr die „Beeinträchtigung der Teilhabe an der Gesellschaft", die ein Mensch mit Behinderung erfährt. Auf dieser Basis definiert der Soziologe Günther Cloerkes als Behinderung „eine dauerhafte und sichtbare Abweichung im körperlichen, geistigen oder seelischen Bereich, der allgemein ein entschieden negativer Wert zugeschrieben wird". So gilt ihm ein Mensch als behindert, wenn „erstens eine unerwünschte Abweichung von wie auch immer definierten Erwartungen vorliegt und wenn zweitens deshalb die soziale Reaktion auf ihn negativ ist"[237].

Die Frage, wie die zitierten Sichten auf einen Menschen mit einer (geistigen) Behinderung im Vergleich zu einem Menschen ohne (geistige) Behinderung grundsätzlich zu bewerten sind, hatte Jean Vanier schon Jahrzehnte zuvor mit der ihm eigenen Grundüberzeugung beantwortet. So stellte er die angeführten Dokumente weit in den Schatten, als er bereits während der 1960er-Jahre die Menschen mit Behinderung bejahend als Ausdruck einer Originalität oder Lebendigkeit charakterisierte, die derjenigen von Menschen ohne Behinderung in nichts nachsteht. Ohne Frage darf man seine neue und positiv-zutrauende Sicht auf Menschen mit Behinderung als ein „Re-framing" der traditionell defizitorientierten Position verstehen.[238]

Wie gelangte er zu seiner Option, die Menschen mit Behinderung in ihren je eigenen Möglichkeiten stärken will und ihnen selbstverständlich zubilligt, dass sie Menschen ohne Behinderung sogar den Blick für das Wesentliche öffnen? Worin wurzelt sein Verständnis, dass Menschen mit und ohne Behinderung sich gegenseitig gleichermaßen mit Liebe, Unmittelbarkeit und Begegnungsfreude beschenken können?

b) *Mystik – Schlüssel zum gegenseitigen Verständnis?*

Jean Vanier lässt keinen Zweifel daran, dass religiöse Grundüberzeugungen hinter seiner rundum wertschätzenden Sicht auf die Verschiedenheit der Menschen stehen: „In der Gemeinschaft liebt man jeden – und nicht die Gemeinschaft im abstrakten Sinn (das Ganze, die Institution, das Ideal einer bestimmten Gemeinschaftsform). Was zählt, sind die Menschen: sie so zu lieben, wie sie sind, und so, dass sie wachsen können nach dem Plan Gottes und selbst zu Quellen des Lebens werden – und das nicht nur vorübergehend, sondern beständig.“[239] Dafür sieht Jean Vanier den verlässlichen Einsatz im Kleinen und Unscheinbaren vonnöten: beim Kochen von Mahlzeiten, beim gemeinsamen Sitzen um den Tisch, beim Spülen und Abtrocknen, bei der guten Organisation von kleinen Treffen im Alltag.

Jean Vanier zeigt sich gewiss, dass das christliche Leben seinen Referenzpunkt in der Begegnung hat: in der Begegnung zwischen den Menschen und in der Begegnung mit dem Göttlichen. Die horizontale und die vertikale Begegnung wirken bestärkend aufeinander, wie er in häufigem Rückgriff auf die Begegnungstraditionen des Christentums in Erinnerung ruft: „Johannes vom Kreuz sagt, die Liebe Gottes und die Nächstenliebe haben denselben Ursprung und dasselbe Ziel. Wächst man in der Nächstenliebe, so wächst man auch in der Gottesliebe. Verschließt man sein Herz den anderen, so verschließt man es auch Gott.“[240]

Bei Jean Vanier bleibt sein aus der christlichen Mystik hergeleitetes Ideal der Begegnung kein bodenloses Gerede. Vielmehr entwickelt er aus dieser Maxime vielfältig alltagsprägende Folgerungen für das Miteinander zwischen Menschen ohne und mit Behinderung: „Die anderen lieben heißt ihre Gaben anerkennen und ihnen helfen, sie zu entwickeln. Es heißt auch, ihre Verwundungen anzunehmen und Geduld zu haben. Wenn wir nur ihre Gaben und ihre Schönheit sehen, dann erwarten wir viel zu viel von ihnen, dann idealisieren wir sie. Wenn wir nur ihre Verwundungen sehen, dann tun wir zu viel für sie, und wir laufen Gefahr, sie am Wachstum zu hindern."[241]

Religionsfernen Menschen mag der Bezug von Herzensfrömmigkeit und Menschenliebe ungewöhnlich erscheinen. Aber für den „Arche"-Gründer hat die mystische Spiritualität der menschlichen Nähe einen ihrer tiefen Bezugspunkte im Bild des Herzens. Jede Gemeinschaft hänge an der Lebenskraft des „Herzens Jesu": „Aus seinem durchbohrten Herzen ist das Leben hervorgegangen." Die Rückführung auf das „Herz Jesu" eine die gesamte Menschheit, die Menschen mit Behinderung und die Menschen ohne Behinderung: „Der Geist der Gemeinschaft ist ein schöner Strom, der erleuchtet und der erwärmt und der sich mitteilt durch die Verbundenheit der Herzen."[242] Umso grundsätzlicher formuliert er an anderer Stelle: „Das Herz, das ‚bildliche Herz', ist die Grundlage für alle menschlichen Beziehungen. Es ist das tiefste in jedem einzelnen von uns."[243] Und im Blick auf die Gestaltung menschlicher Kontakte variiert er: „Das Wissen um die eigene Zugehörigkeit (zu einer Gemeinschaft), das so nötig ist, um das eigene Herz zu öffnen, wächst, wenn wir miteinander gehen, einander brauchen, einander begleiten, ganz egal, ob wir schwach oder stark, auffassungsstark oder nicht sind."[244]

Der Altertumswissenschaftler Jan Assmann hat der „Herzlichkeit" sogar eine religionsgeschichtliche Schlüsselstellung zugewiesen. Erstmals im alten Ägypten, sodann im alten Israel hätte sich die Idee vom Herzen als einem „organisierenden Zentrum" ausgeprägt. Vor diesem Hintergrund könne man „mit Bezug auf Ägypten und Israel, im Unterschied zu Griechenland, von ‚Kulturen des Herzens' sprechen"[245]. Und mit Blick auf die Christentumsgeschichte sekundiert der Kirchenhistoriker Arnold Angenendt: „Kraft seines Herzens ist der Mensch eine integrierte Persönlichkeit geworden und nicht einfach eine aggregierte oder additive Vielheit geblieben."[246]

Ohne Übertreibung lässt sich sagen, dass seit frühchristlicher Zeit die Konversion zum Christentum mit einer Hinwendung zur „Kultur des Herzens" einhergeht:[247] Ebenso wie sich Gott gemäß der christlichen Überzeugung dem Menschen beherzt zuwendet, sieht sich der Mensch zu einer beherzten Antwort herausgefordert. Vor diesem Hintergrund nimmt das Herz in der mittelalterlichen Frömmigkeit einen „zentralen Platz" ein und erfährt eine „überreiche metaphorische Ausdeutung"[248].

Anhand alltagsbezogener Beispiele veranschaulicht der „Arche"-Gründer seine historisch fundierte Grundüberzeugung, dass sich jeder Mensch mit einer grundsätzlich gleichen Nähe zum Herzen Jesu beschenkt fühlen darf; und erst dieses innere Wissen um die gleiche Gottunmittelbarkeit aller mache ihn frei und bereit, sich gegenüber den anderen Mitgliedern der „Arche"-Kommunitäten wirklich zu öffnen: „Ein Greis oder ein Kranker (...) kann zum wichtigsten Glied der Gemeinschaft werden – zum verborgenen Brunnen, der vertrocknetes Land bewässert. Es gibt ein Geheimnis der verborgenen Nützlichkeit jener Menschen, deren Leib hinfällig ist, die anscheinend ihren Tag mit Nichtstun verbringen, aber die in der beherzten Gegenwart Gottes verbleiben. Ihre Unbeweglichkeit zwingt sie, Herz und Augen auf das Wesentliche zu richten: auf die Quelle des Lebens."[249] An anderer Stelle konkretisiert Jean Vanier seinen Primat der menschlichen Wertschätzung gegenüber der menschlichen Nützlichkeit weiter: „Der Weg des Herzens erfordert eine Entscheidung. Man kann sich entscheiden, diesen Weg einzuschlagen und Menschen als Menschen statt als ‚Maschinen' zu behandeln. Jedem Menschen als Menschen zu begegnen bedeutet, ihm wohlgesinnt zu sein und ihm zu wünschen, er möge heil, frei, wahrhaftig und verantwortlich sein."[250]

Geistliche statt biologische Familie

Oftmals spricht Jean Vanier von seiner „Arche"-Gemeinschaft als einer einzigen großen Familie: „Die ‚Arche' ist eine von Gott geschaffene und gehaltene Familie. Eine solche Familie zu sein bedeutet, *eine* Ausrichtung, *eine* Vision und *eine* Spiritualität miteinander zu teilen."[251] Überhaupt sieht er alle Menschen als Kinder im geistlichen Sinne an, weil kein Mensch ohne eine kindergleiche Empfangsbereitschaft auskommt.[252] Genauer: Kinder im geistlichen Sinne sind für Jean Vanier sowohl alle Menschen mit Behinderung als auch alle Menschen ohne Behinderung. So heißt es in einem Gebet der „Arche"-Gemeinschaft, das sich in Nordamerika, Australien und Irland besonderer Beliebtheit erfreut: „Herr, gewähre allen deinen Kindern Freiheit, Gemeinschaft und Einheit. Und an dem Tag, an dem du wiederkommst, heiße jeden willkommen in deinem Königreich."[253]

Obwohl im Neuen Testament durchaus wertschätzende Worte über Familie, Ehe und Kind zu finden sind, konzentrieren sich die Schriften insgesamt doch eher auf ein „antifamiliares Ethos"[254] mit „familienfeindlichen Tendenzen"[255]. Für die großen Familienverbände der Antike öffnete sich das Christentum jedenfalls nicht. Stattdessen akzentuierten die Jesus-Anhänger von Anfang an erstrangig ein religiös-geistliches Verwandtschaftsverständnis. Anders gesagt: Für Jesus und seine Gemeinschaft zählt nicht das Motto „Blut ist dicker als Wasser", sondern vielmehr die gemeinsame Taufe – oder umfassender: die gemeinsame Abstammung aller Menschen aus Gott als die alle Menschen geschwisterlich verbindende Basis.

Anhand eines Beispiels aus dem Leben der „Arche"-Gemeinschaft in London erläutert Jean Vanier, in welcher Weise die Überzeugung von der geistlichen Familie aller Christen in den Alltag eingehen kann: „Vier Menschen unserer Gemeinschaft in London lebten zusammen in einer Wohnung. Einer davon, Pierre, der eine geistige Behinderung hat, kam aus einer Familie, deren Eltern getrennt sind. Der Sonntag war für ihn unerträglich, weil die vier Mitglieder dieser Gemeinschaft sich in vier verschiedene Kirchen begaben. Er konnte diese Trennung nicht ertragen. Am Sonntagabend bereitete jeder umschichtig das Essen. An einem Sonntag war Pierre dran. Als er die anderen zu Tisch rief, waren sie erstaunt, dort nur Wasser und Brot zu finden. Pierre nahm das Brot und sagte: ‚Das ist mein Leib' und gab jedem ein Stück.

Dann reichte er ihnen ein Glas Wasser und sagte: ‚Jetzt haben wir alle gemeinsam kommuniziert.'"[256]

Die beschriebene Art der geistlichen Gemeinsamkeit unterscheidet Jean Vanier von jener Uniformität, der es schwerfällt, das – aus seiner Sicht: gottgewollte – Anderssein der Mitmenschen gleichmütig zu ertragen[257]: „Kommunion und Gemeinschaft heißt, die je eigene Verwundbarkeit mit anderen auszuhalten und mich für den anderen Menschen zu öffnen."[258]

Als Hilfe für die stets notwendige Vergegenwärtigung, dass auch der im Alltag womöglich noch so schwer erträgliche Nächste zur Gemeinschaft der von Gott Gewollten gehört, empfiehlt Jean Vanier den Rückzug in die Meditation. In der Stille könne ein Mensch wahrnehmen, dass über der biologischen Abstammung die geistliche Gemeinschaft aller Menschen stehe, wie er anhand eines persönlichen Erlebnisses veranschaulicht: „In einer unserer Gemeinschaften lebt Peter, ein Mann mit einer geistigen Behinderung. Eines Tages fragte ihn jemand: ‚Betest Du eigentlich gerne?' Er antwortete: ‚Ja.' Er sollte sagen, was er denn genau machte, wenn er betete. Und er antwortete: ‚Ich höre.' – ‚Und was sagt Gott zu Dir?' Und er antwortete: ‚Du bist mein geliebtes Kind.'"[259]

Und was für das Gebet oder – wie oben schon angesprochen – für die Feste und Feiern gilt, prägt die Spiritualität der „Arche"-Gemeinschaften insgesamt: Um jedem Menschen die ihm gebührende Aufmerksamkeit entgegenzubringen, kommt es besonders für die Assistentinnen und Assistenten im Dienste der Menschen mit Behinderung darauf an, sich in die Haltungen der jeweils größtmöglichen Gegenwärtigkeit, der frustrationstoleranten Geduld, des individuell auf jede Person abgestimmten Reagierens sowie der menschlichen und geistlichen Authentizität einzuüben.[260]

Am schwersten fällt es rückblickend, die von Frankreich ausgegangene „Arche"-Initiative von Jean Vanier in das Religions- und Sozialleben ihres Ursprungslandes einzuordnen. Dieses Manko rührt daher, dass ihr Gründer selbst dazu keinerlei Auskünfte gibt. An welche Vorgaben knüpft er an?

Zuvörderst ist daran zu erinnern, dass Jean Vanier in seiner frühen Jugend indirekt durch den Ersten Weltkrieg und direkt durch den Zweiten Weltkrieg geprägt wurde. Darüber hinaus wuchs Jean Vanier in einem religiös aktiven Umfeld auf. So erlebte er unter seinen engen Bezugspersonen immer wieder, wie der Kontakt mit der Religion das Leben intensiviert. Exemplarisch erinnert sei an das Bekehrungserlebnis seines Vaters, das dazu führte, dass seine Eltern täglich eine halbe Stunde gemeinsam meditierten. Beeindruckend wirkte auf ihn nicht zuletzt der Klostereintritt seines Bruders. Und auch sein eigener Weg darf als eine Wegstrecke zunehmender religiöser Intensivierung und wachsender christlicher Entschiedenheit gelten.

Im Rückgriff auf religionssoziologische Forschungen lässt sich herausstellen, dass zwei Grundtypen der Frömmigkeit das religiöse Leben im Frankreich der Nachkriegszeit eher als anderswo in Europa geprägt haben: der „Pilger" und der „Konvertit". Während die Brüdergemeinschaft von Taizé exemplarisch für die „Gemeinschaftsbildung durch Pilgerschaft" steht[261], die Gleichgesinnte nicht allein nach Taizé, sondern darüber hinaus einmal jährlich in eine Metropole dieser Welt einlädt, veranschaulicht Jean Vanier mit seiner „Arche"-Gemeinschaft den Frömmigkeitstyp des „Konvertiten".

Ebenso wie sich die Biografie von Jean Vanier als eine gestufte Konversionsgeschichte liest, prägt die Konversion auch das Leben der Mitglieder dieser Gemeinschaft bis zum heutigen Tag. In dem Maße, wie die Selbstverständlichkeit der natürlichen Zugehörigkeitsgemeinschaften aktuell abnimmt und die Sicherheit schlüsselfertiger Sinnsysteme der Vergangenheit angehört, sehen sich Menschen in ihrer weltanschaulichen Entwicklung mehr denn je auf sich selbst gestellt. So nimmt die persönliche Bekehrung an Bedeutung zu und mit ihr die Rolle all jener Institutionen, die eine solche Lebenswende ermöglichen. Von den Betroffenen jedenfalls wird die Konversion sogar als die intimste aller überhaupt möglichen Erfahrungen verstanden.

Als „Konvertit" sei im Folgenden jeder Mensch verstanden, „der eine religiöse Identität entdeckt oder wieder entdeckt hat"[262]. In den „Arche"-Gemeinschaften kann sich die Konversion eines Menschen darin äußern, dass er sich einer für ihn neuen Ernsthaftigkeit der mitmenschlichen Begegnung aussetzt und seine gelebte Mitmenschlichkeit vielleicht sogar als religiöse Haltung erlebt.

Grundlegend erfüllt der Konvertit die Forderung der religiösen Moderne, der zufolge nur eine *gewählte* religiöse Identität als „authentisch" gilt. Was aber macht die Konversion eines Menschen aus, der sich der „Arche"-Gemeinschaft auf Zeit oder auf Dauer anschließt? Er wird sich in dem Maße auf sich selbst zurückgeworfen sehen, wie er sich in eine Gemeinschaft eingliedert, in der Menschen mit und ohne Behinderung gemeinsam leben. Die individuelle Bewährung besteht für ihn darin, die ethische Dimension des Evangeliums vertieft zu erleben und zu verstehen.

Die Herausforderung der biblisch begründeten Begegnungsspiritualität zeigt sich für Mitarbeitende in den „Arche"-Gemeinschaften darin, dass sie sich daran beteiligen, im Rahmen ihrer Hausgemeinschaft einen von gegenseitiger Achtung getragenen und in seinen alltagskonkreten Abläufen funktionierenden Tagesablauf mitzugestalten. So heißt es in der bis heute gültigen „Charta" der „Arche"-Gemeinschaften von 1993: „Die Wurzeln der einzelnen Gemeinschaften liegen im Gebet und im Vertrauen auf Gott. Sie möchten sich von Gott und von ihren schwächeren Gliedern führen lassen, in denen etwas von Gottes Gegenwart deutlich wird. Jedes Glied der Gemeinschaft wird ermutigt, sein oder ihr geistliches Leben innerhalb der eigenen Religions- oder

Konfessionszugehörigkeit zu leben und zu vertiefen. Auch wer keinen festen Glauben hat, wird aufgenommen und in seiner/ihrer Gewissensfreiheit respektiert."

Ebenso wie Jean Vanier selbst die Unterstützung von geistlich erfahrenen Persönlichkeiten als hilfreich erlebt hat, um in den Herausforderungen des Lebens mit Menschen mit Behinderung spirituell und menschlich zu reifen, sind auch die Mitglieder der „Arche"-Gemeinschaften eingeladen, sich die Hilfen zu holen, die sie für ihre persönliche Entwicklung benötigen. Diese Hilfe kann Anregungen für die eigene Persönlichkeitsentwicklung, Ideen für ein ganzheitlich ausgerichtetes Alltagsverständnis oder eine Bestärkung im gesellschaftskritischen Engagement zugunsten des Miteinanders von Menschen mit und ohne Behinderung umfassen: „Die Gemeinschaften möchten für ihre Mitglieder Erziehung, Arbeit und therapeutische Aktivitäten sicherstellen, die ihnen Würde und Möglichkeiten zur Entwicklung und Selbstverwirklichung geben", wie es in der „Charta" unmissverständlich heißt.[263]

3. Fazit

Wenn der Neuzeithistoriker Winfried Becker die „Kompetenz auf dem Kultur- und Erziehungssektor" sowie das Hervortreten von „kreativen und charismatisch begabten Personen, Zellen und Gruppen" als die „heimlichen Stärken des französischen Katholizismus" hervorhebt[264], dann dürfen Jean Vanier und seine „Arche"-Gemeinschaft als Veranschaulichung dieser Vorzüge gelten. Die Stärken ihres Gründers und seiner Gemeinschaft liegen wesentlich darin begründet, dass die auch in Deutschland aktiven Beteiligten das Leben in der „Arche" nicht als ein „Anwendungsgebiet der Theologie" verstehen, sondern – entsprechend dem französischen Selbstverständnis der Pastoraltheologie – selbst als einen „Ort der Entstehung und Entwicklung theologischen Fragens"[265].

Als prägend für diese geistliche Ausrichtung von Jean Vanier erweist sich rückblickend mehr als jeder sonstige Einfluss die bereits kurz erwähnte Gestalt des Jesuiten Almire Pichon. Eben dieser Geistliche stärkte ihn in seiner Überzeugung, dass Gottes Liebe niemanden ausschließt. So hält es Jean Vanier weder für möglich, dass sie den einen Menschen von vornherein mehr umfängt als den anderen, noch kann er es akzeptieren, dass der Mensch sich die Liebe durch ethischen Rigorismus verdienen muss. Als Metapher für diese Überzeugung greift er auf jenes Bild zurück, das schon P. Almire Pichon für die allumfassende Liebe Gottes so stark betont hatte: das von Gott geschenkte, für jeden Menschen gleichermaßen schlagende und jedes Geschöpf gleich stark wärmende Herz Jesu.[266] Um sich für dieses beherzte Entgegenkommen zu öffnen, empfiehlt Jean Vanier im Anschluss an Almire Pichon auch all seinen „Arche"-Mitgliedern die tägliche Kommunion.

Erst seine Überzeugung, dass Gott jedem Menschen entgegenkommt, veranlasste Jean Vanier zur Initiierung der „Arche"-Gemeinschaften. Er gab (und gibt) sich gewiss, dass Jesus im Herzen eines jeden Menschen wohnt und zugleich jeder Mensch seinen ganz eigenen Platz im Herzen Gottes einnimmt. Freilich hütete er diese Zuversicht nicht als eine frömmelnd-weltflüchtige Anmutung. Vielmehr nahm er den Alltag in die Hand und erbaute seine Gemeinschaft aus unscheinbaren Anfängen. Auf dieser weltanschaulichen Basis leben in der „Arche"-Gemeinschaft bis heute alle Beteiligten als Geschwister untereinander und versuchen, einander zu unterstützen und zu beschenken – einerlei, welcher Weltanschauung sich der einzelne Mensch persönlich zugehörig fühlt!

In dieser weltoffenen Überzeugung sah sich Jean Vanier bestärkt, als er den Wiederaufstieg der vom Zweiten Weltkrieg betroffenen Staaten und ihre einseitige Orientierung auf das Materielle erlebte. Während andere ihrem Unmut darüber in den freiheitssuchenden Erhebungen der 1960er-Jahre Luft machten, setzte sich Jean Vanier auf seine eigene Weise von der „Konkurrenz- oder Ellenbogengesellschaft" ab. Anstelle von materiellem Konsum, individueller Karriere und allseitigem Konkurrenzverhalten ging es ihm mit seiner Vision einer lebendigen Gesellschaft um das gleichberechtigte Zusammenleben von Menschen mit und ohne Behinderung. Mehr noch: Jean Vanier zufolge zeigt sich das, was einen Menschen ausmacht, nicht in seiner Stärke, sondern in seiner Schwäche.

Kurz und knapp: In seiner Grundauffassung, dass erstens die individuelle Stärke jedes einzelnen Menschen, zweitens das ganzheitliche Miteinander von Menschen mit und ohne Behinderung sowie drittens – im Sinne der Institutionenskepsis – die gesunde Reserve gegenüber einer allzu leistungsorientierten Gesellschaft zusammengehören, sieht Jean Vanier zugleich die zukunftsweisende Grundlage für eine neue Sozialordnung. Dieses Miteinander erlebt und empfiehlt er zugleich als Ausdruck einer alle Menschen guten Willens umgreifenden Nächstenliebe, die den anderen nicht klein macht, sondern ihm zu eigener Stimme verhilft.

... zwischen Leben und Tod

V. Leben bis zuletzt – Das Hospiz

Auch wenn bis heute nicht ganz klar ist, ob das erste stationäre Hospiz auf deutschem Boden in Aachen („Haus Hörn") oder in Recklinghausen („Hospiz zum heiligen Franziskus") seinen Betrieb aufgenommen hat – im Jahr 2016 feierten beide Häuser ihr 30-jähriges Jubiläum! So war die 1986 in Deutschland erstmals erfolgte Einrichtung eines Hospizes zum einen der Höhepunkt eines langen Vorlaufs, den viele bürgerschaftlich engagierte Menschen mitgetragen haben. Zum anderen entfesselte dieser Startpunkt weitere Kräfte, die das Ringen um eine menschenwürdige Sterbekultur in Deutschland umso tiefer verankerten.

Es kann nicht deutlich genug herausgestellt werden, dass die Hospizbewegung in Deutschland – mehr als in vielen anderen Ländern – ursprünglich eine ehrenamtlich aufgestellte Bewegung war, die sich um Sterbende in deren häuslicher Umgebung sorgte. Erst als zunehmend deutlich wurde, dass dieses Angebot durch stationäre Hospize (oder teilstationäre Einrichtungen) ergänzt werden sollte, gründete man solche Einrichtungen der Sterbebegleitung, die wie kleine Pflegeheime organisiert sind und meist über eine begrenzte Anzahl von Betten verfügen. Nichtsdestoweniger bleibt die Hospizbewegung bis heute ehrenamtlich dominiert.

Inzwischen ist – allen gegenläufigen Tendenzen zum Trotz – eine gesamtgesellschaftliche Öffnung gegenüber dem Hospizgedanken unübersehbar. Die „Bürgergesellschaft Deutschlands" nehme sich dieses Anliegens mittlerweile „mit zunehmender Kraft" an, sodass gar ein „Paradigmenwechsel" zugunsten des ungestörten, unverzögerten, unbeschleunigten, sozial integrierten, persönlichen, spirituell angenommenen, schmerzkontrollierten und begleiteten Sterbens zu verzeichnen sei, wie der Sterbebeistandsforscher Franco Rest unterstreicht.[267] In diesem Sinne sprechen ambulante Hospizdienste, überdies Tageshospize, Palliativstationen oder stationäre Hospize ihre eigene Sprache. Ohne Übertreibung dürfen sie als wichtiges Beispiel für die Gelebte Religion in Deutschland im 3. Jahrtausend gelten – erst recht, wenn man sich über beinahe zwei Jahrtausende hinweg christentumsgeschichtlich vergegenwärtigt, was Hospize ursprünglich waren und welchen Idealen sie folgten.

Gegenwärtig sind in Deutschland etwa 1450 ambulante Hospizdienste tätig, die sich die Arbeit auf diesem „neuen" Feld mitmenschlichen Handelns teilen. Darüber hinaus boten 2015 in Deutschland 236 stationäre Hospize (einschließlich einiger stationärer Hospize für Kinder, Jugendliche und junge Erwachsene) sowie 139 hospizähnlich organisierte Palliativstationen in Krankenhäusern ihre Dienste an. Bemerkenswert: Etwa 100.000 Personen sind in Deutschland in der Hospizbewegung heutzutage allzumeist ehrenamtlich organisiert.[268]

Das Hauptziel der in Deutschland seit den 1970er-Jahren aufgekommenen Hospizbewegung besteht darin, dass man Menschen, die kurz vor ihrem Tod stehen, ein körperlich schmerzfreies Leben ermöglichen will. Zudem sollen sie in ihrer Autonomie nach Kräften unterstützt und in ihren Wünschen individuell gefördert werden. Über allem anderen steht das Ziel, den sterbenden Menschen in seiner Würde zu achten und ihm diese Würde auch im Alltag erlebbar zu machen. Es geht darum, dass sein Wille und seine Bedürfnisse das gewünschte Echo finden. Gegebenenfalls werden auch die Angehörigen des sterbenden Menschen in die Begleitung einbezogen. Immerhin sind sie gleichermaßen Adressaten des hospizlichen Angebotes wie der sterbende Mensch selbst.

Im Folgenden ist als Erstes an Cicely Saunders († 2005) zu erinnern, die die moderne Hospizgeschichte seit den 1960er-Jahren von England aus initiierte. Welche Impulse gab sie für den individuellen und um Ganzheitlichkeit bemühten Umgang mit sterbenden Menschen und deren Angehörigen durch ihr Leben und ihre Schriften? Und wie – so sei in einem zweiten Schritt gefragt – haben sich diese Impulse auf das Hospizwesen in Deutschland ausgewirkt? Schließlich sollen die theoretischen und praktischen Positionen von Cicely Saunders christentumsgeschichtlich rückgebunden werden, sodass die historische Verwurzelung des heutigen Hospizwesens zutage tritt: Welche Rolle spielen das Individuum, die Zusammengehörigkeit von Körper und Seele sowie die Institutionen im Bereich der christlichen Hospizgeschichte – bis heute? Nicht zuletzt: Wo steht das moderne Hospiz im Spannungsfeld zwischen der medizinischen bzw. sozial-spirituellen Sorge für die Schwerkranken und deren selbstbestimmter aktiver Teilnahme am Alltag, soweit sie ihnen möglich ist?

1. Cicely Saunders († 2005) – Pionierin der Hospizbewegung

Von Anfang an war Cicely Saunders eine Frau mit einer beeindruckenden Offenheit sowohl für medizinische Fragen als auch für weltanschauliche Suchbewegungen. Beide Facetten brachte sie bei ihrem pionierartigen Einsatz zugunsten der modernen Hospizbewegung zusammen.

Geboren wurde sie im Jahre 1918. Ihr 1939 in Oxford aufgenommenes Studium der Sozialwissenschaften brach sie alsbald zugunsten einer Ausbildung als Krankenschwester und einer Weiterbildung als Krankenfürsorgerin ab.[269] Seit 1947 arbeitete sie im St. Thomas Hospital und kurz darauf im St. Luke's Hospital in London vornehmlich mit Krebskranken.

Ihre weltanschauliche Haltlosigkeit, die von einem atheistischen Grundtenor durchzogen war, kam in Bewegung, als sie das Buch „Der Mann – Zum König geboren" der Schriftstellerin Dorothy Sayers († 1957) las. Dieses ursprünglich als Hörspiel für das Radio konzipierte Werk, das sich an Menschen ohne christliches Vorwissen wendet, handelt vom Leben Jesu und ist in zwölf miteinander verknüpfte Teile strukturiert. Auf Cicely Saunders machte es einen so tiefen Eindruck, dass sie sich für das Christentum zu öffnen begann. Sie empfing Kraft aus der Überzeugung, dass Gott sie gewandelt hatte und sie sich ihm ganz überlassen sollte. Das Geschehene deutete sie für sich als ein Bekehrungserlebnis und fragte sich, wie sie ihr Leben fortan gestalten sollte.

Immer deutlicher gelangte sie zu der Überzeugung, dass sie *mehr* wollte als die Fürsorge für Sterbenskranke. Zunehmend sah sie die Notwendigkeit, im Dienste eines möglichst ganzheitlichen Verständnisses von Krankheit und Sterben in die Schmerzkontrolle und Schmerztherapie von Schwerstkranken einzugreifen. So kam es ihr gelegen, dass ihr der leitende Arzt am St. Thomas Hospital das Studium der Medizin nahelegte. Sie folgte seinem Rat, begann im Alter von 33 Jahren ihr Medizinstudium und beendete es 1957 mit einem hervorragenden Staatsexamen.

Als frisch ausgebildete Ärztin und mit ihrer Praxiserfahrung als Krankenschwester arbeitete sie zwischen 1958 und 1965 an zwei verschiedenen Krankenhäusern. Hier engagierte sie sich im Rahmen ihrer Begleitung sterbender Menschen zugleich für die tiefere Erforschung und die verbesserte Umsetzung von Schmerztherapien bei sterbenskranken Patienten. Sie bediente sich der Gabe von Schmerzmitteln – genauerhin: Morphinen –, wie sie es schon im St. Luke's Hospital kennengelernt hatte, und dosierte diese für jeden Patienten individuell. Alsbald begann sie die Morphinpräparate mit Heroin zu vermischen, um den Sterbenskranken ein schmerzfreies Leben zu ermöglichen und ihnen so den Freiraum zu geben, dass sie sich in Ruhe auf ihren Tod vorbereiten konnten. Auch in der Kontrolle anderer Symptome bei sterbenskranken Menschen (Kurzatmigkeit, Husten, Erbrechen etc.) gewann Cicely Saunders neue Einsichten.

Über die körperlichen Symptome der Betroffenen hinaus sorgte sich die Medizinerin auch um die psychosozialen Komponenten des totalen Schmerzes: „Wir haben von Anfang an gesagt, dass wir es im Umgang mit totalem Schmerz mit einem Phänomen zu tun haben, das körperliche, emotionale, soziale und spirituelle Komponenten hat“[270], stellt Cicely Saunders heraus.

Nicht zuletzt war es ihr ein Anliegen, dass über den Kranken hinaus auch seine Angehörigen mit ihrem Abschiedsprozess wahrgenommen und unterstützt werden: „... wie es zum Beispiel ist, jemandem anzusehen und zuzusehen, wie er hinübergeht in die Ewigkeit. Ich kann einfach nicht glauben, dass es eine plötzliche Leere ist, ein Abschalten. Sondern es ist ein anderes, neues Abenteuer und ein Geheimnis, aber ein Geheimnis der Liebe", wie Cicely Saunders ihr Sinndeutungsangebot in Worte fasst.[271] An anderer Stelle formuliert sie entsprechend: „Und das war immer meine Grundüberzeugung, seit ich angefangen habe, mit Menschen zu arbeiten, die sich ihrem Ende gegenübersehen; dass es kein Ende ist, sondern dass Gott ein Gott der zweiten Chance ist."[272] Und: „SEIN Licht leuchtet gewissermaßen durch alles hindurch und korrigiert alles."[273]

Wie stark Cicely Saunders ihren Lebensauftrag darin sieht, einen Ort für sterbende Menschen zu schaffen, an denen es ihnen sowohl medizinisch als auch sozial-spirituell gut geht, bündeln auch ihre jahrzehntelang ausgetauschten Briefe mit der Sterbeforscherin Elisabeth Kübler-Ross († 2004)[274]: „Ich glaube, dass das Ziel der Hospizbewegung genau darin besteht, den Menschen das Gefühl zu geben, geborgen und sicher zu sein, wie auch immer man es nennen möchte – sicher genug, um sich den unangenehmen Gefühlen zu stellen, die sie vielleicht plagen, sicher genug auch, um die Dinge hinter sich zu lassen, mit denen sie nicht zufrieden sind, und auch sicher genug, um das Gefühl zu haben, den Schmerz, die Atemnot und alles andere bewältigen zu können."[275] In diesem Sinne fügt sie an: „Es geht nur um die Würde des [sterbenden] Menschen"[276], um nachzusetzen: „Es ist wichtig für die Sterbenden, dass ihnen jemand begegnet, der ohne eine bestimmte Methode an sie herangeht, sei sie nun therapeutisch, seelsorgerisch oder missionarisch; jemand, der ihnen einfach als Mensch gegenübertritt. (...) Es findet alles auf gleicher Ebene statt."[277]

Kurzum: Gewissermaßen als Spiegel ihrer Biografie, die sich als medizinischer und sozial-spiritueller Suchweg charakterisieren lässt, fand Cicely Saunders zu ihrer Lebensaufgabe: „das Hospiz als Treffpunkt von (Natur-)Wissenschaft und Religion"[278], wie sie selbst pointiert.

Mit Zähigkeit und Zielorientierung gestaltete sie das von ihr initiierte und über Jahrzehnte hinweg betriebene St. Christopher's Hospiz in London zu einer weithin anerkannten Institution: spezialpflegerisch und medizinisch exzellent, ergänzt durch ausgezeichnete hospizinterne Forschung und Schulung sowie durch vielfältiges Engagement für Soziales und Spirituelles in der Begleitung der Sterbenden und ihrer Angehörigen. Schon zwei Jahre nach der Grundsteinlegung für das St. Christopher's Hospiz konnte der erste Kranke 1967 aufgenommen werden.

Cicely Saunders verglich die Einrichtung metaphorisch mit einem Dorf, in das Menschen hineingeboren werden und an ihr Lebensende gelangen, in dem Menschen lehren und lernen, in dem Menschen pflegen und sich pflegen lassen, in dem Menschen in Krankheit und in Gesundheit leben.[279] Zugleich suchte sie dieses Dorf als einen besonderen Ort für die Vorbereitung auf den Tod zu gestalten: „Der Gedanke, sich auf den ‚guten Tod' vorzubereiten, und die Idee des geheiligten Lebens und geheiligten Sterbens bei Jeremy Taylor und die ganze mittelalterliche Tradition dessen, was, glaube ich, ‚seine Seele zu machen' genannt wurde – all das gibt es seit langer Zeit."[280]

Um den Gefühlen von Traurigkeit und Dankbarkeit Raum zu geben sowie die Erinnerung an Verstorbene und deren Vergegenwärtigung zu unterstützen, entwickelte Cicely Saunders eigene Rituale. So fragt sie bei Abschiedsfeiern, ob jemand etwas über den verstorbenen Menschen sagen möchte. „Und dann", so fährt Cicely Saunders fort, „erzählen die Leute. Es kommt vor, dass die Kapelle bei diesen Gelegenheiten ganz voll ist. Manchmal sind es auch nicht so viele Leute, aber es nimmt immer eine ganze Anzahl daran teil. Das ist eine Gelegenheit des Zusammenkommens, von der viel Kraft ausgeht."[281]

Orientierung für ihre gestaltende Arbeit im Hospiz fand Cicely Saunders in den Texten des Alten und des Neuen Testaments: „Ich lese jeden Tag die Psalmen und versuche, mein Leben auf die Heilige Schrift zu beziehen", sagt sie.[282] Überdies sah sie sich durch Texte der mittelalterlichen Mystik getragen, die zur Innenschau anregen und zum inneren Gespräch ermutigen: „Ich lese Juliana von Norwich im Original, auf Mittelenglisch, was wundervoll ist. (...) Ich komme immer wieder auf sie zurück, und sie ist zu meiner Lieblingslektüre geworden, denn auch bei ihr geht es wiederholt um Offenbarungen der Liebe."[283] Bisweilen fasst sie ihre Hoffnung auf den Jesus der Passion auch in persönliche Worte: „Leiden war – und ist – der Ort, wo Christus geehrt wird. Er ist da, ob er erkannt wird oder nicht. Die einfachen Wahrheiten, die er so viel besser versteht, als wir es je können: dass auch er solche Abhängigkeit kannte, dass auch er sogar sein eigenes Kreuz hat von einem anderen tragen lassen müssen – diese Wahrheiten scheinen auch für Ohren, denen sie ganz ungewohnt sind, eine Bedeutung zu haben und kaum der Erklärung zu bedürfen. Ich denke, das liegt daran, dass Menschen, die so sehr leiden, dort sind, wo Jesus sich am tiefsten mit uns identifiziert."[284]

Den christlichen Passionsgedanken sieht Cicely Saunders direkt mit ihrer Hospizinitiative verbunden: „Das St. Christopher's Hospiz wurde gegründet und ist gewachsen aus dem Glauben, dass Gott in Jesus Christus für alle seine Kinder durch den Tod gegangen ist."[285] An anderer Stelle unterstreicht sie diese persönliche Überzeugung: „Wenn ich nicht glauben würde, dass es Gott selbst ist, der in Jesus Christus das Verlorensein und all das erlitten hat – der Gott, von dem John Austin Baker sagt: ‚Die Hände, die uns im Leben halten, sind durchbohrt mit unvorstellbaren Nägeln' – wenn ich nicht glaubte, dass Gott den Schmerz und die Trauer all seiner Kinder teilt, dann wäre er kein Gott, dem ich vertrauen könnte."[286]

Nicht zuletzt wird das Ringen um die Sinnfrage, zu dem sich Cicely Saunders in der Begleitung von Sterbenden herausgefordert sah, in einer kleinen geistlichen Textsammlung unter dem Titel „Beyond the Horizon. A Search for Meaning in Suffering" anschaulich. Indem sie hier Texte aus der geistlichen Tradition, überdies eigene Meditationen und von Patientinnen und Patienten verfasste Texte gleichermaßen zugänglich macht, schafft sie ein Bewusstsein dafür, wie sehr der Sterbeprozess die Offenheit aller Beteiligten erfordert.[287]

Im Sinne einer persönlich an sie ergangenen Berufung stellt Cicely Saunders rückblickend ihre Überzeugung heraus: „Gott auf meiner Seite zu haben, und zu wissen, dass dies [die Initiierung eines Hospizes] das war, was Gott von mir wollte. ‚Ich werde dir die Gelegenheit geben, du musst sie nun selber in die Hand nehmen.' Das war der stärkste Anreiz, den man überhaupt haben kann. Und nachdem dann Antoni [ein ‚Gründungspatient'] gestorben war, war es auch die Kreativität, die sich manchmal aus der Trauer entwickeln kann – der Ansporn, Dinge besser zu machen."[288]

Im Ergebnis einer längeren Entwicklung sieht sie das Hospiz als keinesfalls exklusiv christlich an, wiewohl es „auf christlichen Werten" beruhe.[289] Alltagskonkret bedeutete ihr diese ‚offene' Orientierung, dass weltanschaulich anders ausgerichtete Menschen genauso willkommen sein sollten wie Christen. Konsequent versteht Cicely Saunders die Hospizarbeit aus medizinischen wie aus weltanschaulich-religiösen Gründen als Teamarbeit.[290] Mit ihrer ‚bunt' zusammengesetzten Schar der Mitarbeiterinnen und Mitarbeiter arbeitete und feierte sie zusammen: „13 Leute sind dieses Jahr 50 geworden", erläutert sie in einem Interview. „Also hatten wir eine Fältchen-Fete."[291]

Bis in das Jahr 1985 hinein hatte Cicely Saunders die Leitung des Hospizes inne. Bis zum Jahr 2000 amtierte sie als Vorsitzende der Einrichtung, und bis zu ihrem Tode war sie die Präsidentin des Hospizes. Ihr persönliches Leben erfuhr eine Bereicherung durch die 1980 erfolgte Hochzeit mit einem Professor der Kunstwissenschaften, den sie bereits seit 1963 kannte. Im Jahre 2005 verstarb die Initiatorin des St. Christopher's Hospizes im Alter von 85 Jahren in der von ihr gegründeten Einrichtung.

Zahlreich sind die Auszeichnungen und Ehrungen, die Cicely Saunders für ihr pionierhaftes Wirken zugesprochen bekam: Über die ihr schon 1969 verliehene Ehrendoktorwürde der Universität Yale hinaus wurde sie Ehrendoktorin an den Universitäten von London, Glasgow, Cambridge und Oxford. Weiterhin erhielt sie gesellschaftlich relevante Auszeichnungen (unter anderem „Order of Merit" im Jahr 1989 durch Queen Elizabeth II.) ebenso wie solche von Berufsverbänden (unter anderem „Ehrenzeichen der British Medical Association" im Jahr 1987). Die womöglich wichtigste Auszeichnung könnte für Cicely Saunders darin bestanden haben, dass ihr Einsatz für die Hospizbewegung so viel Nachahmung fand – auch in Deutschland.

2. Im Anschluss an Cicely Saunders – Hospizarbeit in Deutschland

Im Rückblick auf die Erstauflage seines „Hospiz-Buches" aus dem Jahre 1989 schreibt der Palliativmediziner und Psychotherapeut Johann-Christoph Student 1999: „Genau zehn Jahre ist es her, dass das Hospiz-Buch zum ersten Male erschien. Damals, im Jahr 1989, war der Begriff ‚Hospiz' in Deutschland fast noch ein Fremdwort, ein Begriff, den nur wenige Eingeweihte verstanden. Mittlerweile hat sich hierzulande viel verändert. Die Hospizbewegung ist zu einer starken Kraft in unserem Gesundheitswesen geworden." Mehr noch unterstreicht Johann-Christoph Student, der als Schüler der Sterbeforscherin Elisabeth Kübler-Ross auch mit der Hospizsituation in England seit Jahrzehnten tief vertraut ist und 2006 für sein Mühen um die Hospizbewegung in Deutschland ehrenhalber mit dem Doktortitel der Universität Heidelberg ausgezeichnet wurde: „Hospiz, das steht inzwischen für ein innovatives Konzept der ganzheitlichen Fürsorge für sterbende Menschen und ihre Angehörigen." Und konkretisierend fährt er fort: „Fast in jeder Großstadt gibt es einen mehr oder minder weit ausgebauten Hospiz-Dienst. (...) Aber mindestens ebenso wichtig ist, dass der Hospizgedanke immer mehr auch in herkömmliche Einrichtungen der Kranken- und Altensorge einzudringen beginnt."[292]

Die beschriebene Entwicklung der Hospizbewegung in Deutschland bis zum Ende der 1980er-Jahre spiegelt sich ebenso im führenden deutschsprachigen Theologielexikon wider. Während das „Lexikon für Theologie und Kirche" in der zweiten Auflage aus den 1960er-Jahren keinen Artikel „Hospiz" bietet, findet sich in der dritten Auflage aus den 1990er-Jahren ein kundiger Beitrag aus der Feder des Medizinethikers und Caritaswissenschaftlers Heinrich Pompey. Vor allem streicht dieser Autor die „überkonfessionelle" Dimension der in weiterer Formierung begriffenen Hospizbewegung heraus. Diese werde von vielen gesellschaftlichen Gruppierungen und Organisationen mitgetragen und – so heißt es hervorgehoben – „schöpfe aus christlichen Werten" [293].

Es kann nicht oft genug betont werden, dass der Blick auf die Anfänge der Hospizbewegung in Deutschland kaum möglich ist ohne einen gleichzeitigen Blick nach England. Immerhin hatten fast alle Menschen, die die hiesige Hospizbewegung initiierten, zuvor entsprechende Erfahrungen mit dem Hospizleben in England gemacht: „Der größte Teil bundesdeutscher Begründer von Hospiz-Initiativen war vorher in England."[294]

Freilich zeigten sich die Kontakte zu den englischen Hospizen in ihrer Wirkung nicht auf Anhieb förderlich. Zwar war das Echo auf einen im Juni 1971 vom „Zweiten Deutschen Fernsehen" ausgestrahlten und im St. Christopher's Hospiz in London aufgenommenen Fernsehdokumentationsfilm „Noch 16 Tage – Eine Sterbeklinik in London" insgesamt positiv ausgefallen. Dagegen sollte sich der ebenfalls im St. Christopher's Hospiz in London gedrehte und etwas später ausgestrahlte Film „Die letzte Station" als Hemmschuh für die Verbreitung von Hospizen in Deutschland über viele Jahre hinweg erweisen. Das Problem dieses zuletzt genannten Films bestand darin, dass er den Eindruck erweckte, das Sterben in einem Hospiz bedeute Sterben in einer Art „Sterbeghetto" oder in einer von der sonstigen Öffentlichkeit abgeschirmten Sterbeklinik, wo man unter beinahe menschenunwürdigen Umständen seine letzte Lebensphase verbringt. Zudem schürte das Wissen um die Gabe von Opiaten zur Schmerzlinderung an schwerstkranke Menschen in Cicely Saunders` Hospiz die Angst davor, inwieweit hier aktive Sterbehilfe geleistet oder sogar Euthanasie-Praktiken angewandt wurden. Schließlich mag ein weiterer Grund für den verzögerten Schwung der Hospizbewegung in Deutschland darin begründet sein, dass die von Cicely Saunders beabsichtigte Auseinandersetzung mit Sterben und Tod die „eingefrorene kollektive Trauer als Reaktion auf die individuell und kollektiv existentiellen Erschütterungen des Zweiten Weltkriegs" berührte. Zugleich ließ sich die Thematisierung des Todes in der Öffentlichkeit nur schwer mit jener auf Machbarkeit ausgerichteten Mentalität verbinden, die Deutschland als Wirtschaftswunderland bis in die 1970er-Jahre hinein so erfolgreich gemacht hatte.[295] Immerhin: Noch 1978 wurden Kirchen, Krankenhausgesellschaften, Wohlfahrtsverbände und kundige Einzelpersonen vom Bundesministerium für Jugend, Gesundheit und Familie zur Gründung von Hospizen befragt und antworteten größtenteils mit einem „Nein".

Inzwischen teilen die Kirchen die Anliegen der Hospizbewegung. Benno Littger resümiert die Ergebnisse seiner Untersuchung: „Nach anfänglicher Skepsis würdigen die christlichen Kirchen seit Jahrzehnten die Verwirklichung von Palliative Care- und Hospizidee. Indem sie finanzielle Ressourcen bereitstellen, Trägerfunktionen übernehmen, Forschung initiieren, politisch Einfluss nehmen und das Thema in der Öffentlichkeit positionieren, versuchen sie, den Bestrebungen, aktive Sterbehilfe zu legitimieren, substantielle Alternativen entgegenzusetzen. Gleichzeitig bietet das Engagement in Hospiz und Palliative Care ein bedeutendes Potential zu ökumenischer Kooperation."[296]

Beeindruckend liest sich die von Andreas Heller und Sabine Pleschberg vorgelegte Chronologie zur Entwicklung der Hospizbewegung in Deutschland.[297] So integrierte der Onkologe Ulrich Kleeberg nach dem Vorbild des englischen Hospizwesens im Jahr 1976 wichtige Elemente der Palliativmedizin in seine onkologische Schwerpunktpraxis in Hamburg. 1983 gründete der Priester

Helmut Zielinski – auch er war mit der Hospizsituation in England bestens vertraut – an der Kölner Universitätsklinik für Chirurgie eine sogenannte Palliativstation als Sechs-Betten-Einheit.

In die Pionierphase der Hospizbewegung in Deutschland fiel 1984 auch die Gründung einer Arbeitsgruppe „Zuhause sterben" an der Evangelischen Fachhochschule in Hannover durch Johann-Christoph Student. Diese Initiative, der es mit ihrem Verständnis von Ganzheitlichkeit darum ging, das Sterben in der gewohnten Umgebung zu ermöglichen, trug maßgeblich dazu bei, die Bedenken gegenüber der Hospizidee in der Öffentlichkeit abzubauen. Ähnlich durchschlagend war die Wirkung der 1984 in Stuttgart begonnenen Initiative „Sitzwache in Pflegeheimen"; denn besonders in diesen Einrichtungen fehlte es an der wünschenswerten psychosozialen Betreuung von Schwerstkranken. Der 1985 gegründete gemeinnützige Verein „Omega – Mit dem Sterben leben" ist eine mittlerweile in 20 Regionalgruppen tätige überkonfessionelle und weltanschaulich ungebundene Organisation, deren ehrenamtlich tätige Unterstützer dazu beitragen wollen, sich persönlich, fachlich und ideell für sterbende und trauernde Menschen einzusetzen. Das Logo – zugleich der letzte Buchstabe des griechischen Alphabets – steht für den Torbogen der letzten Lebensphase, durch den jeder Mensch hindurchgehen muss.

Innerhalb der Geschichte der Hospizbewegung in Deutschland nehmen die beiden Pioniere Heinrich Pera († 2004) und Paul Türks († 1998) eine Schlüsselstellung ein, insofern sich in ihren Lebensgeschichten wichtige Lebensadern bündeln, die die Entwicklung des deutschen Hospizwesens ermöglicht haben.

Die Wirksamkeit von Heinrich Pera – Jahrgang 1938 – reicht bis in die Anfänge der Hospizbewegung in der ehemaligen DDR zurück. Durchzogen von Praktika im Krankenhaus und einem abgebrochenen Medizinstudium beendete er sein Theologiestudium in Erfurt und wurde katholischer Priester. Ergänzend absolvierte er eine Krankenpflegerausbildung. Seit 1968 war er durch seine Besuche in Krakau mit den Pionieren der polnischen

Hospizbewegung vernetzt. 1985 erhielt er den entscheidenden Lebensimpuls während einer Reise nach England, als er mit der dortigen Hospizbewegung in Kontakt kam. Mit diesem Erfahrungshintergrund stellte er im Wendejahr 1989 in Halle einen internationalen Hospizkongress auf die Beine und amtierte zwischen 1992 und 1997 als Gründungsvorsitzender der „Bundesarbeitsgemeinschaft Hospiz". In dieser Funktion war ihm die institutionelle Verknüpfung der damals in Deutschland entstehenden örtlichen Hospizdienste ein erstrangiges Anliegen.

Seine religiös begründete Sorge für die Schwerkranken und Sterbenden brachte Pera in ein Spannungsverhältnis zur politischen Ideologie der DDR, sodass er sich alltagspraktisch vielerlei Schikanen ausgesetzt sah. Umgekehrt schmerzte es ihn, dass nach der Öffnung der Grenzen viele bewährte Trägerinnen und Träger der Hospizbewegung aus DDR-Zeiten gen Westen abwanderten.

Trotz dieser Erschwernisse seiner Arbeit blieb Heinrich Pera seiner Grundüberzeugung treu, dass er „Sterbebegleitung als Weggefährtenschaft" verstand[298], indem er die Individualität des Sterbenden nach Kräften gefördert sehen wollte und sich offen zeigte für alle Menschen, ohne dabei seine eigenen religiösen Überzeugungen zu verleugnen. Eindringlich unterstreicht er: „In einer solchen Weggemeinschaft wird für alle Beteiligten sichtbar, erfahrbar, was verlässliche Zuwendung und konkrete Nächstenliebe vermag, auch und gerade in Stunden der Trauer, der Schmerzfinsternis und des immer endgültiger werdenden Abschieds. Eine solche Weggemeinschaft ist dann Quelle für eine aufkeimende Hoffnung über den Tod hinaus."[299]

Eine zweite Schlüsselgestalt für die Hospizbewegung in Deutschland war der 1920 geborene Oratorianer Paul Türks. Nachdem er als Priester seelsorglich immer wieder mit den Nöten junger unheilbarer Kranker befasst gewesen war, nahm er sich des Hospizanliegens in Aachen an. Er initiierte – unterstützt durch eine Gruppe von Gleichgesinnten um Clementine Louven – das als „Haus Hörn" bekannt gewordene Hospiz unter dem Dach des bereits 1968 gegründeten Altenheims gleichen Namens.

Paul Türks wirkte in Deutschland weit über seine Aachener Gründung hinaus zugunsten der Hospizbewegung und der Hospize. So war erstrangig er es, der unter den Bischöfen für beides um Akzeptanz warb, nachdem sich 1978 – siehe oben – die Deutsche Bischofskonferenz ebenso wie das Diakonische Werk der Evangelischen Kirche Deutschlands massiv gegen jedwede Förderung von stationären Hospizen ausgesprochen hatte. Auf der einen Seite hielt er den kirchlich Verantwortlichen vor, dass sie – anders als er selbst – niemals nach England gereist seien, um sich dort Hospize anzusehen und mit den Mitarbeiterinnen und Mitarbeitern sowie mit den Patientinnen und Patienten ins Gespräch zu kommen. Auf der anderen Seite ließ er die Kirchenleitungen teilhaben an seinen eigenen Erfahrungen mit der Hospizbewegung und den Hospizen in England. Die Wirkung dieser Aufklärungsarbeit kann rückblickend kaum überschätzt werden: „Die Ende der 1980er-Jahre beginnende inhaltliche Neuausrichtung der Deutschen Bischofskonferenz muss zu einem Großteil als Verdienst von Türks` Engagement gewürdigt werden."[300] Tatsächlich setzte sich Paul Türks über Jahre hinweg bis in die Kurie mit diplomatischem Geschick für ein angemessenes Verständnis der Hospizidee ein.

Ebenso wie sich Paul Türks wiederholt auf Zeugnisse von Cicely Saunders berief, machte er sich in ihrem Sinne alltagspraktisch für eine ausgefeilte Palliativmedizin stark, stimmte mit ihr in ihrer christlichen Grundausrichtung überein, suchte gleichfalls die Individualität der Sterbenden mit ihren je persönlichen Wünschen zu fördern, bezog die Angehörigen der Sterbenden in das begleitete Abschiednehmen ein und warb unter den Kirchenoberen unermüdlich um Unterstützung für das Hospizanliegen und die Beteiligung der Ehrenamtlichen.

Insgesamt ist festzuhalten, dass sich die Hospizbewegung in Deutschland während der vergangenen drei bis vier Jahrzehnte zu einem neuen Ort bürgerschaftlichen Engagements entwickelt hat, wie sich auch anhand einer rückblickenden Presseschau verifizieren lässt.[301] Im Mühen um ein menschenwürdiges Lebensende für Schwerstkranke engagieren sich ehren- und hauptamtliche Mitarbeiterinnen und Mitarbeiter ambulant und stationär. Gesamtgesellschaftlich trifft dieses Engagement trotz mancher womöglich noch immer wirksamer Ängste auf ein positives Echo.

3. Die moderne Hospizbewegung – Wie sie wurde, was sie ist

Tatsächlich nahm Cicely Saunders mit ihrer Hospizinitiative das im altkirchlichen und mittelalterlichen Christentum wurzelnde Engagement für die Hospize – damals allerdings verstanden als Einrichtungen für *alle* Armen, darunter die Kranken und Sterbenden – wieder auf. Ihr Anspruch bestand darin, dass das St. Christopher's Hospiz jener Ort sein sollte, an dem sie in Kooperation mit ihren Mitarbeiterinnen und Mitarbeitern eine moderne Variante der christlichen Gastfreundschaft sowie der christlichen Krankensorge im Dienst an den Sterbenden verwirklichte: „Diese Akzentuierung ist für meine Menschensorge im Hospiz bis zum heutigen Tag zentral", wie sie prägnant formuliert.[302] Noch weit umfassender sieht sie ihre Initiative in die religiöse Tradition eingeordnet: „Ich dachte schon am Anfang, das Hospiz könnte etwas zu sagen haben im theologischen Dialog. Und das denke ich immer noch."[303] Einen ähnlichen Gedanken christlicher Prägung bietet beispielsweise Paul Türks der modernen Hospizbewegung an: „Das Wort Dienen weist tatsächlich auf den geschichtlichen Ursprung der Hospizarbeit zurück."[304] Und mit hörbar institutionenkritischem Unterton sekundiert Heinrich Pera unter Bezug auf die jahrhundertealten Traditionen christlich-hospizlicher Mitmenschlichkeit: „Ich stelle fest, dass das kirchliche Obdach mit den Bedürfnissen vieler heutiger Menschen wenig zu tun hat, weil es ein Lehrgebäude voller Lehrmeinungen ist. Was sie dagegen suchen, sind Annahme, Barmherzigkeit und Liebe."[305]

a) „Palliative Care" – Von Mantelträgern und Menschenträgern

Mittlerweile findet man im Rahmen der interdisziplinär getragenen Sorge um die Begleitung von Sterbenden in ihrer letzten Lebensphase immer häufiger den Ausdruck „palliative care" für das, was Cicely Saunders als den medizinischen Teil ihrer Hospizarbeit ansah.[306] Im Deutschen könnte man diesen nicht leicht zu übersetzenden Fachbegriff umschreiben mit „Palliativmedizin", „Palliativbetreuung" oder „Palliativversorgung". Die Palliativpflege gilt international sogar als Einzeldisziplin innerhalb der Krankenpflege und wird als „palliative care nursing" oder „end-of-life-care" bezeichnet. Der Terminus „palliative care" setzt sich zusammen aus zwei Worten, denen in der christlichen Tradition eine große Bedeutung zukommt – nämlich „Mantel" und „Liebe/Sorge". Es sind jene beiden Worte, die auch für Cicely Saunders eine große Rolle spielen: „Die Art, wie kranke Menschen begleitet werden, erreicht die verborgensten Winkel, wie ich schon oft gesagt habe. Es ist ein nahtloser *Mantel der Fürsorge*, der auch Menschen mit einschließt, die diese Dimension gar nicht anerkennen und dennoch ein Teil davon sind."[307]

Das lateinische Nomen *pallium* steht hinter dem englischen Adjektiv „palliative" und bezeichnet den Mantel – heute ein gewöhnliches Kleidungsstück, früher ein Herrschaftszeichen. Aus dieser zuletzt genannten Bedeutung leitet sich seine Stellung als Schutzmantel – mit Relevanz für den Rechtsschutz – seit spätantiker Zeit ab. So stellten sich die antiken Griechen und Römer viele Götter mit einem Göttermantel bekleidet vor; eine Auffassung, die sich bei den Germanen fortsetzen sollte. „Das alte Bild vom Himmelsmantel der Gottheit", so ist herauszustellen, „hat auch das Christentum übernommen"[308].

Während es die Vorstellung von Christus im blauen Sternenmantel zu einer eher geringen Bedeutung brachte, assoziierten die mittelalterlichen Christen damit vor allem Maria, die man sich in einen Mantel gekleidet vorstellte. Im Unterschied zum östlichen Christentum entwickelte das westliche Mittelalter eine

Verehrung der Schutzmantelmadonna. Viele Bildwerke und Lieder handeln davon, wie Maria ihren Mantel über Gruppen von Menschen ausbreitet, die darunter asylartigen Schutz finden. Unter verschiedenen Orden kam es im Mittelalter sogar zum Konkurrenzkampf, welchem Orden die heilige Maria unter ihrem Mantel wohl einen besonderen Schutz gewährte. Mal wähnten sich die Zisterzienser im Vorteil, dann die Dominikaner, später auch die Mitglieder anderer Gemeinschaften. Bekannt war auch die Rosenkranzmadonna, von der man glaubte, dass sie als „Mutter aller Christen“ die gesamte Christenheit unter ihrem Mantel aufnahm und so die geschwisterliche Gleichheit unter allen Christen gegenüber dem göttlichen Vater (und der göttlichen Mutter) in besonderer Weise veranschaulichte. Vor allem erlebte das Motiv eine Ausdehnung auch auf andere Heilige: „Zu Maria gesellen sich noch andere Mantelheilige [z. B. der heilige Hubertus], da der schützende Gnadenmantel der Muttergottes auch auf andere Heilige übertragen wurde.“[309]

Als Cicely Saunders ihr Hospiz im Jahr 1967 eröffnete, erhielt es den Namen St. Christopher's Hospiz. In dieser Einrichtung, in der heutzutage jährlich 2000 Menschen sowie deren Angehörige in ihrem Prozess des Sterbens und Trauerns begleitet werden, weist bereits der Name des Hospizes einen Weg zum Selbstverständnis dieser Gründung – und legt darüber hinaus etwas vom Wesenskern der gesamten Hospizbewegung frei.

Im Mittelalter zählte der heilige Christopherus zu den am meisten dargestellten Heiligen. Seit dem 10. Jahrhundert sind Skulpturen und Bilder bekannt, die den Heiligen als Riesen zeigen, wie er barfuß das Wasser durchquert, meist mit geschürztem Gewand, auf einen Stock oder Baumstamm gestützt, und das Christuskind tragend, welches ein Buch oder eine Weltkugel in Händen hält.

Die beschriebene Christopherus-Ikonografie orientiert sich an einer im Westen seit dem 13. Jahrhundert bekannt gewordenen Christopherus-Legende.[310] Der zufolge soll der ursprüngliche Name des Heiligen „Opherus“ gelautet haben. Seine riesige

Gestalt versetzte alle in Schrecken, die ihm unterwegs begegneten. Opherus seinerseits wusste um sein markantes Äußeres, wollte aber trotzdem nicht selber herrschen. Stattdessen mochte er sich in Dienst nehmen lassen – allerdings allein vom mächtigsten Herrscher der Welt. Als er unter den Mächtigen suchte, fand er darunter niemanden, dessen Macht nicht irgendwie begrenzt war. Da erfuhr er von einem Einsiedler, dass allein Gottes Macht unbegrenzt wäre und Opherus diesem dienen solle. „Aber wie lässt mich Gott wissen, was ich tun soll?", fragte Opherus. Der Einsiedler antwortete ihm, dass er die ihm verliehene riesenhafte Gestalt als Hinweis auf Gottes Vorhaben mit ihm verstehen solle. So möge Opherus anstelle eines Fährmannes Reisende über einen Fluss tragen und diese Hilfe als Ausdruck dessen ansehen, was Gott von ihm wünscht. Tatsächlich entschied sich Opherus, an einem Fluss diesen Fährdienst fortan zu verrichten.

Eines Tages nahm er ein Kind auf seine Schultern, um es sicher über den Fluss zu bringen. Anfangs empfand er das Kind als sehr leicht; aber je weiter Opherus den Fluss durchschritt, umso schwerer erschien es ihm. Als er dem Kind sagte, wie sehr er sich an seinem Gewicht abmühte, als ob er die Last der ganzen Welt zu tragen hätte, soll ihm das Kind geantwortet haben, dass es Jesus, der Heiland wäre, welcher eben die Last der gesamten Welt zu tragen hätte. Als Opherus das Kind auf der gewünschten Seite des Flusses von seinem Nacken heruntergenommen hatte, sprach das Kind zu ihm, dass er Christus getragen hätte und sich deshalb fortan „Christopherus" nennen dürfte.

Als Heiliger, der Menschen durch schwere Situationen hindurchträgt, erfuhr Christopherus große Verehrung. Überdies sagte man ihm nach, dass er als einer der sogenannten „Vierzehn Nothelfer" die Menschen vor einem unvorbereiteten Tod bewahrte.[311] Vor allem die Betrachtung seines Bildes galt als wirksamer Schutz vor einem plötzlichen Versterben. Bis heute führen Menschen kleine Darstellungen des heiligen Christopherus im Auto mit sich. Und sogar das Kundenmagazin des Sportwagenherstellers „Porsche" präsentiert sich unter dem Namen „Christopherus“ mehr oder weniger offensichtlich religiös rückgebunden. In Anknüpfung an das dienende Tragen, das der heilige Christopherus zu seiner Aufgabe gemacht hatte, heißen zudem noch heute die Notarzthubschrauber des Österreichischen Automobil-, Motorrad- und Touring Club (ÖAMTC) „Christopherus“. Schließlich tragen in Deutschland die Rettungshubschrauber aus dem gleichen Grund den BOS-Funk-Rufnamen „Christoph“.

Kurzum: Die moderne Hospizbewegung tritt seit ihren Anfängen über alle körperliche Sorge für die Schwerkranken hinaus für die je besonderen spirituellen Bedürfnisse der Betroffenen ein. Auch diese Dimension des individuellen Eingehens auf die individuellen Wünsche eines Kranken gehört zum ganzheitlichen Ansatz der Institution Hospiz. Ebenso wie Jesus auf den Schultern des Christopherus sollen sich die Sterbenden getragen wissen bei ihrem Durchgang durch die letzte Lebensphase – einerlei, ob man dieses Getragenwerden ausgesprochen christlich oder weltanschaulich offen versteht.

b) Im Fokus – Gastfreundschaft, Krankensorge, Sterbevorbereitung

Über die christlich rückgebundene Palliums- und Christopherus-Tradition hinaus versteht Cicely Saunders ihre Hospizgründung als Fortsetzung christentumsgeschichtlich fundierter Traditionen in den Bereichen Gastfreundschaft, Krankensorge und Sterbevorbereitung.

Zur Verbindung zwischen ihrem Hospiz und der christlich verwurzelten Gastfreundschaft sagt sie: „Christus wird anwesend sein in allen Fähigkeiten, die wir lernen, und in Sakramenten und Symbolen jeder Art. Dazu gehören wohl der Becher kaltes Wasser und das Waschen der Füße. All das wird den Patienten in Stille von Gottes Liebe zu ihnen erzählen. Sie brauchen sich nur umzuschauen: Wenn die Köchin das Essen gut kocht und die Leute fröhlich sind. Die Frauen, die hier seit 21 Jahren die Treppen putzen – ich habe hier auch eine Gratulationskarte für eine von ihnen vor mir liegen, die ihr 21. Dienstjubiläum feiert –, all das ist ein Teil davon. Ganz praktische Zeichen von Gottes Liebe."[312]

Im historischen Rückblick zeigt sich, dass sich die Gastfreundschaft in der griechisch-römischen Antike – wie oben bereits angedeutet – noch nicht auf die Armen bezog. Vielmehr galt sie als Ausdruck gegenseitig geübter Unterstützung unter Reichen. Zu Recht kann man sagen, dass hier die zentrale Motivation der Gastfreundschaft „überlagert wird vom utilitaristisch-ethischen Motiv der Vergeltung"[313].

Im Unterschied zur griechisch-römischen Umwelt versteht das Alte Testament die Gastfreundschaft nicht im Sinne einer Leistung bzw. Gegenleistung unter Menschen privilegierter Herkunft oder gleichen gesellschaftlichen Ansehens. Stattdessen richtete sich die Gastfreundschaft gemäß diesen Überlieferungen vor allem auf die Armen und die Mittellosen, auf die Wanderer und die Bettelleute. Der Alttestamentler Ludger Schwienhorst-Schönberger unterstreicht, dass die Gastfreundschaft im Judentum von Anfang an als Werk der Barmherzigkeit gegolten habe. Zugleich verstand man sie als Antwort auf die einmal erfahrene Hilfe Jahwes, welche das Volk Israel in der Fremde Ägyptens erfahren hatte.[314]

Auch im Christentum dient die Rede von der Gastfreundschaft als Grundbild für den christlichen Gottesglauben: „Mit Vorliebe verwendet Jesus die Bilder von der Gastfreundschaft, wenn er deutlich machen will, was es bedeutet, an ihn zu glauben."[315]

Erstrangig manifestierte sich die durch christliche Gemeinden geübte Gastfreundschaft mittels der altkirchlich noch allein im Osten verbreiteten Institution der Xenodochien – Aufnahmestationen für jedwede Art von Armen und Bedürftigen. Die Xenodochien waren von solcher Werbekraft für die Christen, dass Kaiser Julianus der Abtrünnige bereits 362/363 alle Kraft daran setzte, ein heidnisches Konkurrenznetz derartiger Xenodochien aufzubauen. Über die Gastfreundschaft der Christen, die diesem Zeugnis zufolge auch Heiden und Juden offenstand, schreibt der

Herrscher an einen heidnischen Priester: „Errichte in der Stadt zahlreiche Herbergen, damit die Fremden – nicht nur die zu den Unsrigen zählen, sondern auch alle Bedürftigen von den anderen – in den Genuss der von uns geübten Menschenfreundlichkeit [i.e. Gastfreundschaft] kommen. (...) Denn es ist eine Schmach, wenn von den Juden nicht ein Einziger um Unterstützung nachsuchen muss, die gottlosen Galiläer [i.e. die Christen] neben den Ihren auch noch die Unsrigen ernähren, die Unsrigen aber die Hilfe von unserer Seite offenbar entbehren müssen. (...) Gewöhne die hellenisch Glaubenden an derartige Werke der Wohltätigkeit."[316] Allein aufgrund von Julianus' frühem Tod gelangte dieser Plan des letzten heidnischen Kaisers nicht zur Ausführung. – Christlicherseits dagegen erfuhren die Xenodochien noch über Karl den Großen († 814) und Ludwig den Frommen († 840) hinaus tatkräftige Förderung, vor allem an Wallfahrtsrouten und an Pilgerorten, an Pässen und an Handelsstraßen.

Zu nennen ist auch der epochenübergreifende Einfluss der Gastfreundschaft in den Klöstern. Von größter Relevanz erwies sich das entsprechende Kapitel 53 der zwischen 530 und 560 verfassten Benediktsregel. Es charakterisiert die klösterlich institutionalisierte Übung der Gastfreundschaft gegenüber den Hohen und Geringen als Gottesdienst und mahnt die christusgleiche Aufnahme jedes Gastes an. Der Mönchshistoriker Emmanuel von Severus schätzt die Prägekraft des benediktinischen Gästekapitels so hoch ein, dass er die Benediktsregel als das „Grundbuch mittelalterlicher Gastfreundschaft" bezeichnet.[317] Tatsächlich setzt dieser klösterliche Regelabschnitt bis heute Maßstäbe.

Im Sinne eines Zwischenfazits bleibt zu unterstreichen, was hier zumindest exemplarisch erläutert werden konnte: Seit altkirchlicher Zeit gehört die Übung der Gastfreundschaft zu einer von Mitmenschlichkeit getragenen christlichen Lebensgestalt. Stets ging es bei dieser Praxis der Willkommenskultur um die innere und die äußere Gegenwärtigkeit gegenüber denen, die als Gäste oder als Bedürftige kommen. Eben diese Einsicht trifft auch auf die christliche Krankensorge zu.

Während es im antiken Griechenland das „Haus des Arztes" (die sogenannten „Asklepien") mit seinem Behandlungsraum gab, in dem freilich nur sehr selten Kranke für mehrere Tage aufgenommen wurden, kannte man auf den römischen Landgütern sogenannte „Valetudinarien" und im Bereich des Militärs die Militärlazarette. Diese den Sklaven und den Soldaten dienenden Einrichtungen waren allerdings keinesfalls Vorläufer des späteren Spitalwesens. Vielmehr handelte es sich um „Einrichtungen zur Wiederherstellung von Arbeitskraft". Drastischer noch sowie in Abgrenzung von den christlichen Initiativen zugunsten der Hilflosen ist festzuhalten: „Der chronisch kranke oder unheilbare Insasse wurde [aus dem ‚Valetudinarium' oder aus dem Militärlazarett] entfernt und oft genug der Verelendung preisgegeben. Das Krankenhaus als öffentliche Einrichtung hat damit auch Rom noch nicht geschaffen."[318]

Im Christentum gründet die aktive Sorge um die Kranken vor allem auf der Überzeugung, dass Gott jedem Menschen das Leben schenkt. Aus dieser Gottesbeziehung heraus ist der caritative Einsatz für einen bedürftigen Mitmenschen idealerweise motiviert: „Die Geschichte der christlichen Krankenpflege ist die Geschichte einer inneren Haltung, deren Quelle in dem alle Christen verpflichtenden Gebot zur Barmherzigkeit zu suchen ist", wie ein Standardwerk zur Geschichte der Medizin formuliert.[319] Tatsächlich wurde die Hilfe für Kranke, die sich bis zum Ende des 4. Jahrhunderts unscheinbar innerhalb der christlichen Gemeinden und oftmals durch die Tatkraft von Einzelpersonen ereignet hatte, fortan – wurzelnd in der nunmehr erfolgten kaiserlichen Anerkennung des Christentums – von Kaiser und Kirche gleichermaßen getragen: „Der christliche Solidaritätsauftrag, eingebunden in die neue Stellung der Kirche (...), erforderte größere Dimensionen der Fürsorgeorganisation für alle Arten von Armen, Hilflosen und Pflegebedürftigen."[320]

Über die bereits genannten Xenodochien im Osten hinaus galten im Westen nach dem Zusammenbruch der Stadtzivilisation im 6. Jahrhundert vor allem die Klöster als Stätten der Krankenpflege. Insofern die Armen dort wie Christus selbst aufgenommen werden sollten, waren in diesem Postulat für die Kranken auch die Leibespflege, die gesundheitsgemäße Ernährung und das Mühen um eine gute medizinische Behandlung eingeschlossen. „Damit wurden die Mönche“, so ist einem medizinischen Grundlagenwerk mit ausgreifender Perspektive zu entnehmen, „zur Krankenpflege und -behandlung außerhalb ihrer Klostermauern verpflichtet.“ Genauer: „Das klösterliche Spital nahm Altersschwache, Kranke und Gebrechliche auf. (...) Beispiele für diese frühe Form des Hospitals finden sich heute noch in Köln und Bremen. Ihren Höhepunkt erreichten diese Einrichtungen im 13. Jahrhundert.“[321]

Ebenso wie das moderne Hospizwesen ohne die christlichen Traditionen der Gastfreundschaft und der Krankensorge kaum vorstellbar ist, knüpft es auch an die seit dem Hoch- und Spätmittelalter verbreiteten „Techniken“ der spirituellen Vorbereitung auf den Tod an.

Von Anfang an verstand Cicely Saunders das St. Christopher's Hospiz als Ort der Lebenskunst, wo der Tod nicht ausgeschlossen, sondern bewusst eingeschlossen wird. Dem Leben mit dem Tod sollte nicht ausgewichen werden. Stattdessen wollte sie die letzte Lebensphase und den Tod eines Menschen als integrale Teile des Lebens verstanden wissen. Ihre medizinischen Maßnahmen der Schmerzlinderung sollten dem Sterbenden die Möglichkeit eröffnen, sich in Würde und innerer Ruhe mit seiner Situation auseinanderzusetzen und sich für das Sterben als unabdingbaren Teil des Lebens zu bereiten.

Im Mittelalter verband man mit dem Tod als Teil des irdischen Lebens die Hoffnung, dass er das Tor zum jenseitigen Fortleben öffnete. So bereiteten sich die Menschen auf ihr irdisches Ableben unter anderem dadurch vor, dass sie zu Lebzeiten gute Werke taten oder Sachgüter spendeten, um im Gegenzug als göttliche „Antwort“ und als „geistliche Gegenleistung“ ein ewiges Leben geschenkt zu bekommen. Mit der zunehmenden Innenschau, die in den westlichen Kulturen nach der Spätantike erstmals wieder ab dem Hochmittelalter gepflegt wurde, begann man die auch meditierende Vorbereitung auf den Tod in zuvor unbekannter Weise zu pflegen. Es waren vor allem die Laien, die immer wieder geistliche Anleitungen zur Vorbereitung auf den Tod wünschten und sich um entsprechende Schriften mühten. Ihnen ging es anstelle gelehrter Theologie darum, dass der rechte Vollzug eines christlichen Lebens sowie dessen geistliche Vertiefung und ordnende Gestaltung gelängen.

Den ersten *Ars moriendi*-Traktat auf deutschem Boden sowie in deutscher Sprache verfasste der Mystiker Heinrich Seuse († 1366) zwischen 1328 und 1330. Seine Abhandlung „Wie man sol lernen sterben und wie ein unbereiteter tot geschaffen ist" erfuhr in Handschriften eine größere Verbreitung als jeder andere deutsche Text des Mittelalters.[322] Diese von Seuse vorgeprägte Synthese von mystischer Innerlichkeit und lebenspraktischer Alltagsfrömmigkeit erfuhr ihre große Zeit im 15. Jahrhundert, als der Pariser Universitätsdirektor Johannes Gerson († 1429) der *Ars moriendi*-Literatur ihren eigentlichen Anstoß gab.[323] Vorbildlich wurde dessen Traktat erstrangig wegen der thematischen Konzentration auf das Sterbelager, durch die elementarisierende Verdichtung der theologischen Grundüberzeugungen und wegen der breiten volkssprachlichen Überlieferung.[324]

Die inhaltliche Zielsetzung der *Ars moriendi*-Literatur lässt sich knapp zusammenfassen: „Den Tod vergegenwärtigen – Zum Sterben bereit sein." So formuliert der bereits genannte Johannes Gerson als Ziel seiner Überlegungen zur Einübung in das menschliche Sterben eindrücklich: „Deswegen war es das Anliegen der vorliegenden Schrift, eine Art kurzer Vermahnung zu erstellen für diejenigen, deren letzte Stunde gekommen ist, die aber auch allgemein für alle Christen geeignet ist, sich eine Fertigkeit und Kenntnis des guten Sterbens zu erwerben."[325]

Die Aussagerichtung der mittelalterlichen *Ars moriendi*-Literatur und das Anliegen der heutigen Hospizbewegung erscheinen kompatibel, denn auch die spätmittelalterlichen Anleitungen für ein bewusstes Sterben gehen davon aus, dass viele

Menschen den Tod weit entfernt wähnen und unvorbereitet in den Tag leben: „Die *Ars moriendi*-Literatur sieht daher die grundlegende Aufgabe darin, den Tod mitten in das Leben der Menschen hineinzuholen und ihnen die Sterbesituation, in der sich alles entscheidet, so dringlich vor Augen zu halten, dass sie innehalten und den Weg der Vorbereitung auf ein seliges Sterben einschlagen bzw. die Aufgabe ernst nehmen, anderen zu einem guten Tod zu verhelfen."[326] Es geht also hier nicht um eine grundsätzliche Erinnerung an die Sterblichkeit des Menschen wie noch in der *Memento mori*-Literatur des 11. bis 13. Jahrhunderts. Stattdessen liegt die Konzentration auf dem Akt des Sterbens und dessen innerer Vorbereitung. So wenden sich die *Ars moriendi*-Schriften an Menschen, die sich noch nicht in der unmittelbaren Sterbesituation befinden, sondern noch lesefähig sind. Sie sollen bereitet werden für ein christliches Sterben bzw. dazu, dass sie anderen zu einem religiös vorbereiteten Sterben verhelfen: „Charakteristisch für die Einstellung der *Ars moriendi* ist also die extreme Finalisierung des Lebens auf die Sterbestunde hin, die mit ihrer Entscheidungsdramatik zur stets präsenten und innerlich abrufbaren Imagination werden soll."[327]

Ebenso wie vor mehr als 500 Jahren die *Ars moriendi*-Anleitungen den (schwer kranken) Menschen eine Wegweisung zum Vertrauen auf die über jeden Menschen hinausweisende spirituelle Kraft bieten wollten, verstehen sich heutzutage auch hauptamtlich und ehrenamtlich Engagierte in der Hospizbewegung als Vorreiter für einen sensiblen Umgang mit dem Tod. Vor allem zeigen sie sich – in Abkehr von anderen gesellschaftlichen Trends – offen für das Sterben als ein Ende der letzten Lebensphase, das auch religiös vorbereitet und unterstützt werden sollte.

Im Sinne eines Resümees sei Cicely Saunders zitiert, die ihre persönliche religiöse Berufung und die institutionellen Rückbindungen des Hospizgedankens prägnant zusammenführt: „Ich denke, die christliche Religion hat etwas Besonderes über das Leiden und das Sterben zu sagen, was keine andere Religion wirklich sagt. Ich weiß, dass zum Beispiel im Buddhismus viel über das Loslassen gesprochen wird und darüber, das eigene Im-Leben-befangen-Sein loszulassen, nicht aber über das Wachsen durch den Verlust, das im Christentum eine entscheidende Rolle spielt. Auf die Kreuzigung folgt die Auferstehung. Das ist, was das Christentum zu sagen hat. Der christliche Gott ist der einzige, der durch die Pforte des Todes geht und dann zurückkehrt, um sie für uns zu öffnen."[328]

4. Fazit

Tatsächlich ist die „Geschichte der Krankenpflege und der Begleitung Sterbender eng verwoben mit der Entwicklung und Ausbreitung des Christentums"[329]. Seit dem 20. Jahrhundert zeichnet die Hospizarbeit im Sinne einer ganzheitlichen Sorge für Sterbende eine auch für Cicely Saunders charakteristische und ansonsten „eher seltene Verbindung von Spiritualität und moderner Medizin" aus.[330]

Die in der Hospizarbeit engagierten sowie weltanschaulich offenen haupt- und ehrenamtlich Tätigen dürfen als Multiplikatoren für Leidensfähigkeit zwischen Leben und Tod, Ankunft und Abschied gelten. Sie stellen die Einbettung der Hospizarbeit in das Gemeinwesen sicher. Inzwischen kennzeichnet die bundesdeutsche Gesellschaft eine neue Aufmerksamkeit für das je individuelle Sterben, zu der der Einsatz der Hospizbewegung maßgeblich beigetragen hat.[331] Unverkennbar gibt es ein neues gesellschaftliches und öffentliches Interesse an einem anderen Umgang mit dem Sterben. Daniela Tausch-Flammer vom Hospiz Stuttgart spricht hier vom „inneren Hospiz" und meint damit eine von der Hospizbewegung erzeugte neue Grundhaltung gegenüber dem Sterben. So führe Sterben im Sinne der Ganzheitlichkeit nicht vom Leben weg, sondern zum Leben hin. Der sterbende Mensch soll bis zum letzten Atemzug mit seiner Individualität und seinen Bedürfnissen wertgeschätzt werden und ganzheitliche Unterstützung finden. Sterben sei nämlich keine bekämpfenswerte Krankheit, sondern ein Vollenden des Lebens.[332] Auch mit Blick auf den institutionellen Rahmen der Hospizbewegung kommt den freiwilligen ehrenamtlichen Helfern, die neben den Hauptamtlichen die Sorge für die Sterbenden mittragen, die Aufgabe von „Fachleuten fürs Alltägliche" zu.

Im Rückblick auf Deutschland waren die Jahre zwischen 1970 und 1979 durch eine Ablehnung des Hospizgedankens geprägt, die Jahre von 1980 bis 1989 durch einen Aufschwung vor allem aufgrund der Pionierleistungen einzelner Persönlichkeiten gekennzeichnet, bevor es seit 1990 mit Blick auf die Hospizbewegung zu einer „Etablierung als Bürgerbewegung" und zu einer breiten gesellschaftlichen Akzeptanz für das Konzept der ganzheitlichen Sterbebegleitung gekommen ist. Für eine gut 30 Jahre alte Bewegung muss die erzielte Prägekraft als weitreichend bezeichnet werden: Sie beeinflusste sowohl die gesellschaftliche Wahrnehmung des Todes, wie sie auch die mittlerweile erreichten Standards im Umgang mit Sterben, Tod und Trauer grundlegte.

In jedem Falle umschließt die aktuelle Rede von der Hospizbewegung bzw. vom Hospiz viele für die westlichen Kulturen historisch identitätsstiftende Kristallisationspunkte (Gastfreundschaft, Krankensorge, Innenorientierung etc.). Diese stehen für (christentums-)geschichtliche Schlüsselpotenziale, die auch heutzutage geachtet werden und ihre Fortsetzungsgeschichte nicht zuletzt im Mühen um eine authentische und ganzheitliche Unterstützung von sterbenden Menschen finden. So mag die gesellschaftliche Anerkennung der Hospizarbeit zugleich ein Ausdruck dafür sein, dass die Werte, die das „innere Hospiz" und das „äußere Hospiz" tragen, kompatibel sind mit den öffentlich hoch geachteten Trends der Individualisierung und des Strebens nach Ganzheitlichkeit. Zuletzt sind die Hospizbewegung und die Hospize ein Beleg dafür, dass sich die aktuell häufige Institutionendistanzierung und -skepsis dann abschwächen oder sich sogar in ihr Gegenteil verkehren, wenn Menschen die Institutionen als Ankerpunkte für Menschlichkeit und Glaubwürdigkeit wahrnehmen. Zu dieser Offenheit können beispielsweise Angehörige finden, wenn sie erleben, dass Sterbende über die ihnen geltende medizinische Pflege und sozial-spirituelle Unterstützung hinaus bis zuletzt darin bestärkt werden, ihr Leben auf Augenhöhe mit ihren Bezugspersonen zu gestalten und zu leben.

Eben dieses auf Augenhöhe angesiedelte Miteinander von Sterbenden und Begleitenden sieht sich – so sei ausblickartig angefügt – aktuell mit zwei besonderen Herausforderungen konfrontiert: Als Erstes steht die Hospizbewegung mit ihrem Anspruch, Menschen im Sterben nahe zu sein, einer zunehmenden Verwissenschaftlichung und Professionalisierung der Palliativmedizin gegenüber. Anstelle eines „Entweder-oder", mit dem immer auch der Kampf um die Definitions- und die Deutungshoheit, um die Strukturbildung und die Steuerung sowie um die Zuteilung von Ressourcen einseitig entschieden wird, favorisieren Andreas Heller und Sabine Pleschberg ein anderes Modell: Im Sinne eines „Bürger-Profi-Mix" votieren sie für das Ringen um ein *Zusammenspiel* der ehrenamtlichen Sterbebegleiterinnen bzw. Sterbebegleiter und Medizinerinnen bzw. Mediziner zugunsten eines Miteinanders auf Augenhöhe, das auch die Sterbenden und ihre Angehörigen einschließt: „Wir plädieren für organisierte interdisziplinäre Irritationen, wie sie etwa durch konsequente Einbindung von ehrenamtlicher Hospizarbeit repräsentiert werden."[333]

Als Zweites nehmen im Rahmen unserer sich vermehrt multi-ethnisch und multi-religiös entwickelnden bundesdeutschen Gesellschaft immer mehr Menschen aus anderen Kulturen hospizliche Angebote wahr.[334] Ob sich als Antwort auf diese Herausforderung die von Fulbert Steffensky formulierten „Sätze einer interreligiösen Grammatik" eignen, allzumal sich seine Anregungen auch auf die religiös Wandernden oder weltanschaulich Heimatlosen beziehen lassen? Markant wirbt Fulbert Steffensky unter anderem für menschliche Offenheit sowie dafür, ein Miteinander der Schwerkranken und der Mitarbeiterinnen bzw. Mitarbeiter im Hospiz – ungeachtet aller kulturellen und religiösen Differenzen – zu ermöglichen: „Zur dialogischen Fähigkeit gehört, den anderen ihre Andersheit zu lassen. Es sind also ebenso die symbiotischen Gleichheitswünsche zu vermeiden wie auch der Zwang, die eigene Art als feindliche Überlegenheit gegen die anderen zu wenden.“[335] Es ist kein Zufall, dass der zitierte Grundsatz mit jener Überzeugung korrespondiert, die die amerikanische Buddhistin und Sterbebegleiterin Joan Halifax zur Maxime ihres Handelns gemacht hat: „Unsere Haltung der Offenheit und Annahme von allem, was geschieht, ist grundlegend dafür, mit Sterben, Tod, Fürsorge und Trauer umzugehen. Der einzige Weg, Offenheit in jeder Situation, so wie sie gerade ist, zu entwickeln, besteht darin, Präsenz und Akzeptanz zu praktizieren.“[336]

So geht es bei der hospizlichen Begleitung über alle Religions- und Weltanschauungsgrenzen hinaus auch zukünftig entscheidend darum, den Sterbenden und ihren Angehörigen immer wieder erlebbar zu machen, dass sie mit ihrer Geschichte einzigartig wertvoll sind: mit ihren je besonderen Wünschen sowie getragen vom wertschätzenden Respekt haupt- und ehrenamtlich Tätiger.

VI. Mehr als ein Stück Stoff – Kleidung für still geborene Kinder

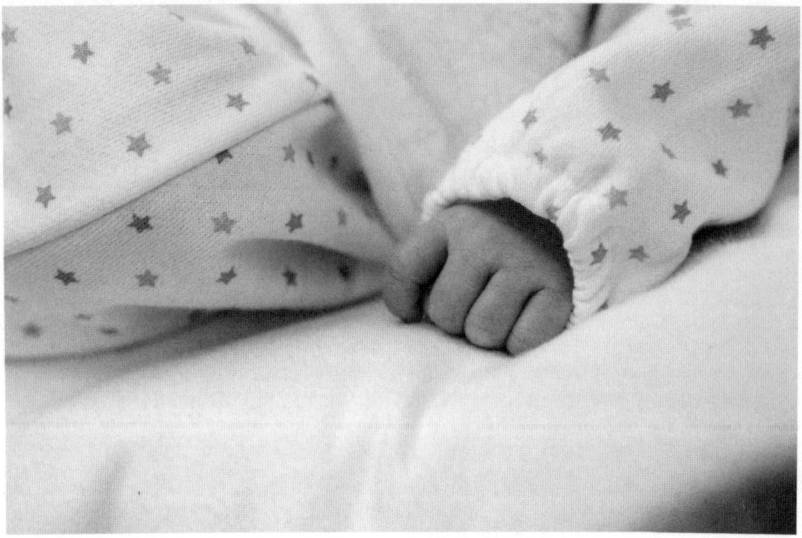

Jäh zerbricht das junge Glück eines Paares, wenn die beiden mitten im Alltag vom Todesschrecken erfasst werden, von Frühgeburt und Tod ihres ersehnten Kindes. So war es auch bei Colin Joshua, dem Sohn von Markus und Daniela Deuser, der bereits im sechsten Schwangerschaftsmonat als Frühgeburt zur Welt kam und schon wenige Stunden, nachdem er das Licht der Welt erblickt hatte, gestorben ist.

Da Colin Joshua zum Zeitpunkt der Geburt noch sehr klein war, hatten die Eltern in ihrer Trauer nicht einmal passende Kleidung zur Hand, die sie dem Neugeborenen anziehen konnten. Alle verfügbaren Babystrampler waren viel zu groß. Auch die Klinik war auf diese Situation nicht vorbereitet. Außer dass man noch ein kleines Strickmützchen von der Frühgeborenenstation zur Hand hatte, konnte den erschütterten Eltern in der Klinik niemand helfen. Immerhin fand sich in der Verwandtschaft der Deusers noch ein winzig kleines Puppenkleid. In ihrer Not zogen es die Eltern dem Kind an, obwohl es ihnen zugleich unpassend vorkam, ihren Sohn in dem durchsichtigen und rüschenverzierten Kleid zu sehen.

Im Internet machte Daniela Deuser die Geschichte der fehlenden Kleidung für ihren Sohn Colin Joshua öffentlich. Als eine unter vielen anderen meldete sich Michaela Muno, die ihre Tochter Angelina 2005 im fünften Schwangerschaftsmonat geboren hatte, nachdem sie zuvor im Mutterleib gestorben war. In der Klinik hatte die Frau erlebt, dass man dort sehr würdelos mit ihrem verstorbenen Kind umgegangen war. So hatte man ihr das Kind unbekleidet in einer Spuckschale gezeigt, nachdem sie es ohne den Beistand eines Frauenarztes und nur in Gegenwart ihres Mannes auf der gynäkologischen Station des Krankenhauses zur Welt gebracht hatte.

Das im Internet erfahrene überwältigende Echo ermutigte die Eltern Deuser und andere Mitstreiterinnen, selbst für Babykleidung für sehr jung gestorbene Babys zu sorgen und sie den Kliniken für den Bedarfsfall anzubieten. Zahlreiche Mütter begannen, Kinderkleidung in Kleinstgrößen zu fertigen. Damit war der Startschuss für eine Initiative gegeben, die von der Sorge um die Bekleidung der Kleinstkinder ausging und die schließlich weit darüber hinaus Akzente setzte, mit deren Hilfe das Menschsein dieser Kleinstkinder überhaupt erst in das gesellschaftliche Bewusstsein trat: „Aktion Schmetterlingskinder – Ein Zeichen setzen für die Würde“[337]. – Inwieweit fügt sich auch dieses Engagement, oder besser: diese Selbsthilfeinitiative in das Profil der Gelebten Religion ein?

1. Kinder ohne Kleidung – Der Weg zu den „Schmetterlingskinder-Abschiedsboxen“

Selbst in einem so hoch technisierten und medizinisch weit entwickelten Land wie Deutschland sterben jährlich mindestens 30.000 Babys während der Schwangerschaft oder unmittelbar nach der Geburt. Oftmals kommen diese Kinder lange vor dem errechneten Geburtstermin zur Welt und sind darum viel kleiner als Kinder nach einer „normal“ verlaufenen Schwangerschaft.

Alle Beteiligten nehmen eine solche Lage als Notsituation wahr. Oftmals tritt der Tod des kleinen Kindes ohne jede Vorankündigung ein und trifft die Eltern völlig unvorbereitet. Wo vor Kurzem noch die Freude auf die baldige Geburt eines gesunden Kindes den Alltag der werdenden Eltern, ihrer Verwandten und Freunde prägte, bleiben die Betroffenen plötzlich in Entsetzen und Trauer angesichts des Kindstodes allein zurück.

In einer solchen Ausnahmesituation gehörte es bis vor kurzer Zeit zum gewöhnlichen Klinikalltag, dass jährlich viele tot geborene bzw. zu früh geborene und kurz nach der Geburt gestorbene Kinder nicht einmal bekleidet werden konnten, weil für so kleine Kinder überhaupt keine Kleidung zur Verfügung stand. Notgedrungen wurden die Kleinen einfach in ein Tuch gewickelt oder unbekleidet beerdigt – insofern sie überhaupt beigesetzt wurden.

Bislang ist das Thema „Stille Geburt“ oder „Frühgeburt vor Erreichen der Lebensfähigkeit“ im Alltag der Krankenhäuser noch meist ein Tabuthema. Zudem mangelt es hier an klaren Vorgaben und Leitfäden zur Orientierung für Ärzte, Hebammen und Pflegepersonal. Auch fachgerechte Schulungen und Supervisionstreffen finden kaum statt. In der Konsequenz sind die Klinikmitarbeiter häufig stark überfordert mit der Situation und handeln – so gut sie können – nach eigenen Wertvorstellungen. Im Resultat verstehen betroffene Eltern das Vorgehen der Ärzte, Hebammen und Klinikmitarbeiter oftmals nicht. Ohne dass die Klinikprofis es bemerken, kann ihr Handeln von einer menschlichen, mitfühlenden und wertschätzenden Behandlung der Eltern und des Kindes weit entfernt liegen.

In der Tat mag die Überforderung der Ärzte und des Pflegepersonals, die ansonsten im Berufsalltag meist die Freude über das neu geborene Leben und den elterlichen Stolz über den gesunden Säugling teilen, zu einer als würdelos erlebten Behandlung des schwerstkranken oder bereits gestorbenen Kindes führen. Die Eltern fühlen sich in ihrem Schock angesichts des unerwarteten Verlusts alleingelassen. Wichtige Gelegenheiten zum Kennenlernen ihres Kindes und zum Abschiednehmen von ihm werden gar nicht als Chance für alle Beteiligten erkannt und bleiben ungenutzt.

Umso mehr verdient es gesellschaftliche Aufmerksamkeit, dass sich angesichts der beschriebenen Notsituation während der vergangenen Jahre doch Entscheidendes zum Positiven gewendet hat. Es entwickelte sich ein Sinn dafür, dass ein bewusster und würdevoll gestalteter Abschied vom Kind für den oft jahrelangen Trauerweg der Eltern von grundlegender Bedeutung ist.

Inzwischen entstanden Initiativen von betroffenen Eltern, die es sich zum Ziel gesetzt haben, die Ärzte, Hebammen und Pfleger für die Besonderheit der Situation zu sensibilisieren, die mit einem tot zur Welt gekommenen oder unmittelbar nach der Geburt gestorbenen Kind gegeben ist.

Im Rahmen der „Aktion Schmetterlingskinder – Ein Zeichen setzen für die Würde" hat der Verein „Frauenworte e. V." vor wenigen Jahren damit begonnen, Bekleidung für die früh verstorbenen Babys herzustellen.[338] Kleidung gilt den Trägerinnen dieser Aktion als Zeichen der Würde für das je einzigartige menschliche Leben und somit auch als unabdingbar für die Frühgeburten.

Den Kliniken stellt der Verein sogar kostenfrei sogenannte „Schmetterlingskinder-Abschiedsboxen" bereit. Sie enthalten Kleidung, die von ehrenamtlichen Helferinnen in Handarbeit für die besonderen Bedürfnisse der Kleinstkinder hergestellt wurde. Überdies finden sich in den Boxen sorgfältig ausgewählte Abschiedsaccessoires, die den Klinikmitarbeitern an die Hand gegeben werden. Damit können sie den trauernden Eltern helfen, sich liebevoll und in Würde von ihrem toten Kind zu verabschieden.

Alle zur Verfügung gestellten Materialien sind als unmittelbare Hilfen für die Gestaltung der Trauersituation gedacht: Schulungsmaterialien für die Mitarbeiter der Klinik, Informationsmaterialien für die Eltern mit Kontaktadressen (Bestattungsunternehmen vor Ort, Grabstellen am Ort etc.), Orientierungen rechtlicher Art. Nicht zuletzt enthält die Box die Anregung, dass betroffene Eltern bei einem vom Trägerverein „Frauenworte e. V." eigens installierten und rund um die Uhr besetzten Trauertelefon für Eltern („Trauerforum") anrufen können, um sich auszutauschen, zu entlasten oder beraten zu lassen.

Angesichts der beschriebenen Initiative fragt sich rückblickend, warum Kliniken, die eine gynäkologische Abteilung betreiben, auf den Notfall eines vor oder kurz nach der Geburt versterbenden Kindes so lange kaum vorbereitet waren. Erstrangig verwundert, warum sie nicht einen entsprechenden Vorrat an Kinderkleidung für solche Situationen bereithielten. Die Antwort auf diese Einwände geben die Kliniken in großer Übereinstimmung. Bis heute bietet kein Lieferant die benötigte Kleidung in so kleinen Größen zum Verkauf an. Abgesehen von Puppenkleidung gibt es keine Textilien, die beispielsweise Kindern passen würden, die vor der 23. Schwangerschaftswoche zur Welt kommen.

Glücklicherweise ist inzwischen die Einsicht gewachsen, dass es für die betroffenen Eltern über die emotionale Unterstützung und die sachdienlichen Hinweise hinaus eben auch passende Kinderkleidung braucht. Im Hintergrund steht die psychologisch fundierte Überzeugung, dass der Trauerprozess der Betroffenen umso leichter und aussichtsreicher beginnen und verlaufen kann, je mehr sie die unmittelbare Situation des Abschiedes von ihrem verstorbenen Kind in tröstlicher Weise erlebt haben.

Der Trägerverein „Frauenworte e.V." formuliert die Grundüberzeugung, der er sich mit seinen Hilfsangeboten – darunter zentral die Fertigung von Kleinstkinderkleidung – angesichts von kurz vor oder unmittelbar nach der Geburt verstorbenen Kindern verpflichtet fühlt: „Es ist wichtig zu begreifen, dass auch diese Kinder nicht nur ‚Spätaborte' oder ‚Totgeburten' sind, sondern Menschen."

Den Trägerinnen und Trägern der Initiative liegt es am Herzen, dass die verstorbenen Kleinstkinder nach ihrer Geburt und im Blick auf die Beerdigung bekleidet werden – so wie das in unserem Kulturkreis auch bei einem im Erwachsenenalter verstorbenen Menschen üblich ist. Mit diesem Zeichen der Zugehörigkeit veranschaulichen die Träger des Vereins die Individualität des gestorbenen Kleinstkindes alltagskonkret sowie entgegen allen gesellschaftlichen Ressentiments gegenüber den Kleinstkindern: „Das hier sind kleine Menschen – und nicht nur ‚schiefgegangene Schwangerschaften' oder ‚missglückte Versuche', wie wir betroffene Eltern so oft beschwichtigend (und für uns unendlich verletzend) zu hören bekommen."

Entsprechend legen diese Eltern größten Wert darauf, dass sie sich ihren Kindern vor und nach der Geburt genauso liebevoll zugewendet haben, wie es auch alle anderen Eltern gegenüber ihren Kindern tun: „Wir haben sie in unseren Bäuchen getragen und nach der Geburt in unseren Armen gehalten. Sie sind real und verdienen genau dieselbe Würde, wie sie jeder Mensch verdient." Als Ausdruck dafür dient besonders die Bekleidung des Babys.

Gleichfalls erhoffen sich die Eltern der verstorbenen Kleinstkinder von ihrem Verwandten- und Freundeskreis, dass sie ihre Kinder als vollwertige Menschen ansehen und sie nicht deshalb abqualifizieren oder geringschätzen, weil sie kurz vor oder unmittelbar nach der Geburt gestorben sind. Menschen finden, das ist die Überzeugung der betroffenen Eltern, umso leichter zu dieser Sensibilität, wenn sie auf das Kleinstkind in menschlicher Kleidung sehen – so wie sie auch andere Menschen normalerweise bekleidet erleben: „Diese kleinen Babys sind schon perfekte kleine Menschlein, selbst wenn sie noch so früh geboren werden. Nichts unterscheidet sie von ‚normalen Neugeborenen' – bis auf die Größe und manchmal die Farbe ihrer Haut. Ein Kind im Mutterleib ist bereits ab der 12. bis 14. Schwangerschaftswoche ‚fix und fertig'. Die nächsten 26 Wochen wächst es eigentlich nur und entfaltet und optimiert die Funktionalität seiner Organe, legt an Länge und Gewicht zu, lagert Fett ein. Gesichtszüge, Finger- und Fußnägel, Härchen – all das ist ab diesem Zeitpunkt meist schon vorhanden."

Inzwischen besteht die Initiative schon länger als fünf Jahre und hat sich zu einem gut strukturierten und praxisnah wirksamen Projekt entwickelt. Mithilfe vieler Ehrenamtlicher werden in der gesamten Bundesrepublik Deutschland über 380 Kliniken regelmäßig mit den Abschiedsboxen versorgt bzw. deren Inhalte nachgefüllt. Die meisten Kliniken, die die Initiative unterstützen, befinden sich in den bevölkerungsreichen Bundesländern: in Nordrhein-Westfalen (74), in Bayern (60), in Niedersachsen (46), in Baden-Württemberg (40) und in Hessen (38).

Das durchweg anerkennende und bewundernde Feedback auf die Aktion sollen abschließend zwei Stimmen zum Ausdruck bringen. Sie akzentuieren die Individualität des verstorbenen Kleinstkindes, die Wichtigkeit der gesellschaftlichen Einbindung von Eltern und Kind sowie den zeichenhaften Widerstand gegen mancherlei Wegschauen, das diesen Kindern und ihren Eltern durch Institutionen (Krankenhäuser etc.) oder Einzelpersonen widerfährt.[339] So sagt eine betroffene Mutter, die bereits gestorbene Zwillinge zur Welt gebracht hat: „Ich bin so dankbar, dass mir jemand die Möglichkeit gegeben hat, meine Babys zu bekleiden. Die wunderschönen und mit so viel Liebe hergestellten Sachen haben mich sehr berührt. Es hat sich für mich so gut angefühlt, meine Babys bekleiden zu dürfen. Es hat mir das Gefühl gegeben, wenigstens noch irgendetwas tun zu können. Wenn ich irgendwann den Schmerz überwunden habe, möchte auch ich anfangen, für die Schmetterlingskinder zu nähen." – Und eine Hebamme erzählt, wie sie selber es erlebt hat, dass sie Eltern angesichts eines gestorbenen Kindes noch ein Angebot machen kann: „Heute wurde bei uns ein Mädchen in der 25. Schwangerschaftswoche still geboren und wir haben den Eltern die Klinikbox der Initiative Schmetterlingskinder überreicht. Den Eltern tat es so gut, ihrer Tochter etwas auszusuchen, was sie dann tragen konnte. Sie war sehr klein und zart. Die Eltern haben ein wunderschönes Einschlagtuch gewählt, mit Stoff, auf dem Schmetterlinge waren. Sie haben auch ein Abschiedsfoto von der Kleinen gemacht und der Vater hat sich sehr für die Sachen bedankt und für die Idee. Er war so dankbar. Und ich denke, es hat ihnen sehr viel geholfen, dass sie die Kleine nicht einfach in einem Handtuch ‚abgeben' mussten. Hut ab vor den Leuten, die die Sachen nähen im vollen Bewusstsein, dass sie es für ein gestorbenes Kind tun. Aber wenn sie die Tränen des Vaters vor Dankbarkeit gesehen hätten, dann wüssten sie, dass es genau das Richtige ist. Er war traurig. Es war Schmerz in seinem Blick. Aber auch unendliche Dankbarkeit, dass sich da jemand Gedanken gemacht hat und die Mühe, seiner Tochter etwas zu nähen, das sie auf dem Weg begleitet. Die Farben auf dem Stoff sind so fröhlich gewesen. Und er sagte, genau deshalb hätten sie das gewählt. Egal, wie viel Negatives ihr zu der Aktion hört, macht weiter. Denn es gibt Menschen, die euch dankbar sind. Die damit spüren, dass sie nicht alleine sind. Und wenn dieses kleine Mädchen das einzige bliebe, was die Sachen bekommen hätte – es hätte sich gelohnt, denn dieses Kind wird in Würde bestattet werden. Und das ist schon ein Riesenerfolg."

Die Wertschätzung der tot oder unmittelbar nach der Geburt gestorbenen Kinder, der sich die Initiative zur Fertigung von Kinderkleidung in Kleinstgrößen verpflichtet fühlt, hat sich inzwischen auch juristisch niedergeschlagen und zu einer bemerkenswerten Änderung im Personenstandsgesetz geführt.

Dieses Gesetz, das die Bekanntmachung familienrechtlicher Umstände (Geburten, Eheschließungen, Sterbefälle, Veränderungen der Namensführung etc.) gegenüber dem Standesamt als der zuständigen staatlichen Behörde regelt, hat vor Kurzem eine wichtige Änderung erfahren. Seit dem 15. Mai 2013 umfasst es die Vorschrift[340], dass auch tot geborene oder während der Geburt verstorbene Kinder mit einem Geburtsgewicht von weniger als 500 Gramm über den Eintrag in das Personenstandsregister als Personen anerkannt werden können. Durch die jetzt mögliche amtliche Beurkundung ihrer Geburt beim Standesamt können diese Kinder fortan auch einen Namen bekommen, wenn die Eltern dieses ihnen grundsätzlich eingeräumte Recht wahrnehmen. Zugleich ist mit dieser Änderung bundesweit das Recht auf eine eigene Bestattung und ein eigenes Grab für diese Kinder verbunden. Nicht zuletzt können Eltern, die noch einen Nachweis über eine frühere Fehlgeburt (tot geborenes oder während der Geburt gestorbenes Kind mit Gewicht von unter 500 Gramm) beibringen, die beschriebenen Rechte auch rückwirkend in Anspruch nehmen.

Zu verdanken ist die beschriebene Änderung des Personenstandsgesetzes der Initiative des Elternpaares Barbara und Mario Martin aus Hessen. Die beiden hatten kurz vor beziehungsweise kurz nach der Geburt drei Kinder verloren. Angesichts der bislang geltenden Gesetzeslage hatte es zwei dieser Kinder nicht gegeben, weil ihr Geburtsgewicht unter 500 Gramm lag. Gegen diesen Zustand sammelten die beiden 40.000 Unterschriften für eine Petition im Bundestag. Die Initiative stieß nicht nur bei der Bundesfamilienministerin auf Gehör. Auch die Bundeskanzlerin empfing das Paar. Selbst wenn in diesem Zusammenhang der Mutterschutz angesichts von tot geborenen Säuglingen bislang gesetzlich noch nicht verändert wurde, veranschaulicht die inzwischen erreichte Änderung der Gesetzgebung gleichwohl, dass die gesellschaftliche Aufmerksamkeit für fehl- und totgeborene Kinder und ihre Eltern steigt. So wurden Barbara und Mario Martin für den Deutschen Bürgerpreis nominiert, weil sie sich – ebenso wie das Ehepaar Deuser und seine Mitstreiter – für die Würde der tot geborenen Kinder, der sogenannten Sternen- oder Schmetterlingskinder, eingesetzt haben.

2. Sternen- und Schmetterlingskinder – Tote Leiber, lebendige Seelen?

Im ursprünglichen Sinn gelten als Sternen- oder Schmetterlingskinder jene Kinder, die mit einem Gewicht von weniger als 500 Gramm vor, während oder nach der Geburt versterben. Im weiteren Sinne werden die Bezeichnungen „Sternen- oder Schmetterlingskind“ von betroffenen Eltern auch für solche Kinder verwendet, die mit mehr als 500 Gramm Geburtsgewicht sterben. Die Wortkreationen benennen Kinder, die den Himmel oder die volle Verwandlung erreicht haben, bevor sie überhaupt das Licht der Welt erblicken durften.

Bemerkenswerterweise redet man von „Sternenkindern“ oder von „Schmetterlingskindern“ erst seit wenigen Jahrzehnten, obwohl das Phänomen tot geborener oder kurz nach der Geburt verstorbener Kinder fraglos so alt ist wie die Menschheit selbst. Umso mehr drängt sich die Frage auf, inwieweit die aktuellen Initiativen zugunsten dieser Kinder an traditionelle Verstehens- und Handlungsmuster anknüpfen.

Zwar gibt es zum Thema „Sternen- und Schmetterlingskinder“ im Internet viele Einträge. Doch fehlt jede Auskunft darüber, auf welche Symbolik die genannten Bezeichnungen eigentlich zurückgehen und welche Inhalte mit ihnen verbunden sind.

Vorweg: Im Unterschied zum Verständnis von Kindern als Sterne oder Schmetterlinge ist die Rede von Kindern als Engel in der Tradition äußerst breit belegt: „Dass des Kindes Seele aus dem Himmel, aus der Gottesnähe stammt, hat der Hausglaube zu keiner Zeit ganz fern gelassen."[341] In dieser gemeinreligiösen Plausibilität liegt es begründet, dass auch in den Jahrhunderten der christlichen Zeitrechnung sowohl lebende als auch verstorbene Kinder als Engel dargestellt wurden. Selbst tot geborene oder unmittelbar nach der Geburt gestorbene Kinder brachte man mit den Engeln in Verbindung: „Stirbt solch ein Kind, so herrscht in der Regel, oder soll doch herrschen, mehr Freude als Jammer im Trauerhause, denn der ‚Engel' ist direkt in den Himmel geflogen."[342] Angesichts dieser Überzeugung der umso größeren Nähe eines gestorbenen Kindes zu Gott empfand man über alle Trauer hinaus auch Freude: „Es galt als Sünde gegen Gott, ein frühverstorbenes Kind zu beweinen, da man sagte, dass es ‚zu den Engeln gegangen ist'."[343] Auffälligerweise hat die Rede von tot geborenen Kindern als Engel im deutschsprachigen Raum bislang kaum Spuren hinterlassen. Allerdings begegnet die Würdigung dieser Kinder als „Engel" im Englischen häufiger – besonders auf den entsprechenden Gedenkseiten im Internet, wie weiter unten noch erläutert wird.

Im Unterschied zur Bezeichnung „Engelskinder" ist die Rede von den „Sternenkindern" im deutschsprachigen Raum aktuell dominant. Die gedankliche Verbindung zwischen einem verstorbenen Menschen und einem Stern setzt eine religionsgeschichtlich vielfältig belegte Tradition fort. So glaubte man, dass mit dem Tod eines Menschen ein neuer Stern entsteht.[344] Schon auf die alten Griechen geht die Vorstellung zurück, dass wir im Tod zu Sternen werden. Oder: Nach spätantikem Glauben lebt die Seele eines Verstorbenen als lichter Stern weiter. Besonders den Kindern schrieb man diese Lichtwerdung zu: „So oft ein Kind stirbt, macht Gott einen neuen Stern." Die Elbslawen, die ab dem

7. Jahrhundert große Teile Nord- und Ostdeutschlands besiedelten, blickten angesichts eines tot geborenen oder unmittelbar nach der Geburt gestorbenen Kindes zum Himmel und glaubten das verstorbene Kind als hellen Stern zu sehen.[345]

Auch die Rede von den Schmetterlingskindern, die sich bis hinein in die Benennung von entsprechenden Eltern-Selbsthilfegruppen verfolgen lässt[346] und in manchem Gedicht betroffener Eltern widerhallt[347], knüpft an eine lange und kosmisch-religiös geprägte Tradition an. Aufgrund seiner mehrstufigen Entwicklung aus unscheinbaren Anfängen galt der Schmetterling bereits lange vor der christlichen Zeitrechnung wie kein anderes Tier als Erscheinungsform der Seele. Ebenso wie aus dem Anfangsstadium der Puppe später der Schmetterling hervorgeht, glaubte man, erhebe sich auch aus dem Leichnam der Schmetterling als die bleibende Substanz des Lebendigen.

Schon die alten Griechen erblickten im Schmetterling ein Seelentier, das man zugleich als Symbol der Unsterblichkeit ansah: „Die Seele erschien den Alten direkt unter dem Bilde des Schmetterlings."[348] Ebenso findet sich die Seele im Bild des Schmetterlings auf Amuletten der Etrusker veranschaulicht. Auch auf Gemmen und Sarkophagen trifft man im Altertum auf den Schmetterling, der die Seele eines Verstorbenen verkörpert. So zeigen Darstellungen, wie Athena, die griechische Göttin der Weisheit und des Kampfes, den als Freund der Menschen bekannten Prometheus beseelt, indem sie einen Schmetterling über seinen Kopf hält. Umgekehrt entweicht die Seele des auf dem Boden hingestreckten Verstorbenen ebenfalls in der Gestalt eines Schmetterlings.[349]

Ohne Zweifel hat sich die Vorstellung des Seelenschmetterlings durch das Mittelalter hindurch bis in die neueste Zeit erhalten. Zuweilen stößt man auf diese gedankliche Verbindung sogar mit einer klar christlichen Einfärbung. So parallelisierte man die Entpuppung des Schmetterlings mit der Auferstehung der Toten aus ihrem Grab. Ebenso wie diese Tradition aus der antiken Umwelt in das Christentum eingedrungen sein mag, übernahmen die Christen von dort auch den Schmetterling als Symbol auf Grabmälern. Inwieweit man heutzutage in einem Schmetterlingskind – parallel zu einem weiß gefärbten Schmetterling – zugleich die ethische Unschuld verkörpert sieht, wofür es in der irischen Kultur bis heute manchen Beleg gibt[350], muss hier offen bleiben.

Im Ergebnis bleibt herauszustellen, dass sowohl die Bezeichnung „Sternenkind" als auch die Charakterisierung eines vorgeburtlich verstorbenen Kindes als „Schmetterlingskind" in Erinnerung ruft, dass das betroffene Kind erstens als Mensch gesehen wird und dass man zweitens an das Fortleben seiner Seele glaubt – eben in der Gestalt des Sterns oder in der Gestalt des Schmetterlings, heutzutage allerdings – trotz aller grundsätzlichen Beliebtheit dieser geflügelten Wesen – kaum noch in der Gestalt des Engels. – Das Gedicht eines betroffenen Elternpaares macht abschließend deutlich, wie stark es auf das individuelle Fortleben seines gestorbenen Kindes als Stern innerhalb des alles verbindenden Kosmos vertraut – bis hin zur Wiedervereinigung mit seinen Eltern in der Ewigkeit.[351]

Tausend kleine Sterne
erhellen jede Nacht.
Ein jeder sieht sie gerne
in ihrer klaren Pracht.

Fühlen wir uns einsam,
verloren auf dieser Welt –
dann sehen wir nach oben
hinauf zum Sternenzelt.

Dort gibt es einen Stern,
der was Besonderes ist.
Denn da wohnt unser Sternchen,
das unvergessen ist.

Sein Licht dringt in die Seele,
es erwärmt das Herz,
kündet uns von Hoffnung,
lindert unseren Schmerz.

Und leuchtet umso heller,
je mehr wir traurig sind,
denn dann will es uns trösten,
unser liebes Kind.

Danke, kleines Sternchen,
wir lieben Dich so sehr.
Sind wir dereinst zusammen,
trennt uns dann nichts mehr.

3. Kleidung, Name, Foto – Zeichen menschlicher Würde

In der Religionsgeschichte gilt die Verbindung zwischen Kleidung und Person als „essenziell"[352]: Die Kleidung kann ebenso die Person vertreten wie umgekehrt die Person die Kleidung. Insofern man eine Identität zwischen Kleidung und Person voraussetzt, bedeutet die Bekleidung einer Person nicht einfach eine Verhüllung des ansonsten nackten Menschen. Vielmehr ist die Kleidung als Repräsentation des menschlichen Körpers zu verstehen. Zugleich bildet sie eine äußere Grenze des Körpers. Die Kleidung ist „seine zweite Haut, die die erste umhüllt, schützt und gestaltet"[353].

In sozialen Hinsichten wirkt die Kleidung als ein Zeichen der Zugehörigkeit. Wer keine Kleidung am Leib trägt, lässt sich keiner ethnischen, religiösen oder anderen Handlungsgemeinschaft zuordnen. Wer – wie ein verstorben geborenes Kind – von den Eltern liebevoll bekleidet wird, bringt auf diese Weise zum

Ausdruck, dass er als Teil dieser Familiengemeinschaft gilt. Indem dieses Kind genauso wie ein gesund geborenes Kind gekleidet wird, erhält es einen ebensolchen vollwertigen Status zugeschrieben. Durch Kleidung wird beispielsweise sein Geschlecht kenntlich gemacht oder sogar verstärkt zum Ausdruck gebracht.

Die Kulturwissenschaftlerin Claudia C. Ebner stellt vor allem zwei Funktionen der Kleidung heraus, die zugleich helfen, die Bedeutung der Bekleidung für Sternenkinder noch tiefer zu verstehen.[354] So sieht sie Kleidung erstens als physischen Schutz in Extremsituationen. Ein Neugeborenes friert, wenn es nicht gleich nach der Geburt angezogen und gewärmt wird. Zugleich weist sie auf die oft übersehene Tatsache hin, dass die Kleidung auch einen psychischen Schutz bietet. Beispielsweise kann die Bekleidung eines verstorben geborenen Kindes durch seine Eltern die Umgebung vor einem leichtfertigen Umgang mit diesem Menschenkind bewahren. So schützt die Kleidung kleine wie große Menschen vor der Unfreundlichkeit der Welt, indem sie meteorologische Kälte ebenso abhält wie eine unsympathische menschliche Umgebung. – Als Zweites schmückt die Kleidung. Entsprechend können Ornamente oder spezielle Farben zur Kenntlichmachung von besonderen Eigenschaften eines Menschen dienen. Beispielsweise – wie oben bereits anhand eines Erfahrungsberichts angedeutet – wählen Eltern von tot geborenen Kindern aus den Klinikboxen oftmals besonders farbenfrohe Kleidung aus, um ihr Kind so als „lebendig“, „unbeschwert“, eben wie ein „ganz normales Kind“ zu inszenieren und in den Blick zu nehmen. In der Rückschau bringen betroffene Eltern oftmals zum Ausdruck, wie tröstlich sie diesen Anblick empfunden haben und in Erinnerung behalten.

Über die Kleidung hinaus lässt sich die Körpererscheinung auch durch andere Attribute unterstreichen, welche ebenso wie die Kleider einem kulturellen Code unterstellt sind: „Schmuckobjekte haben eine eindeutige Signalwirkung.“ So finden sich in den Klinikboxen für Sternenkinder auch kleine Schleifen oder Bänder, Kettchen oder etwas Kosmetik, mit denen die Eltern ihr neugeborenes Kind schmücken und einmal mehr als „zugehörigen Menschen“ ausweisen können. Ebenso wie die verschiedenen Kleidungsstücke lassen sich auch diese Accessoires als „zweite Haut“ charakterisieren.[355]

Psychohistoriker weisen darauf hin, dass der Körper mehr als ein biologischer Organismus ist. Der Körper repräsentiert das Äußere der Selbstwahrnehmung. Auf ein Sternenkind übertragen bedeutet das, dass sich die Eltern in die Perspektive des Neugeborenen versetzen und davon ausgehen, dass es selbst sich als Mensch empfindet. Auch darin mag ein Grund liegen, warum ihnen die Bekleidung ihres Kindes so wichtig ist.[356] Stellvertretend für das tote Neugeborene, das zu solchen Empfindungen nicht in der Lage ist, charakterisieren die Eltern das Kind auch mittels der Kleidung als ein menschliches Individuum und nehmen es in die große Schar der (Mit-)Menschen ebenso auf wie in ihre kleine Familie.

Nicht zuletzt gehört der Vorname zu den Charakteristika jedes Menschen. Wenn die „Namengebung das Suchen nach einer Überschrift für Geschichten“ ist[357], dann ist die Vergabe des Namens an ein tot geborenes oder unmittelbar nach der Geburt verstorbenes Kind eine Überschrift, unter der die Eltern seine kurze Geschichte als menschliches Leben würdigen. Die Überschrift, mit der sie das Kind als Mensch zu „verewigen“ suchen[358], ist zugleich Ausdruck für seine Einmaligkeit. Damit unterstreichen sie die Rede vom „Sternenkind“, die ja gleichfalls für den Glauben an das fortdauernde individuelle Seelenleben des verstorbenen Kindes in den Weiten des Kosmos steht. So lautet das Gedicht einer betroffenen Mutter[359]:

Weil ein Kind
Mehr ist als ein Kind
Ein Mensch
Nie vorher gewesen
Ein Mensch – unvergleichbar
Ein Mensch – unantastbar

Nenne ergriffen von Rührung
Seinen Namen
Seinen unwiderruflichen Namen.

Schließlich bringen Fotos etwas von der Einmaligkeit eines Menschen zum Ausdruck. Diese Feststellung hat gemäß der Verhaltensforschung eine umso größere Bedeutung, wenn Angehörige um einen verstorbenen Menschen trauern. So bedeuten Fotos bei der Trauerbewältigung eine zentrale Unterstützung für die betroffenen Eltern und Familien. Erst recht trifft derlei auf Kinder zu, die kurz vor oder unmittelbar nach der Geburt verstorben sind. Nachrufe lassen sich über sie nicht verfassen, kann man doch weder ihre persönlichen Eigenschaften würdigen noch ihre Lebensstationen erzählen. Aber man kann sie zeigen – auf Fotos – oder ihr Aussehen mit Worten beschreiben.

Immer mehr betroffene Eltern – erstrangig in Nordamerika – kommen gegenwärtig auf die Idee, ihr Sternenkind öffentlich zu präsentieren. Dazu stellen sie die intimen Fotos mit dem Kleinstkind ins Internet und machen sie vielen Menschen zugänglich. Dabei ist diese „öffentliche Archivierung und Ausstellung von Fotos von ‚stillborn babies' neu", wie der Blick in die entsprechenden Internet-Galerien zeigt.[360] Dort folgen Bilder in langen Reihen aufeinander. Die Fotos ähneln sich: Meist zeigen sie das Gesicht des Babys, während das sonstige Köpfchen oftmals mit einer kleinen Mütze oder einem Tuch bedeckt ist. Manche Gesichter wirken so, als ob hier ein gesundes Kind schläft. Andere Porträtfotos zeigen das Kleinstkind mit Flecken, Geschwüren oder anderen Verwachsungen. Immer sind die Augen verschlossen. Fotos, die einen nackten Oberkörper zeigen, sind selten; vollkommen nackt fotografierte Kinder die absolute Ausnahme. Immer sind die Fotos – hier Grabsteinen ähnlich – beschriftet mit dem Namen des verstorbenen Kindes sowie mit dem identischen Geburts- und Todesdatum.[361] Die Kleinstkinder liegen auf einer Decke, in einer Wiege oder auf einem Bett. In wenigen Fällen sind die Fotos digital nachbearbeitet und zeigen als Liegestatt eine Wolke oder das Kind zusätzlich engelgleich mit Flügeln.

Bisweilen fügen die Hinterbliebenen den Fotos ergänzende Hinweise bei: zum Zustand des verstorbenen Kindes (born asleep David; born sleeping Deborah), überdies Würdigungen (miracle Alexis; our sweetheart Cassidy), Widmungen (our baby Marc, we love you; victorious angel Vincent) oder Wünsche (see you in heaven, Marc, we love you).[362]

Natürlich ist der Einwand an dieser Stelle berechtigt, dass Internet-Galerien für Sternenkinder aktuell noch auf Amerika konzentriert sind. Aber ebenso wie auch die Internet-Gedenkportale für verstorbene Erwachsene und Kinder, sogar für Haustiere, von Amerika ausgingen und alsbald in Deutschland wurzelten, werden zukünftig Sternenkinder-Gedenkseiten im Internet auch bei uns zu finden sein. Umso mehr stellt sich die Frage nach der Aussage derartiger Websites.

„Die Versammlung zahlloser Bilder von toten Babys am gleichen Ort ermöglicht es den Eltern, einer Community beizutreten und sich in ihrem Schicksal nicht allein zu fühlen. (...) Für die Trauerbewältigung stellt das Foto zweifellos eine zentrale Erinnerungshilfe dar", heißt es in einer kürzlich erschienenen Studie zu den Sternenkindern.[363] Tatsächlich unterstreichen die Kleidung, die Namensgebung und die fotografische Präsentation der Sternenkinder zum einen die Individualität und die menschliche Würde der Kleinen und zum anderen ihre Zugehörigkeit zur menschlichen Gemeinschaft. Nicht zuletzt solidarisieren sich die betroffenen Eltern untereinander – einerlei, ob sie sich mit eigenhändig gefertigter Kleidung für die Kleinsten engagieren, einander im Kampf um deren personenstandsrechtliche Anerkennung unterstützen oder die Nähe zueinander in entsprechenden Internet-Galerien suchen. Stets durchzieht diese Solidarität der Betroffenen ein gewisser institutionenskeptischer Ton: Die übrige Gesellschaft möge weder die betroffenen Kinder noch die betroffenen Eltern alleinlassen und sie aus ihrem auf Gesundheit und Erfolg basierenden Miteinander ausschließen.

Im Blick auf die Initiativen der Eltern von tot oder unmittelbar nach der Geburt gestorbenen Kindern zugunsten der Anerkennung ihrer Sternen- und Schmetterlingskinder als Menschen fällt auf, dass sie sich zur Unterstützung ihres Engagements fast nie auf christentumsgeschichtliche Traditionen berufen. Dabei gibt es im Christentum einen breiten und viele Jahrhunderte übergreifenden Traditionsstrang, dem zufolge tot geborene oder bei der Geburt verstorbene Kinder selbstverständlich als vollwertige Menschen galten.

Grundsätzlich – so sei hier nur knapp angedeutet – unterscheidet die christliche Tradition zwei Sichtweisen, ab wann ein Mensch als Mensch angesehen wird[364]: Die eine Position betont, dass das Leben des Menschen im Mutterleib im Moment der Empfängnis beginnt. Die andere geht davon aus, dass der Mensch erst einige Wochen nach der Empfängnis zum Menschen wird – eben dann, wenn er äußerlich als Mensch erkennbar ist. Die Differenz ruhrt daher, dass die Frage, wann die Seele in den Leib gelangt, in beiden Fällen unterschiedlich beantwortet wird. Jedenfalls waren die Christen stets davon überzeugt, dass auch das heute als Sternen- oder Schmetterlingskind bezeichnete Kind als Mensch und damit als Teil der großen Menschheitsfamilie gilt. Mehr noch: Christlicherseits ließ man als Würdigung der vor oder unmittelbar nach der Geburt verstorbenen Kinder über Jahrhunderte nichts unversucht, um diese Menschenkinder wenigstens noch zu taufen und sie – so war man überzeugt – durch diesen christlichen Initiationsritus zu Gotteskindern zu machen, denen der Himmel ebenso offen steht wie allen anderen Getauften.[365]

Somit ist im Sinne einer Gegenüberstellung festzuhalten: Heutzutage geben betroffene Eltern ihre Sternenkinder im World Wide Web einer medialen Unendlichkeit anheim, um sie in ihrer Einzigartigkeit dem Zugriff kommender User-Generationen anzuvertrauen und sie – umgekehrt – vor dem gefürchteten gesellschaftlichen Vergessen zu bewahren. Im Unterschied dazu war es den christlich geprägten Menschen früherer Generationen darum gegangen, die menschliche Würde und die Einmaligkeit ihres Kindes durch die Taufspendung zu inszenieren und ihm auf diese Weise das ewige Leben in der Gemeinschaft aller Christen zu ermöglichen. – Ob der aufgezeigte Unterschied als ein weiteres Indiz für die „Erosion der Gnadenanstalt" der katholischen Kirche mit den von ihr garantierten Heilswahrheiten zu werten ist?[366] Diese Frage ist wohl zu bejahen, denn keinesfalls schließen die Eltern von Sternenkindern das religiöse Fortleben ihrer Kinder aus. Ansonsten würden sie ja nicht von Sternen- oder Schmetterlingskindern sprechen und ihnen bisweilen sogar engelgleiche Qualitäten zubilligen.

4. Fazit

Die Geschichte der Anerkennung von Kindern, die noch während der Schwangerschaft oder unmittelbar danach versterben, ist dadurch gekennzeichnet, dass die betroffenen Eltern ihre Kinder als je einzigartige Menschen erleben und sich diese Sicht auch von anderen Menschen wünschen: im Krankenhaus, im Freundeskreis und darüber hinaus. In ihrer Trauer liegt ihnen daran, ihr Kind zum Zeichen der menschlichen Würde ebenso mit Kleidung und Namen auszustatten oder Fotos von ihm zu machen, wie das auch Eltern angesichts ihrer gesund geborenen Kinder tun. Wenn sich Eltern von Sternenkindern immer weniger als Objekte der Sorge sehen, sondern sich stattdessen zunehmend als Subjekte der Selbstsorge – für sich und ihre Kinder – verstehen, steckt darin auch eine Kritik an der Gesellschaft. Dieser halten die betroffenen Eltern vor, dass sie in ihrer Fixierung auf Glück und Karriere jene Kinder und deren Angehörige vergisst, die nicht zum Leben gekommen sind.

Zwar können sich die Eltern von Sternenkindern mit ihrem Anliegen auf christliche Werte berufen. Doch beziehen sie sich dabei weder ausdrücklich auf die Geschichte des Christentums noch auf aktuelle christliche Initiativen zum Kinderschutz. Nicht weniger bemerkenswert: Weder christliche Kirchen noch bedeutende christliche Amtsträger nahmen spürbaren Einfluss auf das Ringen um die aktuelle – auch öffentlich-rechtliche – Anerkennung von „Sternen- und Schmetterlingskindern" als Menschen.

Inzwischen haben sich die betroffenen Eltern in Deutschland einer weltweiten Initiative von verwaisten Eltern angeschlossen, die am zweiten Sonntag des Advents eine Kerzenillumination („Worldwide Candle Lighting") veranstaltet. Ein Kaplan in Amerika hatte bemerkt, dass sich verwaiste Eltern in ihrer Trauer am ehesten und effektivsten gegenseitig unterstützen. Konsequent bezeichnen sich die Anhänger dieser kerzenbasierten Selbsthilfegruppe dort bis heute als „compassionate friends"[367].

In Deutschland wurde dieser neue Brauch 1999 von den „Sternenkinder-Eltern im Netz" übernommen, wie der Sepulkralforscher Reiner Sörries unterstreicht: „Bewusst legte man den Kerzen-Tag in die vorweihnachtliche Adventszeit, in der der Verlust eines Kindes besonders schmerzlich empfunden wird, wenn andere Eltern die Geschenke für ihre Kinder einkaufen und sich auf das große Familienfest vorbereiten."[368] An diesem Gedenktag im Dezember um 19.00 Uhr stellen Betroffene rund um die Welt brennende Kerzen in die Fenster. Während die Kerzen in der einen Zeitzone erlöschen, werden sie in der nächsten entzündet, sodass eine Lichterwelle 24 Stunden lang die ganze Welt umwogt.

… zwischen Selbstsuche und Selbstfindung

VII. „Rund um die Uhr“ – Die Telefonseelsorge

Sorgen kann man teilen.
TelefonSeelsorge
Anonym, kompetent, rund um die Uhr - am Telefon und im Internet.
0800/111 0 111 · 0800/111 0 222
www.telefonseelsorge.de
Die Deutsche Telekom ist Partner der TelefonSeelsorge.
Ihr Anruf ist kostenfrei.
TelefonSeelsorge
Anonym. Kompetent. Rund um die Uhr.

Eine Frau mittleren Alters sitzt mitten im Grünen und lehnt sich an einen Baum an. Eine Situation, die viele Menschen genießen würden. Nicht so die Frau auf dem Bild. Sie zeigt kein Lächeln, sondern schaut den Betrachter des Bildes mit ernster Miene an. Es ist nicht klar, ob sie sich besorgt oder traurig fühlt. Sie hält ein Mobiltelefon in der Hand und scheint zu telefonieren. Über ihrem Kopf steht der einfache Satz: „Sorgen kann man teilen." Unter dem Bild ist der Slogan notiert: „Telefonseelsorge. Anonym, kompetent, rund um die Uhr", dazu die beiden kostenlosen Rufnummern, unter denen man die Telefonseelsorge erreichen kann.

Das hier beschriebene Bild ist das Deckblatt eines Flyers der Telefonseelsorge, wie ihn Kirchgängerinnen und Kirchgänger in Kirchen, Patientinnen und Patienten in Arztpraxen oder Schülerinnen und Schüler in Schulen womöglich im Vorübergehen schon einmal gesehen haben.[369]

Wer sich genauer auf den Flyer einlässt, kann ihm wichtige Grundinformationen zur Telefonseelsorge entnehmen. So verrät das Titelbild der Broschüre dem Betrachter den entscheidenden Grund für die immerzu steigende Popularität der Telefonseelsorge: Die Frau, die im Grünen sitzt und das Telefon in der Hand hält, steht für die Zusage, dass jeder Mensch die Telefonseelsorge von überall und „rund um die Uhr" erreichen kann, um seine Sorgen zu teilen und ohne dass er dabei sein Gesicht zeigen muss.

Die ungeheure Popularität der Telefonseelsorge spiegelt sich in der bemerkenswerten Häufigkeit der bei ihr eingehenden Anrufe wider: Deutschlandweit kommt man auf etwa zwei Millionen Anrufe im Jahr – zwischen Juni 2015 und Juli 2016 genau 1.644.410 Anrufe. Davon ließen sich knapp 64 Prozent (also 724.467 Anrufe) als Seelsorge- und Beratungsgespräch klassifizieren. Im Beobachtungszeitraum entfielen 34 Prozent der Anrufe auf männliche Anrufer und 66 Prozent der Anrufe auf weibliche Anruferinnen. Unter den anrufenden Personen befinden sich Menschen „über alle Generationen hinweg, wenn auch der Altersschwerpunkt zwischen dem 40. und 60. Lebensjahr liegt". Nicht zuletzt fällt unter den Angaben zur Lebensform der „extrem hohe Anteil von Anrufen allein lebender Personen auf". Er beträgt 68,3 Prozent. – Unter den Problemlagen der Anrufenden finden sich einige signifikante Schwerpunkte: psychische Erkrankungen, Partnerschaftsprobleme, Familien- und Erziehungsfragen, Einsamkeit, überdies Themen wie Schulden und Armut oder Wohnen und Wohnumfeld.[370]

„8.22 Uhr: Der Anrufer beklagt seine Situation. (...) Er hat schon öfter angerufen. Er ist arbeitslos. Hartz-IV-Empfänger, gut qualifiziert, jedoch ohne Aufgabe und hat viel zu wenig Geld.
10.45 Uhr: Eine Schülerin wird von Klassenkameraden bedroht. Sie hat große Angst und findet bei Erwachsenen keine Hilfe."[371]

So lautet ein realitätsnaher Ausschnitt aus der Hörfunk-Sendung „ZeitZeichen" des Westdeutschen Rundfunks, dessen Redakteure den 95. Geburtstag Chad Varahs, des britischen Pfarrers und Begründers der Telefonseelsorge, zum Anlass nahmen, ihre Sendung dem Thema „Telefonseelsorge" zu widmen.

Knapp veranschaulicht der Ausschnitt aus „ZeitZeichen" die schiere Vielfalt der Probleme, mit denen sich Menschen heutzutage an die Telefonseelsorge wenden. Längst sind es nicht mehr – wie in den Anfangszeiten der Telefonseelsorge – allein Suizidgefährdete, die um Rat und Hilfe bitten, sondern Menschen mit den unterschiedlichsten Problemlagen.

Es gehört zum Selbstverständnis der Telefonseelsorge in Deutschland, jedem anrufenden Menschen das Gefühl zu vermitteln, bejaht und wertgeschätzt zu sein. So meldet sich eine Anruferin oder ein Anrufer – wie gesagt – niemals zur Unzeit, denn jede der aktuell 105 Telefonseelsorge-Stellen in Deutschland ist jederzeit erreichbar. Das Telefongespräch verursacht der anrufenden Person keine Kosten („Gebührenfreiheit"). Während der Anrufer/die Anruferin anonym bleibt und keinerlei Datenspuren hinterlässt, sind die, die am Telefon ehrenamtlich ihren Dienst tun, zur Verschwiegenheit verpflichtet. – Ausdrücklich sei darauf hingewiesen, dass sich die Arbeit der Telefonseelsorge heutzutage keineswegs allein auf das Telefon konzentriert, sondern während der vergangenen 15 Jahre zunehmend den Internet-Chat und die Mail-Beratung – wiederum mit überzeugenden Sicherheitskonzepten und steigender Frequenz – einbezogen hat.

Um die Qualität der ehrenamtlichen Arbeit zu sichern, stehen jeder Telefonseelsorge-Stelle in Deutschland ein oder zwei Hauptamtliche vor – meist Psychologen oder Pädagogen. Sie tragen die Verantwortung dafür, dass die national und international verbindlichen Standards für die Auswahl der Ehrenamtlichen eingehalten werden. Zudem liegt die Aus- und Fortbildung der Ehrenamtlichen in ihren Händen.[372]

Die Telefonseelsorge versteht sich als *ein* Element innerhalb eines größeren seelsorglichen und beratenden Netzwerkes, auf dessen Angebote sie den Anrufer/die Anruferin in der individuellen Situation des Telefongesprächs gegebenenfalls hinweist. Den Ehrenamtlichen der Telefonseelsorge Münster stehen beispielsweise regional bezogene Helferdateien zur Verfügung, in denen sie sich durch die Eingabe von Suchworten rasch orientieren können. Darüber hinaus haben sie Zugriff auf zwei Beratungssuchmaschinen im Internet mit Beratungs- und Selbsthilfeangeboten im gesamten Bundesgebiet. Nicht zuletzt erhalten die Ehrenamtlichen der Telefonseelsorge unmittelbar Informationen zu Seelsorge- und Beratungsangeboten vor Ort (Ehe-, Familien- und Lebensberatung, Selbsthilfegruppen etc.), indem Mitarbeiterinnen und Mitarbeiter dieser Institutionen in der Aus- und Fortbildung der ehrenamtlichen Telefonseelsorgerinnen und Telefonseelsorger über ihren je besonderen Arbeitsschwerpunkt erfahrungsorientiert berichten. Umgekehrt ist es ebenso selbstverständlich, dass die angehenden Telefonseelsorgerinnen und Telefonseelsorger andere Seelsorge- und Beratungsinstitutionen vor Ort (Schuldnerberatung, Tagesklinik etc.) besuchen, um sich ein persönliches Bild von deren Arbeit zu machen und um diese Einrichtungen den Ratsuchenden gegebenenfalls am Telefon passgenau empfehlen zu können.

Zum tieferen Verständnis der Telefonseelsorge bietet sich als Erstes ein Überblick über ihre organisationale Geschichte an. Als Zweites geht es um die Entwicklung des zentralen Anliegens, das die Telefonseelsorge zwischen ihren Anfängen und der Gegenwart verfolgt hat bzw. weiter verfolgt. Damit stellt sich zugleich die Frage nach dem über Jahrzehnte hinweg veränderten Selbstverständnis der Ehrenamtlichen in der Telefonseelsorge.

Ordnet man diese Fragen in einen größeren Gesamthorizont ein, legt sich die Reflexion darüber nahe, inwieweit der gesamtgesellschaftlich aktuelle Fokus auf Individualität, Ganzheitlichkeit und Institutionenskepsis auch die Arbeit der Telefonseelsorge prägt. Schließlich: Inwieweit lässt eine Organisation, die die Wortsilbe „Sorge" im Namen trägt, in ihrer Arbeit heutzutage zugleich partizipatorische Elemente erkennen?

1. Ursprünge und Entwicklungen – Die Telefonseelsorge

Anders als der seit 1999 sogar eingetragene Markenname „Telefonseelsorge" vermuten lässt, entwickelte sich dieses telefonische Angebot anfänglich keineswegs einlinig. Unterschiedliche Konzeptionen, Motivationen und Konkretionen standen hinter den verschiedenen Ansätzen.

Im Jahr 1876 meldete der Amerikaner Alexander Graham Bell († 1922) das erste funktionstüchtige Telefon zum Patent an. Damit war die entscheidende *technische* Voraussetzung für diese neue Art medialer Seelsorge schon einmal bereitgestellt. Die wichtigste *soziale* Voraussetzung für die Verbreitung der Telefonseelsorge war die Akzeptanz des neuen Mediums in der Bevölkerung. An genau dieser Voraussetzung scheiterte der amerikanische Baptistenpfarrer Harry Warren: Mithilfe des Telefons als „erster Kontaktbrücke"[373] und „Schlüssel zur fast unbegrenzten Mobilität ohne Ortsveränderung"[374] wollte er Suizidgefährdeten in ihrer Not beistehen und sie möglichst zurück ins Leben führen. Da das Medium Telefon jedoch noch nicht die nötige Verbreitung gefunden hatte, schlief die von ihm gegründete Initiative zur Selbstmordverhütung bald wieder ein – trotz der 1906 vollzogenen Gründung des Selbstmordverhütungszentrums „National Save-A-Life League of New York“ und dessen Eintragung als Verein im Jahr 1924. Nichtsdestoweniger darf diese Institution als die „erste Lebensmüdenbetreuung der Welt“ gelten und für sich in Anspruch nehmen, „als erste eine planmäßige Telefonseelsorgearbeit betrieben“ zu haben.[375]

Ein weiterer, in den Vereinigten Staaten am Übergang vom 19. zum 20. Jahrhundert verbreiteter Telefondienst war die „Telefonbandseelsorge“. Bei ihr konnten Menschen anrufen, um sich auf Tonband aufgenommene tröstende Worte anzuhören. Alsbald optimierte man diese Idee, indem man den Anrufenden eine Art „menschliches Tonband“ anbot: „Die Rolle des Tonbandes wird von einem Menschen übernommen, der sich von einer großen Zahl stets gleicher Bibelverse eine fast magische Wirkung verspricht.“[376] Doch auch dieses Angebot blieb ohne ein dauerhaftes Echo in der Bevölkerung. Kein Wunder, denn zwischen dem Anrufer und dem „menschlichen Tonband“ entstand keine wirkliche Interaktion. Allenfalls durfte der Anrufer knapp auf die Frage des „menschlichen Tonbandes“ antworten, ob er bereits zum Christentum bekehrt sei.

Erst etwa 50 Jahre nach den ersten Versuchen von Harry Warren erlebte sein Konzept schließlich den Durchbruch in dem 1958 in Los Angeles gegründeten „Suicide Prevention Center“[377] – auch aufgrund der inzwischen weit vorangeschrittenen Ausstattung amerikanischer Haushalte mit Telefongeräten!

In Europa gelang dieser Idee der Telefonseelsorge gleichfalls Mitte des 20. Jahrhunderts ihr verheißungsvoller Anfang: So schaltete der Baptistenpfarrer Harry West 1953 in einer Londoner Tageszeitung eine aufsehenerregende Anzeige unter dem Titel: „Before you commit suicide, ring me up!“ Eine Telefonnummer fügte er diesem Aufruf hinzu. West war von der übergroßen Resonanz auf seine Initiative ebenso überrascht wie von der Komplexität der Sorgen, die er am Telefon zu hören bekam. Inspiriert durch dieses Echo, sah er sich zu einem vertiefenden Psychologiestudium herausgefordert und zog schließlich nach Kanada um.

An der Stelle von Harry West führte der anglikanische Pfarrer Chad Varah die aufgenommene Telefonseelsorge-Arbeit fort. Menschlich tief berührt davon, dass sich in London im Sommer 1953 trotz der zahlreichen medizinischen und sozialen Hilfsangebote durchschnittlich drei Menschen pro Tag suizidierten, startete er mit seinen 150 Helferinnen und Helfern, die ihn bei seiner Arbeit am Sorgentelefon unterstützten, die Gründung der nationalen Organisation „The Samaritans“. Dieses Netzwerk erwies sich als derart erfolgreich, dass es sich international ausweitete: „Befrienders International – Samaritans Worldwide“. In der Konsequenz gilt bis heute Chad Varah – und nicht Harry West – als der Urvater der Telefonseelsorge. Freilich ist bei dieser Zuschreibung zu berücksichtigen, dass Chad Varah – ebenso wie auch Harry West – das Telefon lediglich als eine erste Kontaktmöglichkeit ansah, die im Dienst der Anbahnung einer direkten und persönlichen Verbindung mit den Suizidgefährdeten stand. Tatsächlich wandten sich Harry West sowie Chad Varah mit seinen (noch zur Sprache kommenden) „Samaritans“ fast ausschließlich an suizidgefährdete Menschen. Auf diese Ausrichtung ihrer Arbeit waren sie derart fokussiert, dass sie Menschen, die zwar problembelastet, aber nicht suizidgefährdet waren, nicht weiter wahrnahmen.[378]

Im Gefolge der Telefonseelsorge in London und einer 1956 im schwedischen Helsingborg eingerichteten Telefonseelsorge gründete Klaus Thomas († 1992), der Seelsorger, Mediziner, Psychotherapeut und Landespfarrer des ökumenischen St.-Lukas-Ordens, im gleichen Jahr am Standort Berlin die dritte Telefonseelsorge in Europa und die erste Niederlassung in Deutschland. Sie nannte sich die „Ärztliche Lebensmüdenberatung des ökumenischen St.-Lukas-Ordens“ und erfreute sich der Schirmherrschaft von Otto Dibelius († 1967), der damals als Bischof von Berlin und als Ratsvorsitzender der Evangelischen Kirche in Deutschland amtierte. Der Anfang der Telefonseelsorge in Berlin galt international als so bedeutungsvoll, dass auch der Telefonseelsorge-Leiter von Helsingborg sowie Pfarrer Wood, der Leiter des gleichfalls für die Selbstmordverhütung tätigen St.-Lukas-Ordens für Europa, an der Eröffnung in Berlin teilnahmen.

Klaus Thomas sah seine Lebensaufgabe darin, in Lebensmüden den Glauben zu wecken, dass Gott das Leben nach einem gütigen Plan lenkt, selbst wenn Menschen den nicht auf Anhieb erkennen können. Im Sinne eines heutzutage als subjektbezogen und ganzheitlich geltenden Ansatzes ging es ihm darum, medizinisch-psychopathologische, psychologische und religionspsychologische Erkenntnisse bei seiner Sorge um die Lebensmüden miteinander zu verbinden.

Als die Installation von Telefonseelsorge-Niederlassungen in Deutschland vor sechs Jahrzehnten mit Berlin 1956, Kassel 1957 und Frankfurt 1957 begann, unterstellten ihre Gründer diese Initiativen zumeist der Trägerschaft der evangelischen und/oder der katholischen Kirche. Vor Ort dienten ein oder zwei Hauptamtliche der Organisation und der Koordination, oft galten ein evangelischer und/oder ein katholischer Geistlicher als leitende bzw. als leitender Seelsorger. Sie alle standen im Dienst der ehrenamtlich tätigen Menschen, die den Telefondienst alsbald an 24 Stunden des Tages und an sieben Tagen der Woche übernahmen. Zusätzlich trafen sich die Ehrenamtlichen zur gemeinsamen Reflexion ihrer Telefonarbeit regelmäßig in Gruppen. Ursprünglich galt für viele Telefonseelsorge-Niederlassungen, dass die Telefonseelsorgerinnen und Telefonseelsorger in ihrem Hauptberuf meist als Priester bzw. Pfarrer oder kirchliche Laienmitarbeiterinnen und Laienmitarbeiter wirkten. Diejenigen, die nicht in kirchlichen Diensten tätig waren, verstanden sich häufig als engagierte Christen, die aus einer tief im Glauben verwurzelten Motivation in der Telefonseelsorge mitarbeiteten. Das Ziel aller

Ehrenamtlichen bestand jahrelang darin, dass sie Selbstmorde verhüten wollten – so die damals übliche Ausdrucksweise.

Seit der pionierartigen Initiierung von Niederlassungen der Telefonseelsorge zuerst in den großen, später in den mittelgroßen Städten Deutschlands, findet sie weiterhin besten Zuspruch – mittlerweile freilich in einer Welt, die sich politisch, sozial und religiös vielfältig gewandelt hat. Manches in der Telefonseelsorge erinnert noch an die Anfänge, anderes veränderte sich.

Gehalten hat sich in Deutschland sowohl die konfessionelle bzw. ökumenische Rückbindung als auch die vielfach kirchliche Finanzierung der Einrichtung. So stehen von den bundesweit aktuell 105 Telefonseelsorge-Niederlassungen 29 in evangelischer, neun in katholischer und 67 in evangelisch-katholischer Trägerschaft. Uwe Kaminsky sieht die ökumenische Orientierung der Telefonseelsorge als eine wichtige institutionenkritische Maßnahme bei der Abwehr von „kirchlichen Einflussnahmeversuchen": „Darin spiegelte sich ein Emanzipationsversuch der in den 1970er-Jahren angesichts der beginnenden Spardebatten unter Druck geratenden und damit auf ihre kirchliche Trägerschaft rückverwiesenen Stellen."[379] – Im Jahr 2016 stehen die bundesweit etwa 200 Hauptamtlichen sowie die jeder Niederlassung einer Telefonseelsorge zugeordneten Geistlichen weiterhin erstrangig im Dienste der Ehrenamtlichen. Von entscheidender Bedeutung für das Ansehen der Telefonseelsorge – das kann man nicht oft genug betonen – ist weiterhin die ununterbrochene telefonische Erreichbarkeit durch deutschlandweit inzwischen etwa 7500 Ehrenamtliche, die zur Unterstützung ihres Dienstes in kleineren Gruppen regelmäßig supervisorisch begleitet werden.

Als Veränderung im Vergleich zu den Anfängen der Telefonseelsorge ist erstens hervorzuheben, dass sich das ursprüngliche Ziel der Selbstmordverhütung hin zu einem fachlichen Beratungsangebot in vielfältigen Lebenskrisen ausgeweitet hat. Zweitens hat sich in vielen Telefonseelsorge-Niederlassungen die Zusammensetzung innerhalb der Gruppe der Ehrenamtlichen verändert: An die Stelle von Priestern, kirchlich-hauptamtlichen Laienmitarbeiterinnen und Laienmitarbeitern sowie anderen kirchlich-konfessionell gebundenen Menschen sind mittlerweile Menschen mit einem unterschiedlich stark ausgeprägten Zugehörigkeitsgefühl zu den kirchlichen Trägerinstitutionen getreten. Es sei ausdrücklich gesagt, dass für die ehrenamtliche Mitarbeit in der Telefonseelsorge weder eine Kirchen- noch eine Religionszugehörigkeit vorgeschrieben ist, sodass hier Menschen mit oftmals sehr unterschiedlichen weltanschaulichen Überzeugungen zusammenkommen.[380]

2. Zwischen Selbstmordverhütung und Individuierungshilfe – Perspektivveränderungen

„Telefonseelsorge steht im Spannungsfeld zwischen den beiden Polen der anthropozentrischen Betrachtungsweise, die ganz auf den Menschen, seine konkrete Not, seine Beratung und die Wege, ihm zu helfen, ausgerichtet ist, und der theozentrischen, die um der Barmherzigkeit Christi willen die Menschen anhört und annimmt und weiß, dass in den letzten Lebensfragen nur von einem überweltlich begründeten Glauben her und nur im Führen zu einer solchen Haltung hin eine wahre Hilfe möglich ist."[381] In diesem von Klaus Thomas 1964 formulierten Spannungsfeld sah sich die Telefonseelsorge in ihren Anfangsjahrzehnten sowohl in Nordamerika als auch in Europa und gleichermaßen in Deutschland während der 1950er- und 1960er-Jahre. Gemäß diesem Selbstverständnis etablierte sich die Telefonseelsorge – wie bereits angesprochen – als eine Institution, die den „Selbstmord" als ein Übel bewertete und dazu beitragen wollte, ihn zu verhindern.

Um diese heute womöglich befremdlich wirkende Zielsetzung besser zu erfassen, sei im Folgenden anhand eines knappen entwicklungsgeschichtlichen Längsschnitts erläutert, was in unterschiedlichen Kulturen jeweils als Selbsttötung *aufgefasst* wurde, wie man im gesellschaftlichen Leben auf einen derartigen Akt reagierte und warum es auf diesem historischen Fundament schließlich zur Bewegung der „Selbstmordverhütung" kam. – Die weitere Entwicklung der Telefonseelsorge über die Jahrzehnte hinweg spiegelt sich brennpunktartig im gewandelten Profil der Ehrenamtlichen wider. Erstrangig verstehen sie ihr telefonseelsorgerisches Wirken als Dienst an suizidgefährdeten und ratsuchenden Menschen. Um dieser fordernden Aufgabe willen kommt unter den Ehrenamtlichen der Seelsorge aneinander eine womöglich größere Bedeutung zu als früher. Dadurch stärken sie sich in ihrer Persönlichkeitsentwicklung, formieren sich im ganzheitlichen Sinne als eine Gemeinschaft der ehrenamtlich Engagierten und unterstützen sich als Ehrenamtliche gegenseitig dabei, als Subjekte ihrer Lebensgeschichte für ihre individuellen Anliegen auch über die Telefonseelsorge hinaus einzutreten.

Abschließend ließe sich angesichts der fortdauernden Sorge um die Suizidverhütung und der inzwischen vielfältig weiteren Sorgenthemen der Anrufenden fragen: Worin korrespondieren diese Erweiterungen im Themenspektrum der Ratsuchenden und das heutige Selbstverständnis der Ehrenamtlichen in der Telefonseelsorge?

a) Pagan geduldet und christlich abgelehnt? – Die Selbsttötung

Als sich die Telefonseelsorge in den 1950er-Jahren der Verhinderung der Selbsttötung annahm, markierte ihre Position einen Kontrast zu jener Auffassung der Selbsttötung, wie sie in der Antike dominiert hatte. So hebt die kulturgeschichtliche Forschung mit Blick auf die Selbsttötung in der griechischen und römischen Welt des klassischen Altertums hervor: „Generell war die Selbsttötung nur Sklaven, Soldaten und zum Zwecke der Strafvereitelung verboten. Bei starken Schmerzen, unheilbaren Krankheiten und den von den Stoikern geltend gemachten Gründen gingen aber auch sie straffrei aus."[382] So erschließt der Kulturhistoriker Anton van Hooff die Selbsttötung in der griechisch-römischen Antike als „Akt der Willensstärke, nicht als Ausdruck der Schwäche oder als ein Vergehen". Selbsttötung, so führt er aus, wurde auch nicht als „Mord" verstanden, sondern als „freiwilliger Tod"[383]. Für diesen freiwilligen Tod kann er verschiedene Motivationen namhaft machen: Lebensüberdruss, plötzliche Anfälle von Geistesverwirrung, Racheakt eines Schwachen für erfahrene Unterdrückung, Nichtertragen eines körperlichen Leidens, Lebensopfer um der Rettung eines Einzelnen oder einer ganzen Gruppe willen, schließlich Treuebeweis der Ehefrau gegenüber ihrem verstorbenen Ehemann.[384]

Erstaunlicherweise bewertet die biblische Tradition die Selbsttötung kaum. Zwar findet man im Alten und im Neuen Testament einige Beispiele für die Selbsttötung, doch „nirgends in diesem Kontext ein direktes Verbot"[385]. Freilich ändert derlei nichts an der unmissverständlichen Ablehnung der Selbsttötung durch das Christentum: „Keine philosophische Schule der Antike lehnte derlei mit ähnlicher Rigorosität ab wie das Christentum."[386] Im Sinne eines Arguments las der Kirchenvater Augustinus von Hippo († 430) aus dem Tötungsverbot des Dekalogs zugleich ein klares „Nein" auch gegenüber der Vernichtung des eigenen Lebens.[387] Als Zweites sah er die Selbsttötung als Beschädigung auch für das soziale Umfeld des Betroffenen. Drittens schließlich galt sie ihm als eigenmächtiger Eingriff in eine dem Menschen grundsätzlich unverfügbare göttliche Ordnung.

Insgesamt stimmen die christlichen Zeugnisse seit dem 4. Jahrhundert darin überein, dass sie unterscheiden zwischen Menschen, die sich willentlich zur Selbsttötung entschließen, und Menschen, die sich ohne Zurechnungsfähigkeit selbst töten (d. h. aufgrund teuflischer Besessenheit, dämonengeplagtem Wahnsinn etc.): Die Erstgenannten wurden aus der christlichen Gemeinschaft ausgeschlossen. Dagegen blieben die anderen gemeinschaftlich eingebunden. Ja, sie durften sogar von den Lebenden zu ihren Gunsten erbrachte Leistungen (Gebet, Almosen, Messen) empfangen, wie eine priesterliche Handreichung für die Abhaltung der Buße aus dem 7. Jahrhundert exemplarisch kundtut.

Für den durch willentliche Selbsttötung aus dem Leben geschiedenen Menschen ist erstmals im 12. Jahrhundert die abwertende und mit „Mord" konnotierte Bezeichnung „Suizident" belegt. In dieser Spur sollte sich auch die Rede vom „Suizid" etablieren.[388] Die mittelalterlich-christliche Ablehnung der willentlichen Selbsttötung hatte noch weitere Konsequenzen: So ist seit dem 13. Jahrhundert überliefert, dass der Tod durch eine bewusste Selbsttötung das Begräbnis auf einem christlichen Friedhof unmöglich machte. Übrigens folgte eine solche Maßnahme nicht allein dem Kirchenrecht. Vielmehr entsprach sie oft zugleich dem Wunsch der Menschen vor Ort. So fürchteten sie im Horizont ihres vor-wissenschaftlichen Weltverstehens für den Fall, dass sie sich von dem Suizidenten nicht ausreichend distanzierten, im Gegenzug Gottes Strafgericht über ihr Gemeinwesen (Unwetter, Krankheit etc.). Zudem schreckte die Menschen im Mittelalter die Aussicht, dass der Suizident so lange „wiedergängerisch" umtriebig blieb, bis die ihm von Gott eigentlich zugemessene Lebenszeit abgelaufen war.

Erst die Bewegung der Aufklärung mit ihrer stärker naturwissenschaftlich durchprägten Weltanschauung modifizierte die christlicherseits bereits eingebrachte Unterscheidung zwischen der willentlichen Selbsttötung und der Selbsttötung ohne Zurechnungsfähigkeit. Obwohl die Gemengelage der Meinungen zur Selbsttötung weiterhin komplex blieb, lehnten gebildete Theologen die bis dahin verbreitete Vorstellung einer Selbsttötung aufgrund *satanischer* Einwirkungen fortan ab. Stattdessen suchten sie *medizinisch* zu begründen: „Dieser Ansatz, den Menschen als unzurechnungsfähiges Opfer seiner natürlichen Triebe zu sehen, sollte später zur allgemein akzeptierten (und bis heute in ihrer Gültigkeit verteidigten) medizinisch-psychologischen Erklärung des Selbstmordes werden."[389]

Zwar traf die tolerantere Haltung gegenüber der Selbsttötung unter vielen Gläubigen noch weit über das 18. Jahrhundert hinaus auf erbitterten Widerstand. Doch änderte das nichts daran, dass die „im letzten Drittel des 18. Jahrhunderts gesamtkulturell vollzogene Umstellung von einer Bewertung der Tat [hin] zu einer Berechnung des Täters“ maßgeblich wurde. Entsprechend erforderte eine „adäquate Begründung der Tat aus der Psyche des Täters“, dass man die „ganze Geschichte“ des Täters berücksichtigte.[390]

An diese christlich fundierte und in der Epoche der Aufklärung stark gemachte Aufmerksamkeit für die psychische Erkrankung hinter einer Selbsttötung knüpfte das Mühen um die Suizidverhütung an, das die Telefonseelsorge in ihren Anfängen so grundlegend inspiriert hat. Maßgeblich hält der Pfarrer und Mediziner Klaus Thomas als Gründer der „Telefonseelsorge Berlin“ fest: „Wohl das auffallendste gemeinsame Kennzeichen und Hauptsymptom aller Verzweifelten und Lebensmüden, der Depressiven wie der Neurotiker, ist ihre Einsamkeit bzw. ihre Kontaktstörung. Die Seelsorge an Lebensmüden hat daher die Grundaufgabe, die Beziehungen des Gefährdeten zu Gott und zu anderen Menschen zu vermitteln.“[391]

Damit der von Suizidgedanken geplagte Mensch durch den Aufbau von persönlichen Kontakten wieder mehr zu seinen individuellen Lebensquellen findet, empfiehlt der Fachmann 1964 vier Ansätze, die er besonders in ihrem Zusammenspiel als ganzheitlich orientierend und persönlich unterstützend charakterisiert: die gesprächsbasierte Seelsorge per Telefon, die Nähe stiftende Briefseelsorge, das gemeinschaftsstärkende Gebet und schließlich die seelsorgerliche Handauflegung. „Da diese vier Wege einander gegenseitig ergänzen“, so Klaus Thomas, „haben wir mit der Vorbereitung und Gründung der ersten deutschen Telefonseelsorge zugleich seit Jahrzehnten wieder erstmals regelmäßige ‚Seelsorge-Gottesdienste‘ mit Handauflegung eingeführt, die eine folgerichtige Krönung der Seelsorge, besonders an Kranken und Lebensmüden, bedeutet.“[392]

Wenn Klaus Thomas herausstellt, dass die Telefonseelsorge persönliche Gemeinschaft anbahnt, jedoch nicht ersetzen kann, die Krankheitsdiagnose vermuten, jedoch nicht absichern kann, die Richtung der fachlichen Hilfe weisen, jedoch nicht bieten kann, bleibt dem Telefonseelsorger immerhin die Möglichkeit, zuzuhören, teilzunehmen, auf den „allgegenwärtigen Christus" aufmerksam zu machen und „Fürbitte zu üben"[393]. Genau diesen Schwerpunkt von einerseits medizinischem Interesse und andererseits aktiver seelsorgerisch-spiritueller Unterstützung setzen sich – übrigens bis heute – auch die sogenannten „Samaritaner" zum Ziel, die die internationale Geschichte der Telefonseelsorge (auch in Deutschland) maßgeblich mitgetragen haben.

Die oben bereits kurz genannten „Samaritans" (englisch) oder „Samaritaner" bzw. „Samariter" (deutsch) gehen auf Chad Varah mit seiner religiös verstandenen Berufung für die Seelsorge zugunsten von Suizidgefährdeten zurück: „Ich war immer der Ansicht, dass die Aufgabe des Pfarrers im Allgemeinen nicht die eines Erzengel Gabriel ist, der uns durch ein himmlisches Megaphon eindeutige Befehle zuschreit, sondern dass Gott seinen Willen wohl eher dadurch ausdrückt, dass er uns innerhalb unserer Lebensumstände, in unseren Interessen und Neigungen, unsere speziellen Aufgaben andeutet. (...) Meist tun wir das am besten, wofür wir einige Begabung haben und was wir gern tun. Mit anderen Worten: Der ‚Ruf Gottes' ist eine Aufforderung für uns, herauszufinden, wofür wir da sind. Ich war schon zweiundvierzig Jahre alt, als ich darauf kam. Damals kam mir nämlich der Gedanke, meine ganze Zeit den Menschen zu widmen, denen das Leben so hart mitgespielt hat, dass sie nicht wissen, ob sie es noch länger ertragen können."[394]

Das Echo auf seinen in London geschalteten Zeitungsaufruf, dass sich Suizidgefährdete bei ihm unter einer bestimmten Telefonnummer melden sollten, war so stark, dass er oft selbst am Telefon saß und mit Suizidgefährdeten sprach. Derweil war die große Schar seiner Laienmitarbeiter mit den Menschen im Gespräch, die nach dem ursprünglichen Telefonat persönlich in der von Chad Varah betreuten Gemeindekirche vorbeischauten, um dort mit Menschen in einen direkten Kontakt zu treten: „Die freiwilligen Laienhelfer verwickelten die ratsuchenden Menschen in Gespräche, nötigten ihnen Kaffee und Zigaretten auf und gaben ihnen das Gefühl, hier willkommen zu sein."[395]

Aus den beschriebenen Anfängen entstand 1954 die Organisation der „Samariter" als freiwilliger Hilfsdienst von Laien, die sich der Sorge um die Suizidgefährdeten annahmen: „Der Samariter hört zu, nimmt die Situation in sich auf, kümmert sich. Und genau das kann über Leben und Tod derjenigen entscheiden, die glauben, dass niemand Zeit für sie hat, dass sie ausgestoßen sind, dass sich kein Mensch um sie kümmert."[396] Den Samariter zeichnet über die Sorge für andere ein Talent zur Freundschaft aus. Denn er „hilft den Ratsuchenden weniger durch das, was er tut, sondern durch das, was er ist – ein geduldiger, toleranter, zugewandter Mensch"[397]. Entsprechend findet sich im Briefkopf der Organisation diese programmatische Kopfzeile: „Die Samariter – Wir helfen denjenigen, die vor Selbstmord oder Verzweiflung stehen."[398]

Weder verstehen sich die Samariter als eine kirchliche noch als eine ausschließlich christliche Organisation. Ihre Mitglieder gehören allen Glaubensrichtungen an. Auch Menschen ohne festgelegten Glauben zählen wie selbstverständlich dazu. Chad Varah unterstreicht: „Dass der Name dieser Bewegung (‚Samariter') und ihr Geist einem Gleichnis der Bibel entnommen sind, ist weniger bedeutsam als die Tatsache, dass eben dieses Gleichnis überall auf der Welt Männer und Frauen, die guten Willens sind, anspricht, ganz gleich, zu welcher Religion sie sich bekennen oder nicht bekennen."[399]

Auch wenn kein Sorgentelefondienst auf dem europäischen Festland den Namen „Samariter" übernahm, schlossen sie sich ursprünglich dennoch allesamt dem durch Chad Varah vertretenen Einsatz zugunsten der Suizidgefährdeten an – einerlei, ob sie sich „Die dargebotene Hand – La Main Tendue" (Schweiz), „L'Amitié" (Frankreich), „Tele-Accueil" (Belgien), „Telefonische Hulpdienst" (Niederlande) oder „Telefonseelsorge" (Deutschland) nannten.

Kurz und knapp: Einerlei, wie die Telefon-Hotlines hießen – allesamt folgten sie der exemplarisch von Klaus Thomas vorgetragenen Überzeugung, dass „besonders für den Lebensmüden die überweltliche Geborgenheit als erster der transzendenten Werte entscheidend, ja oft lebensrettend und -erhaltend wirkt". Deshalb spricht sich dieser Fachmann zur Unterstützung von Suizidgefährdeten für eine soziale und geistliche Einbindung der Betroffenen aus: „Die Lösung wurde in ‚Dienstgruppen' (...) gesehen, die als ‚Lebensbegleiter auf Zeit' sich den Nächsten annehmen sollten. So wollte man die Telefonseelsorge in ein gemein-diakonisches Konzept einordnen und damit zugleich den anonymen telefonischen Beichtstuhl als Zubringer zum personalen nutzen."[400]

Als höchste Werte, die den Lebensmüden helfen und ihnen deshalb zu vermitteln sind, hebt Klaus Thomas Mitte der 1960er-Jahre die „religiösen Werte" hervor: Als Ausdruck von Glaube, Liebe und Hoffnung soll sich der Betroffene in die Unterscheidung von heiligen und unheiligen, barmherzigen und unbarmherzigen sowie ewigen und vergänglichen Werten einüben. Jeder der genannten religiösen Werte steht „höher als alle anderen, da er ewigkeitsbezogen und überweltlich und daher unabhängig und unveränderlich ist"[401]. Klaus Thomas und seine Mitstreiter geben sich sogar überzeugt davon, dass „für den Lebensmüden noch mehr als für den gesunden Menschen der Wert des Glaubens im wahrsten Sinne des Wortes lebenswichtig ist. Denn nur hier kann er den Halt finden, der von allen Wechselfällen des Lebens unbeeinträchtigt bestehen bleibt."[402]

b) Herausforderung für Anrufer und Ehrenamtliche – Die Selbstsorge

In dem Maße, wie seit dem letzten Quartal des 20. Jahrhunderts immer mehr unterschiedliche Lebensstile das gesellschaftliche Leben prägen, ist dieser Wandel auch für die Telefonseelsorge zu einer immer größeren Herausforderung geworden. Einige Beispiele, die sich aus häufig vorgetragenen Themen der Anruferinnen und Anrufer herleiten, mögen die sozialen Veränderungen veranschaulichen.

Als Erstes ist die Bedeutung der Familie im herkömmlichen Sinne rückläufig. Soziologen sprechen hier von einer Enttraditionalisierung des Zusammenlebens auch in der Bundesrepublik Deutschland. Dieser Strukturwandel, wie er in westlichen Gesellschaften weithin zu beobachten ist, steht für die zunehmende Individualisierung von Lebensentwürfen. Viele Menschen, die alleinstehend sind und keine Familie haben, rufen bei der Telefonseelsorge an, weil sie sich eine familiäre Einbindung ersehnen oder ihr nachtrauern. Das, was der französische Soziologe Pierre Bourdieu als Zukunftsmusik in die Debatte um das gesellschaftliche Zusammenleben einbringt, erleben viele Menschen – auch viele Anruferinnen und Anrufer bei der Telefonseelsorge – bereits heutzutage als eine biografisch prägende Realität: „Die Familie, die wir gern als etwas Natürliches ansehen, weil sie sich repräsentiert, als hätte es sie immer schon gegeben, ist eine jüngere Erfindung, (...) die über kurz oder lang vielleicht überhaupt ausgestorben sein wird.“[403]

Mit diesem Trend, der sich aus einem Wandel im Verhältnis von Individuum und sozialem Leben her erklärt, korrespondieren zweitens Arbeitsverhältnisse, die Menschen mit immer kürzeren Vertragslaufzeiten beständig mehr Leistung abfordern, wenn sie ihre einmal angetretene Arbeitsstelle nicht wieder verlieren wollen. Die Folgen für die Lebensgestaltung eines Menschen können gravierend sein: „Individualisierung wird verstanden als ein (...) Prozess, der den traditionellen Lebensrhythmus von Menschen – das, was Soziologen Normalbiografie nennen – zunehmend infrage stellt, ja tendenziell auflöst. In der Folge müssen immer mehr Menschen ihre Biografie selbst herstellen, inszenieren, zusammenbasteln.“[404] Je mehr auch Berufsbiografien heutzutage von Abbruchsequenzen und Neuanfängen durchzogen sind, umso krasser erleben Menschen die

Zerbrechlichkeit persönlicher Lebensentwürfe, individueller Lebensverhältnisse und die Abhängigkeit des Einzelnen von den gesellschaftlichen Veränderungen. Tatsächlich handeln zahlreiche Anrufe bei der Telefonseelsorge von den Dramen beruflicher Abbruch- und Aufbruchgeschichten nebst all den damit verbundenen sozialen Unwägbarkeiten, persönlichen Ängsten und materiellen Nöten.

Ebenso wie sich etablierte Weisen des Miteinanders während der vergangenen 40 Jahre verändert haben, lässt sich drittens auch für den Bereich der religiösen Traditionen und Normen ein tiefgreifender Umbruch feststellen. „Der verlorene Himmel" als Ausdruck eines inzwischen von vielen Menschen aufgegebenen Jenseitsbezuges – das ist eine ebenso pointierende wie treffende Überschrift über den weltanschaulichen und religiösen Brüchen während der letzten Jahrzehnte in unserem Land. Zudem: In dem Maße, wie der Besuch der Gottesdienste, der Empfang der Sakramente und viele andere Formen der kirchengemeindlichen Beteiligung zurückgingen, verlor auch der in unserem Land traditionell prägende religiös-institutionelle Horizont an Einfluss, wie manche Anruferin und mancher Anrufer gegenüber der Telefonseelsorge ins Wort bringt und wie es im „Epilog"-Teil dieses Buches noch eingehend bedacht werden soll. Während die beiden Großkirchen noch in den Jahrzehnten nach dem Zweiten Weltkrieg für die eigenen Mitglieder und weit darüber hinaus die relevanten Normen verbindlich festlegten, sind die aus dem kirchlich geprägten Repertoire stammenden Vokabeln, Formen oder Sprachbilder seit etwa vier Jahrzehnten (zugespitzt seit 1985) gesellschaftlich kaum noch relevant: „In den 1970er-Jahren war die Allgegenwart des christlichen Moraldiskurses dann Vergangenheit. Weder mit Blick auf das Verhalten ihrer Mitglieder noch mit Blick auf das öffentliche Agieren war das Christentum noch Leitkultur der deutschen Gesellschaft."[405] Damit sehen sich die Menschen bei ihrer Lebensgestaltung auch im religiösen Bereich weitgehend auf sich allein gestellt. Während viele Zeitgenossen diese Verschiebung als einen Gewinn an Freiheit und Gestaltungsmöglichkeiten empfinden, erleben sich andere Menschen deshalb orientierungslos und überfordert. Einige von ihnen tragen diese Themen an die Mitarbeiterinnen und Mitarbeiter der Telefonseelsorge heran, wenn sie beispielsweise von den Schwierigkeiten bei ihrer Kindererziehung oder von ihrem Umgang mit ihren alten Eltern sprechen, wenn sie sich in eigener Krankheit oder in der Konfrontation mit dem Tod nahestehender Menschen überfordert erleben.

Insgesamt lässt sich bilanzieren, dass für die Entwicklung der Telefonseelsorge vor allem der jüngere Prozess einer von vielen Menschen als übermäßig und überfordernd empfundenen Individualisierung seit der Mitte der 1980er-Jahre bedeutsam ist. Die Soziologie bezeichnet ihn als zweiten Modernisierungsschub.[406] Er ist dadurch charakterisiert, dass die Enttraditionalisierung von erprobten Lebensweisen im Vergleich zu den vorangegangenen Jahrzehnten sogar nochmals forciert voranschreitet. Umso mehr kommen seitdem unter den Anruferinnen und Anrufern bei der Telefonseelsorge die Last der Einsamkeit, die berufliche Entwurzelung oder die weltanschauliche Haltlosigkeit zur Sprache. Viele Menschen empfinden diese Beschwernisse so, als ob sie ihres ganzheitlichen Lebenszusammenhanges beraubt worden wären. Dafür machen sie in nicht selten institutionenskeptischer Manier die Gesellschaft und die sie tragenden Einrichtungen verantwortlich.

Übrigens lässt sich auch der veränderte Umgang mit dem Thema „Suizid“ als Ausdruck der gesellschaftlichen Differenzierung erklären. Im Unterschied zu den 1950er- bis 1970er-Jahre, als maßgeblich die Telefonseelsorge das Thema aus der gesellschaftlichen Tabu-Ecke herausgeholt hat, haben sich die Suizidforschung und der Umgang mit Suizidgefährdeten inzwischen immer weiter professionalisiert und spezialisiert. So sind seit den 1970er-Jahren die Psychologie, die Medizin und besonders die Psychiatrie sogar „zum Hauptzweig der klinischen Forschung über den Suizid avanciert“[407]. In Entsprechung zur wissenschaftlichen Berücksichtigung des Suizids haben sich auch unter den

Beratungsorganisationen mittlerweile Einrichtungen etabliert, die ein hohes Maß an Expertise im persönlichen Kontakt mit Suizidgefährdeten aufweisen. In der Folge können sich die Ehrenamtlichen der Telefonseelsorge darauf beschränken, dass sie Anrufenden mit dieser Thematik aktiv zuhören und sie gegebenenfalls an medizinische Einrichtungen oder geeignete Beratungsstellen weiterverweisen. Diese Handlungsoption ist umso sinnvoller, da die Telefonseelsorge heutzutage – anders als in ihren Anfangszeiten – im Normalfall keine direkten Begegnungen zwischen Telefonseelsorgerinnen bzw. Telefonseelsorgern und Anrufenden vorsieht, sondern stattdessen die Anonymität als Alleinstellungsmerkmal pflegt.[408]

Als Reflex auf die hier nur knapp skizzierten gesellschaftlichen Veränderungen haben sich in den vergangenen Jahrzehnten nicht zuletzt das Selbstverständnis und das Tätigkeitsprofil der ehrenamtlichen Mitarbeiterinnen und Mitarbeiter bei der Telefonseelsorge weiterentwickelt. Vor allem ist ihre Professionalisierung hervorzuheben: Mitarbeiterschulungen sowie Einführungen in Psychologie, Psychotherapie, Theologie oder Recht sollen die Ehrenamtlichen unterstützen – mit langfristig durchaus weitreichenden Folgen: „Die Professionalisierung bedeutete eine Säkularisierung der kirchlichen Orientierung."[409] Der Supervisor und Pfarrer Thomas Groll beschreibt den bis in die Telefonseelsorge hinein spürbaren Wandel im Selbstverständnis des Ehrenamtes so: „Seit Längerem ist das Ehrenamt einem Wertewandel unterworfen. An die Stelle von ‚Pflichterfüllung' und ‚Unterordnung' sind Werte wie ‚Kreativität' und ‚Selbstentfaltung' getreten. Ehrenamtliche fragen heute, was sie von ihrer Aufgabe haben. Sie möchten ihre Fähigkeiten einsetzen, aber sie möchten sich nicht überfordern lassen, wollen über ihre Grenzen selbst bestimmen und durch ihr Engagement ihre Fähigkeiten erweitern und Neues lernen. (...) Früher war die ehrenamtliche Bereitschaft, sich in Hierarchien und in nicht transparente Strukturen einzuordnen, größer. Heute werden Transparenz und Mitbestimmung eingefordert."[410]

Der Pastoralsoziologe Hermann Steinkamp, der mit der wechselvollen Geschichte der Telefonseelsorge ebenso vertraut ist wie mit ihrer Gegenwart, beschreibt den angedeuteten Prozess als Weg von der „Seelsorge" der Samariter zur „Selbstsorge" heutiger Ehrenamtlicher. Im Sinne der organisationalen Besonderheiten der Institution „Telefonseelsorge" in der Gegenwart berücksichtigt er besonders die Fortbildung der ehrenamtlichen Mitarbeiterinnen und Mitarbeiter am Telefon. So beschreibt er die aktuelle Praxis der Telefonseelsorge anhand des Bildes einer Ellipse. Die beiden Brennpunkte bilden die Beratung am Telefon und die Supervisionsgruppe (in manchen Einrichtungen auch Fall-Gruppe bzw. Fortbildungsgruppe genannt). Beide stehen in konstitutiver Wechselbeziehung: „Die täglich-nächtliche ‚Schicht' am Telefon ist für die einzelne Mitarbeiterin nur dadurch zu bewältigen, dass sie permanent an eine Gruppe der Kolleginnen rückgebunden ist. In diesen Gruppen werden regelmäßig Erfahrungen besprochen und reflektiert, die Mitarbeiterinnen und Mitarbeiter während ihrer Beratung am Telefon machen."[411]

Die Selbstsorge unter den ehrenamtlichen Mitarbeiterinnen und Mitarbeitern verwirklicht sich in einem dreifachen Sinn: Während die Arbeit der ursprünglichen „Samariter" noch auf eher altruistisch ausgerichteten Helfermotiven beruhte, erhoffen sich heutige Telefonseelsorgerinnen und Telefonseelsorger erstens auch einen Eigennutz, konkret: eine Belohnung für die umsonst geleistete Arbeit. Die in den Supervisions- und Ausbildungsgruppen erlebte Selbsterfahrung empfinden viele Ehrenamtliche als faszinierend. Oftmals erkennen sie im Sinne eines ganzheitlichen Horizonts, wie wichtig ihnen die Ausgewogenheit von Geben und Nehmen ist. Sie spüren Anerkennung und Zuwendung gerade dann, wenn sie gegenüber den anderen Gruppenmitgliedern ihre Schwächen zeigen. So lernen sie sich selbst besser einzuschätzen und wie nebenbei die Schattenseiten von vermeintlich selbstlosem Handeln zu erkennen.[412]

Als Zweites belohnen sich die Mitarbeiterinnen und Mitarbeiter als Ausdruck ihrer Selbstsorge mit einem Zugewinn an Kompetenz. Tatsächlich ist die bei der Telefonseelsorge erlangte Beratungskompetenz beispielsweise für die Bewerbung auf Stellen in pädagogischen oder psychologischen Berufen ein klarer Vorteil. Auch unabhängig von anvisierten Berufszielen übt der Kontakt mit Methoden psychosozialer Hilfe auf viele Ehrenamtliche eine Faszination aus.

Als Drittes lässt sich die Selbstsorge der Ehrenamtlichen im Sinne einer Bewusstseinsform charakterisieren, die diakonisch-weltzugewandt daherkommt. Viele erleben diese Motivation als „Gottesdienst der Nächstenliebe" – als eine Haltung, die zugleich der volkskirchlichen Sonntagsgottesdienst-Frömmigkeit eher distanziert gegenübersteht. Hermann Steinkamp hält dazu wertschätzend fest: „Auch wenn Erfahrungen dieser Art kein Privileg religiöser Menschen sind, das heißt auch Hilfsbereiten und Engagierten zugänglich, die sich nicht als Gläubige verstehen, so muss doch ihre Deutung anhand der Samariter-Perikope ausdrücklich als religiöse qualifiziert werden."[413] Eindrucksvoll lenkt die entsprechende Evangeliumsperikope vom Barmherzigen Samariter den Blick auf das Herzstück menschlichen Helfens, nämlich auf die Überwindung eines hochmütig-paternalistischen Gebens: „Wo die Kompetenz des Samariters ausdrücklich theologisch-spirituell reflektiert wird, verkörpert der Samariter die äußerste Sinnerfüllung der Zuwendung zum Leidenden – dass der Helfende letztlich selbst der Beschenkte wird."[414]

3. Fazit

Was die Historiker Uwe Kaminsky und Andreas Henkelmann zur Entwicklung der Beratungsarbeit in Deutschland während der vergangenen 50 Jahre grundsätzlich festhalten, betrifft auch die Telefonseelsorge: „Die Verbreitung der Beratung im Sinne einer Therapeutisierung des Individuums wird als Indikator für eine einschneidende Transformation der Religion sichtbar."[415]

So ermöglicht die in unserer Gesellschaft von vielen Institutionen mitgetragene „Therapeutisierung des Individuums" der Institution „Telefonseelsorge", auf die Anrufenden in erster Linie sowohl professionell-geschult als auch menschlich-empathisch einzugehen, um sie bei Bedarf auf weitere therapeutische Optionen aufmerksam zu machen.

Im Mittelpunkt ihres diakonischen Handelns steht für die Ehrenamtlichen der Wunsch, dem anrufenden Individuum auf Augenhöhe zu begegnen. Ziel ist also nicht mehr, den Anruferinnen und Anrufern eine vorformulierte christliche Wahrheit an die Hand zu geben. Vielmehr geht es um eine Sorge für die Persönlichkeit der Anruferin bzw. des Anrufers. Als religiös lässt sich das Tun der Ehrenamtlichen gerade deshalb qualifizieren, weil sie sich aus einer christlichen oder zumindest philanthropen Motivation mit den Bedürftigen solidarisieren und im Respekt vor dem je persönlichen Schicksal gemeinsam mit den Betroffenen nach ganzheitlichen Lösungen zugunsten ihrer inneren und äußeren Heilung suchen. Schließlich kann man das Angebot der Telefonseelsorge angesichts der aktuell von vielen Menschen empfundenen Institutionenferne als eine Offerte neben den kirchlich verfassten Gesprächsangeboten der Gemeinden verstehen. Der unabhängige Rahmen und die unvoreingenommene Offenheit der Telefonseelsorge wirken auf den modernen Menschen einladend. Denn hier wird er individuell und innerhalb seiner Lebenskontexte gesehen. Zugleich eröffnen sich ihm im Gespräch Lösungsmöglichkeiten und Sinnhorizonte, die zwar aus demselben traditionellen Erbe des Christentums stammen können, aber nicht in der Gestalt eines Angebots von oben daherkommen.

Zusammengefasst: Die gesamtgesellschaftliche Differenzierung während der vergangenen 50 Jahre hat auch die Telefonseelsorge verändert. Die Unterstützung am Telefon verlagerte sich von der ursprünglich monopolartig betriebenen „Selbstmordverhütung" hin zu einer niederschwelligen Beratung in vielfältigen Notlagen, wie diese aus der zunehmenden Vereinzelung des Individuums in unserer Gesellschaft resultieren. Die Aufgabe der Ehrenamtlichen besteht somit aktuell darin, anrufenden Menschen das Gefühl individueller Wertschätzung und ganzheitlicher Eingebundenheit zu vermitteln. – Den Ehrenamtlichen selber geht es darum, ihr diakonales Engagement so zu betreiben, dass sie individuelle Lernfortschritte in puncto „Sozialkompetenz“ machen, sich in einer Gruppe von Gleichgesinnten unterstützt fühlen und sich – institutionenkritisch gegenüber dem traditionellen Kirchengemeindeleben – als eine Personalgemeinde mit hoher Sensibilität für die individuelle Selbstsorge und die persönliche Selbstleitung verstehen: „Die in der Telefonseelsorge Aktiven erleben in den Einrichtungen der Telefonseelsorge eine für sie ideale Kirche – eine überschaubare Gemeinde aus rund 60 bis 120 sämtlich engagierten und hoch motivierten Personen, die sich kennen und mögen und die die gleichen sozialmoralischen Überzeugungen teilen, individualethisch progressiv, ökumenisch, ganz Basisgemeinde und Kirche von unten jenseits von Hierarchie und Bürokratie.“[416]

C.
Epilog –
Aktuelle Ausprägungen beherzter Mitmenschlichkeit

Wie in jedem Jahr hat Kanzlerin Angela Merkel auch in der ersten Januarwoche 2016 zahlreiche Sternsingerinnen und Sternsinger aus den 27 deutschen Diözesen im Bundeskanzleramt begrüßt. Zuvor hatten sie – wie viele andere Kinder, Jugendliche und Erwachsene in ganz Deutschland – Geld für bedürftige Kinder in Bolivien gesammelt. Die Bundeskanzlerin wandte sich in einfachen Worten an ihre meist jungen Gäste. Dabei betonte sie als Erstes die Haltung des Respekts, die nötig sei, um seine Mitmenschen wirklich als Menschen in den Blick zu nehmen. Als Zweites unterstrich sie, dass ein Mensch auch all jene Menschen auf der Welt respektieren müsse, die er nicht kennt. Wörtlich sagte sie aus ihrer Überzeugung, dass jeder Mensch göttlich gutgeheißen ist und deshalb von seinen Mitmenschen mit Herzlichkeit angeschaut werden soll: „In unserem Grundgesetz steht, dass die Würde des Menschen unantastbar ist. – Das gilt nicht nur für die Deutschen oder nicht nur für die Menschen, die hier in Deutschland leben, sondern das gilt auch für die Menschen, die in Europa leben. Aber auch da endet es nicht, sondern es gilt für alle Menschen – für jeden Menschen als Gottes Geschöpf."[417]

Der Journalist und Sachbuchautor Volker Zastrow kommentierte den Standpunkt der Bundeskanzlerin in derart eindrücklichen Worten, dass sie hier auch aufgrund ihrer Nähe zu den christlichen Grundüberzeugungen ausführlich zitiert seien. Vor allem hebt der Autor hervor, wie sperrig sich die grundlegende Überzeugung von der beherzten Mitmenschlichkeit zu vielen konkurrierenden Standpunkten immer wieder verhält: „Man muss kein Christ sein, um Merkels Standpunkt zu teilen. Er ist nicht pastoral. Auch alle anderen großen Religionen betrachten den Menschen als Gottes Geschöpf. Man muss überhaupt nicht religiös sein, um wie Merkel über die Würde des Menschen zu denken: dass es keinen moralischen Standpunkt gibt, von dem aus das Leben eines anderen abqualifiziert werden kann. Das mag ein Glaube oder eine Einsicht sein – so oder so, für den, der dort angelangt ist, gibt es kein Zurück. Es ist ein überaus schwacher Standpunkt, vielleicht der denkbar schwächste. Er stört

Politik wie kein anderer, steht so vielen Zielen und Ansichten im Wege, dass man ihn immer wieder heraushaben möchte aus den Debatten. Denn von dort aus gibt es keine einfachen Lösungen. Es ist ein Standpunkt der Schwäche, der Ungewissheit, des Schmerzes. Er ist allerdings unzerstörbar."[418]

Exakt im Sinne dieser journalistischen Interpretation beendete die Kanzlerin ihre Rede an die Sternsingerinnen und Sternsinger. Sie betonte, wie viel Umsicht und Anstrengung es erfordere, dass jeder Mensch entsprechend seiner Menschenwürde tatsächlich zu seinem Recht kommt und beherzte Mitmenschlichkeit erfährt. Kein Mensch dürfe verloren gehen – eben weil er „Geschöpf Gottes" ist: „Viele Ereignisse werden uns dieses Jahr begleiten. Aber wir dürfen uns davon nicht treiben lassen, sondern müssen uns immer wieder gegenseitig anspornen, dass man auch etwas zum Guten wenden kann. Manche Dinge lassen sich zum Guten entwickeln."[419]

Dass Politikerinnen und Politikern in Deutschland und anderswo theologische Grundworte („Geschöpfe Gottes") inzwischen so selbstverständlich über die Lippen gehen, liegt nicht zuletzt daran, dass sich die christlichen Kirchen seit dem Ende des Zweiten Weltkrieges überaus klar zu den Menschenrechten bekannt und darin auch das Recht aller Menschen auf die Wohltaten der beherzten Mitmenschlichkeit einbezogen haben. Vernehmlich hallt Papst Johannes XXIII. († 1963) bis heute nach, der seiner Kirche noch kurz vor seinem Tod die folgenden Sätze aus seiner Enzyklika „Pacem in terris" ins Stammbuch schrieb: „Die Menschen sind durch das Blut Jesu Christi erlöst, durch die himmlische Gnade Kinder und Freunde Gottes geworden. (...) Bezüglich der Menschenrechte, die Wir ins Auge fassen wollen, stellen Wir gleich zu Beginn fest, dass der Mensch das Recht auf Leben hat, auf die Unversehrtheit des Leibes sowie auf die geeigneten Mittel zu angemessener Lebensführung. Dazu gehören Nahrung, Kleidung, Wohnung, Erholung, ärztliche Behandlung und die notwendigen Dienste, um die sich der Staat gegenüber dem einzelnen kümmern muss. Daraus folgt auch, dass der

Mensch ein Recht auf Beistand hat im Falle von Krankheit, Invalidität, Verwitwung, Alter, Arbeitslosigkeit oder wenn er ohne sein Verschulden sonst der zum Leben notwendigen Dinge entbehren muss. (...) Zu den Menschenrechten gehört auch das Recht, Gott der rechten Norm des Gewissens entsprechend zu verehren und seine Religion privat und öffentlich zu bekennen."[420]

Auf der Linie dieses Einsatzes zugunsten der Menschenrechte lagen und liegen neben zahlreichen anderen christlichen Religionsführern auch alle Nachfolger von Papst Johannes XXIII. In der Konsequenz erhielten sie weltweit beachtete Einladungen, um vor den Vereinten Nationen in New York zu sprechen: Papst Paul VI. im Jahr 1965, Papst Johannes Paul II. in den Jahren 1979 und 1995, Papst Benedikt XVI. im Jahr 2008 und Papst Franziskus im Jahr 2015. Wie alle seine Vorgänger machte der amtierende Papst das „Ideal universaler Brüderlichkeit" zum Leitmotiv seiner Ansprache.[421] Auf eben dieser Linie sieht er sich auch mit seinem Einsatz für die beherzte Mitmenschlichkeit – gegenüber allen Bedürftigen und gemeinsam mit allen Menschen guten Willens. – Im Unterschied zu den Päpsten, die in ihren Ansprachen zwischen Immanenz und Transzendenz deutlich unterscheiden, verzichten viele Menschen, die sich heutzutage ehrenamtlich zugunsten der beherzten Mitmenschlichkeit einbringen, auf diese Gegenüberstellung von Diesseits und Jenseits, Welt und Himmel, Mensch und Gott.

1. Beherzte Mitmenschlichkeit – Diesseitsglück statt Jenseitsbezug

Warum überhaupt engagieren sich die vielen Menschen, die selber kein kirchliches Amt bekleiden, in ihrer Freizeit heutzutage für Initiativen beherzter Mitmenschlichkeit? Treibt sie vorrangig das diesseitige Glück? Spielt dabei eine religiöse Bindung bis hin zu persönlichen Jenseitshoffnungen, wie sie die Geschichte des Christentums lange Zeit durchprägten, noch immer eine Rolle?

Oder um Gedanken des Politikwissenschaftlers Herfried Münkler aufzugreifen, der im Blick auf die Motivation heutiger Ehrenamtlicher eine wichtige Unterscheidung trifft: Auf der einen Seite sieht er Mitgefühl und Mitleid als Ausdruck grundsätzlicher Mitleidsfähigkeit am Werk, auf der anderen Barmherzigkeit und Nächstenliebe als Ausdruck einer religiösen Semantik, die für ihn eine institutionell-kirchliche Rückbindung bis hin zu einem kirchlichen Monopol auf die Verwirklichung dieser Haltung umfasst.[422]

„Helfen macht glücklich."[423] – „Ehrenamtlich helfen hilft auch uns selbst."[424] – „Helfen macht so glücklich wie Sex."[425] So oder ähnlich lauten die Einsichten und Ratschläge, die in Lifestyle-Magazinen, in Ratgeber-Broschüren und sogar in sozialpsychologisch-wissenschaftlichen Studien nachzulesen sind.

Aufgrund von hilfsbereitem Engagement schaffen es Stars aus der Theater- oder Musikbranche, aus der Wirtschafts- oder Sportwelt unmittelbar in die Schlagzeilen. Einerlei ob Hollywood-Star Salma Hayek, der Schauspieler Til Schweiger, der Rockmusiker Bob Geldof, der Microsoft-Gigant Bill Gates, der Facebook-Gründer Mark Zuckerberg oder Fußballstars wie Manuel Neuer, Philipp Lahm und Toni Kroos – sie alle sind der Öffentlichkeit auch als Stifterinnen und Stifter oder als Initiatorinnen und Initiatoren wohltätiger Projekte bekannt. Ihnen allen ist gemeinsam, dass sie immer wieder betonen, wie zufrieden es sie hier und jetzt macht, anderen Menschen von ihrem Lebensglück abzugeben und in den Medien als sozial engagiert wahrgenommen zu werden. Der Gedanke, dass sie ihre Mitmenschlichkeit mit religiösen Motiven oder gar Hoffnungen auf ihr Jenseitsglück verbinden, findet sich dagegen fast nie offen ausgesprochen. Eher schon ließe sich ihr Handeln mit der sogenannten und in vielen Religionen anzutreffenden Goldenen Regel in Verbindung bringen: „Alles nun, was ihr wollt, das euch die Menschen tun, tut so auch ihr ihnen" (hier: Mt 7,12).

Die Freude und die Zufriedenheit im Hier und Jetzt beseelt auch jene Menschen, deren Initiativen beherzter Mitmenschlichkeit in dieses Buch eingegangen sind. Tatsächlich akzentuieren sowohl ihre Initiatorinnen und Initiatoren als auch ihre Trägerinnen und Träger klar das Diesseitsglück, das sie mit ihrem Engagement verbinden. Oder um es mit dem Theologen Josef Wohlmuth zu sagen: „Die Not des anderen provoziert zum Tun des Guten.“[426]

So ziehen die Mütter, die sich für tot geborene Kinder einsetzen und ihnen Kleider nähen, ihre Motivation aus dem guten Gefühl, einen Beitrag zur Würde dieser Kleinen und zur Unterstützung gleichfalls betroffener Eltern zu leisten. Religiöse Rückbindungen oder gar Jenseitshoffnungen für sich selbst thematisieren die Initiatorinnen und Initiatoren sowie die Trägerinnen und Träger dieser Initiative kaum. Dagegen bringen sie Jenseitshoffnungen für ihre Kinder oftmals deutlich zum Ausdruck – nicht in der Sprache verfasster Kirchlichkeit, sondern vielmehr in den Ausdrucksweisen menschlichen Sehnens: Auf dass doch das Leben ihrer auf Erden nicht zum Leben gekommenen Kleinen wenigstens auf ewig nicht verloren gehen möge!

Auf der einen Seite also gibt es mitmenschliche Initiativen – darunter auch die Tafel-Bewegung –, aus deren Reihen sich immer mal wieder einige Engagierte im engeren oder weiteren Sinne traditionell-religiös verorten. Auf der anderen Seite sind Initiativen zugunsten mitmenschlicher Solidarität aktiv, zu deren Kennzeichen jedenfalls in der Generation ihrer Initiatorinnen und Initiatoren auch Elemente einer Religiosität gehören, die das Diesseitsglück wie den Jenseitsglauben umfassen können.

So brachte Cicely Saunders zum einen oftmals alltagskonkret und diesseitsbezogen zum Ausdruck, wie viel Befriedigung sie in ihrem Hospiz erlebte, wenn sie Menschen schmerzfrei vor sich sah, sodass sie neuerlich klare Gedanken fassen konnten. Sie erlebte es als ein Glück, wenn das mitmenschliche Leben im Hospiz eine möglichst große Offenheit für die je individuellen Bedürfnisse der sterbenden Menschen zuließ. Nicht weniger lag ihr daran, dass sich auch die haupt- und ehrenamtlich Mitarbeitenden als Gemeinschaft erlebten und ihr Engagement als persönliche Erfüllung wahrnahmen. Zum anderen verstand sich Cicely Saunders als eine Frau, die ihr Engagement zugunsten des modernen Hospizes durchaus als einen direkt an sie ergangenen religiösen Auftrag empfand. Sie war sich sicher, dass Gott sie für ihre Aufgabe berufen hatte. Nicht weniger klar konnte sie im Blick auf sterbende Menschen sagen, dass sie sie bei Gott wähnte. Selbstverständlich sollte zu ihrem Hospiz eine Kapelle für unterschiedliche Glaubensgemeinschaften gehören. Gleichwohl: So deutlich sie selbst sich religiös verortete und Jenseitshoffnungen für die Sterbenden hegte, so offen war sie zugleich für Menschen, die sich aus anderen religiösen oder weltanschaulichen Motivationen zugunsten der Hospizarbeit einsetzen.

Ähnliches gilt für Gerhard Peschers, der auf die Not gefangener Mitmenschen reagiert, indem er eine Initiative zugunsten von Gefangenenbüchereien aufgebaut hat und den Gefangenen durch ein gutes Lektüreangebot neue Horizonte eröffnet: Persönlich versteht er sich als kirchlich gebundener Christ mit einem Diesseits und Jenseits verbindenden Horizont. Ebenso entschieden offen gibt er sich – genau wie beispielsweise Cicely Saunders – im Blick auf die weltanschauliche Prägung seiner Unterstützerinnen und Unterstützer. Einerlei, aus welcher Motivation sie handeln – wichtig ist ihm allein, dass sie sich für das Lektüreangebot von Gefangenen einsetzen.

Eine vergleichbare Mischung aus seiner eigenen kirchlichen Verwurzelung und einer großen Offenheit für die weltanschauliche Pluralität unter seinen Mitarbeiterinnen und Mitarbeitern verkörpert Jean Vanier: Selbst tief im christlichen – Diesseits und Jenseits verbindenden – Glauben verwurzelt und der katholischen Kirche zugetan, müht er sich um Offenheit für alle Menschen, die sich für den „Arche“-Einsatz zugunsten des Zusammenlebens von Menschen mit und ohne geistiger Behinderung entscheiden, und zwar unabhängig davon, welcher Weltanschauung sie sich zurechnen.

An dieser Stelle könnte man auch auf die Bewegung zugunsten des Kirchenasyls oder auf die Telefonseelsorge verweisen. Während die Initiatorinnen und Initiatoren dieser Bewegungen ihre christliche Ausrichtung noch aus ihrer kirchlich verfassten Rückbindung bezogen – in der Telefonseelsorge wirkten anfänglich sogar hauptamtliche kirchliche Mitarbeiterinnen und Mitarbeiter –, zeigt sich unter den Trägerinnen und Trägern dieser Engagements bis heute weltanschaulich eine zunehmende Pluralität.

Somit ist festzuhalten: Initiativen, die in unserem Land aktuell für die beherzte Mitmenschlichkeit eintreten, setzen den in hiesigen Breiten jahrhundertelang selbstverständlich christlich getragenen Einsatz zugunsten bedürftiger Menschen gegenwartsorientiert fort. Freilich haben sich die dafür leitenden Motivationen während der letzten Jahrzehnte nicht selten stark verschoben. So gilt selbst für die im vorliegenden Buch behandelten Initiativen, die von Christen (mit einem Diesseits und Jenseits verbindenden Glauben) an den Start gebracht worden sind, dass sie sich in der weiteren Entwicklung für Menschen aller Weltanschauungen geöffnet haben. Dabei – und das kann nicht genug betont werden – führte diese Weitung nicht zu einer Schwächung des Engagements, sondern ließ diese Initiativen in ihrer Durchschlagskraft sogar erstarken.

Tatsächlich markieren diese modernen Hilfetraditionen im Rückblick eine deutliche Verlagerung im Vergleich zur früheren Geschichte christlicher Armenhilfe: Heutzutage fühlen sich die Hilfeleistenden erstrangig von dem Glück getragen und beflügelt, anderen Menschen das Dasein zu erleichtern und so für sich selbst Lebenssinn zu finden. Lediglich noch in Ausnahmefällen bringen Ehrenamtliche eine Verbindung zwischen ihrer diesseitigen Hilfeleistung und einem jenseitig erhofften Ausgleich ins Gespräch. Somit hat der über fast zwei Jahrtausende hinweg maßgebliche „Vergelt`s Gott"-Tarif seine Bedeutung auch im Bereich gelebter Solidarität inzwischen weithin verloren. Umso mehr könnte es sich lohnen, den seit Jahrzehnten massiv zu beobachtenden und vom Freiburger Religionssoziologen

Michael N. Ebertz grundlegend in den Blick gerückten „Wandel von Jenseitsvorstellungen in Theologie und Verkündigung“ auch für den Bereich der beherzten Mitmenschlichkeit religionssoziologisch möglichst präzise wahrzunehmen und entsprechend zu analysieren.[427]

Dieser Vorschlag hat eine umso höhere Relevanz, weil das Neue Testament mit der oben bereits angesprochenen Goldenen Regel eine Praxis der Nächstenliebe berücksichtigt, die sich auf die mitmenschliche Ebene konzentriert. Die Goldene Regel hilft, das Verhältnis zwischen der Selbst- und der Nächstenliebe zum Ausdruck zu bringen. Sie setzt voraus, dass diejenigen, die mitmenschlich handeln, eine persönliche Vorstellung davon haben, was ihnen guttut und was sie sich im Falle der persönlichen Not von ihren Nächsten an Unterstützung erhoffen. Eben diese Wohltaten sollen sie gegenüber ihren Mitmenschen mit einer sprichwörtlich zuvorkommenden Liebe umsetzen. Wichtig: Obwohl die Verwirklichung der Goldenen Regel ohne Rückgriff auf Jenseitsvorstellungen auskommt, findet sie sich gleichwohl im „Umkreis der Liebesethik Jesu“[428].

Schon jetzt kann man auf der Basis der beigezogenen Fallstudien zur beherzten Mitmenschlichkeit herausstellen, dass sich die Helfenden angesprochen, berührt oder aufgewühlt fühlen von den Nöten ihrer Mitmenschen. Nicht zuletzt, indem sie sich darüber klar werden, welche Wohltaten sie selber bereits empfangen haben oder in der Bedrängnis gern erfahren würden, machen sie eine Erfahrung der Selbsttranszendenz, die sie über sich selbst hinausführt und sie verändert. Selbsttranszendenz meint hier, dass der Mensch seine konkreten Begrenztheiten (Leid, Schuld, Konflikte, Abhängigkeiten) überschreiten kann und sich als ein veränderungsfähiges, gestaltendes Wesen begreift, das die Welt jener idealen Gerechtigkeit einen Schritt näherbringt, die in der aktuellen Lage noch unerreicht ist: „Der handelnde Mensch“, so lässt sich im Blick auf die von ihm wahrgenommene mitmenschliche Not resümieren, „hat ein Bewusstsein eines ergangenen Rufes, dem er folgt oder nicht folgt.“[429]

So vernehmen die Ehrenamtlichen einen Impuls, einen Ruf, der für sie Konsequenzen hat: Sie wissen sich persönlich gemeint. Dabei führt sie ihre Begegnung mit unterstützungsbedürftigen Menschen in einen inneren Kontakt sowohl mit sich selbst als auch mit ihren Mitmenschen.[430] Ihr Erleben ähnelt dem, was man in traditionell-religiöser Sprache „Berufung" oder „Berufungserlebnis" nennt. – Im historischen Vergleich bedeutet dieses Ergebnis: Heutige Menschen, innerhalb wie außerhalb der Kirchen, empfinden und interpretieren den Ruf in die Selbsttranszendenz im Unterschied zu Menschen früherer Zeiten erstrangig als ein zwischenmenschliches und innerweltliches Geschehen. Dass die anrührende Begegnung von Mensch zu Mensch mit einem im Hintergrund ergehenden göttlichen Ruf in Beziehung gebracht wird, der ein diesseitiges und ein jenseitiges Glück verklammert, kommt dagegen heute eher selten zur Sprache. Wenn es aktuell eine Spannung zur früheren Geschichte jüdisch-christlich geprägter beherzter Mitmenschlichkeit gibt, liegt sie wohl nicht in der Ethik, sondern vielmehr in den Glaubensüberzeugungen begründet.

2. Spannung – Zwischen (Für-)Sorge und Partizipation

Kein Gesicht verbinden die Menschen aktuell weltweit wohl derart mit dem Anliegen der Mitmenschlichkeit wie das in den Medien omnipräsente Antlitz von Papst Franziskus. Kein anderer Religionsführer und kein anderer Staatenlenker hat sich die Einladung zur Mitmenschlichkeit gegenwärtig derart zu eigen gemacht wie der amtierende Bischof von Rom. Bemerkenswerterweise spricht Papst Franziskus hier meist von Barmherzigkeit. Von seinem ersten Moment im Papstamt an hat er sich als ein Beschenkter präsentiert, der aus dem Bewusstsein lebt, dass jeder Mensch im Rahmen der umfassenden göttlichen Willkommenskultur in besonderer Weise begabt ist. So erklärte er vier Tage nach seiner Wahl bei seinem ersten sonntäglichen Angelus-Gebet öffentlich: „Für mich, ich sage das in aller Bescheidenheit, ist die Barmherzigkeit die stärkste Botschaft des Herrn!"

Auch in seinem Aufruf zum „Heiligen Jahr der Barmherzigkeit" empfahl er am 11. April 2015 ausdrücklich, dass die Menschen über die leiblichen und geistigen Werke der Barmherzigkeit unbedingt nachdenken mögen: „Das wird eine Form sein, unser Gewissen, das gegenüber dem Drama der Armut oft eingeschlafen ist, wachzurütteln und immer mehr in die Herzmitte des Evangeliums vorzustoßen, in dem die Armen die Bevorzugten der göttlichen Barmherzigkeit sind."[431]

Während Papst Franziskus die Barmherzigkeit so prominent in das öffentliche Bewusstsein rückt, beklagt der Theologe und Kardinal Walter Kasper das „Aschenputtel-Dasein der Barmherzigkeit" oder die „stiefmütterliche Behandlung der Barmherzigkeit" in der aktuellen Theologie.[432] Umso mehr lohnt sich die Vergegenwärtigung einiger kürzlich ergangener theologischer Impulse zur Bedeutung der Barmherzigkeit.

Während die Theologin Maria Dammayr die Fürsorge als eine Art säkulare Entsprechung zum stark religiös imprägnierten Begriff der Barmherzigkeit versteht[433], optiert der Bibelwissenschaftler Jürgen Ebach für Barmherzigkeit *und* Gerechtigkeit als die zwei Seiten einer einzigen Medaille. Er bilanziert seine Revision der einschlägigen biblischen Belege so: „Eine Zusammenfassung der vielfältigen Aspekte, die sich in der Bibel mit den Themen Barmherzigkeit und Gerechtigkeit verbinden, fällt schwer. Aber sie fällt wiederum auch leicht, denn was immer da im Einzelnen aufscheint, *eines* wird und bleibt deutlich: Es geht um Barmherzigkeit *und* Gerechtigkeit."[434] – Der Mainzer Moraltheologe Stephan Goertz fragte im Blick auf das von Papst Franziskus ausgerufene „Jahr der Barmherzigkeit 2015/2016" im Januar 2016, welches Verständnis von Barmherzigkeit Papst Franziskus genauerhin antreibt, wenn er eben nicht von Mitmenschlichkeit, sondern von Barmherzigkeit spricht: „Bisher bleibt die

Frage unbeantwortet, was der Papst eigentlich genau mit dem Begriff der Barmherzigkeit meint."[435] Sieht er, so ließe sich fragen, die Bedürftigen erstrangig als Menschen, die der Kirche (Franziskus nennt sie „Feldlazarett") um ihrer Heilung willen bedürfen? Oder sollten sie gezielt eine kirchliche Hilfe bekommen, damit sie ihr Schicksal möglichst selbst in die Hand zu nehmen lernen? Stephan Goertz wörtlich: „In der Barmherzigkeitsperspektive des Papstes werden die Bedürftigen [einerlei ob wiederverheiratete Geschiedene oder sonst wie Arme] primär als Verwundete wahrgenommen; unter der Gerechtigkeitsperspektive ginge es aber darum, sie als verantwortliche Subjekte ihrer Lebensgeschichte ernst zu nehmen."[436]

Matthias Drobinski, Redakteur bei der „Süddeutsche Zeitung" und angesehener Kirchenkenner, macht im Rahmen seiner theologischen Rückfrage gleichfalls auf die „Gefahr im Begriff Barmherzigkeit selber" aufmerksam. Dieses Risiko komme daher, dass die Rede von der Barmherzigkeit immer ein Machtgefälle beschreibt: „Einer ist oben und lässt Gnade vor Recht ergehen, einer ist unten und braucht einen, der sich seiner erbarmt. Das ist kein Problem, solange derjenige, der Barmherzigkeit übt, weiß, dass er irgendwann selber unten sein kann und einen braucht, der ihm gnädig ist. Es ist dann ein Problem, wenn eine Kirche sich im Besitz der Wahrheit sieht und aus dieser Haltung heraus Menschen Barmherzigkeit zukommen lässt, die nicht so leben, wie sie sich das vorstellt." Zutiefst könne die Barmherzigkeit erst dann ihre Wirkung entfalten, wenn Menschen einander auf Augenhöhe begegnen. Matthias Drobinski pointiert: „Wahre Barmherzigkeit funktioniert, wenn Geber und Empfänger gleichermaßen um ihre Fehlerhaftigkeit wissen. Wer aber glaubt, von oben herab Gnade verteilen zu müssen, zum Beispiel über Homosexuelle und Geschiedene, der wirkt nicht barmherzig, sondern arrogant. Mit Pech ein ganzes Heiliges Jahr lang."[437]

Entsprechend den zuletzt genannten Plädoyers veranschaulichen die Beispiele für die beherzte Mitmenschlichkeit im vorliegenden Buch, dass es dabei zum einen um die unterstützende

(Für-)Sorge zugunsten der Bedürftigen geht. Zum anderen zeigen sie, dass die Hilfeleistenden im alltagspraktischen Wissen um die eröffnende Kraft von Partizipationsmöglichkeiten stets mit erwägen, welche Maßnahmen geeignet sind, damit die Bedürftigen ihre Situation möglichst eigenständig in die Hand zu nehmen und für ihr Anliegen einzutreten lernen. In der Konsequenz werden sich auch die Ehrenamtlichen in ihrer Sensibilität für gesellschaftliches, ja partizipationsorientiertes Engagement bestärkt fühlen.

Die Spannung zwischen der tatkräftigen Sorge gegenüber den Bedürftigen und dem Mühen darum, dass diese ihre Lage nach Kräften selbst gestalten, veranschaulichen die in diesem Buch vorgestellten Beispiele „zwischen Exklusion und Inklusion" vielfältig: So bieten die Gefangenenbüchereien und ihre Mitarbeiter den Gefangenen jene Anregungen, die sie in der Haft so dringend benötigen. Zugleich verfolgt die Gefangenenbücherei-Bewegung das Ziel, dass die Gefangenen sich so weit an der Gestaltung und am Betrieb der Gefangenenbüchereien beteiligen, wie das unter den Bedingungen des Freiheitsentzugs möglich ist. Nicht zuletzt verstehen sich die Gefangenenbüchereien als Einladung, dass sich die Gefangenen mithilfe von Lektüre auf die Auseinandersetzung mit sich selbst einlassen und sich auf ihr Leben in Freiheit vorbereiten – ein Prozess, der auch die ehrenamtlich Engagierten in ihrem Ringen um eigene und fremde Partizipationsmöglichkeiten bestärkt. – Die Tafel-Bewegung bietet Bedürftigen jene Lebensmittel an, die in Supermärkten nicht mehr verkauft werden, aber doch noch für den Verzehr geeignet sind. Nicht zuletzt eröffnet sie ihren Kunden damit Spielräume, um das gesparte Geld selbstbestimmt für andere Dinge auszugeben, die sie sich ansonsten nicht leisten könnten. Auch manche Zusatzangebote der Tafeln wie Rechtsberatung, Sprachkurse oder handwerkliche Schulungen sollen bedürftige Menschen beispielsweise dazu befähigen, sich aussichtsreicher um eine Arbeitsstelle zu bewerben und von der Unterstützung durch die Tafel unabhängig zu werden. Nicht zuletzt mag ihr Mühen um die Partizipationsoptionen der Bedürftigen auch die Ehrenamtlichen ermutigen, aktiv zugunsten der eigenen Partizipationsmöglichkeiten einzustehen. – Ohne Frage befinden sich diejenigen, denen das Kirchenasyl gewährt wird, erstrangig in einer Situation der Schutzbedürftigkeit. Zugleich mag es ihnen gelingen, ihrem Anliegen vor Gericht vernehmliches Gehör zu verschaffen, wenn sie dabei entsprechend unterstützt werden. Damit kann das Verdikt der Selbstsorge im Bereich des Kirchenasyls sowohl auf die in den Kirchen untergebrachten Asylbewerber als auch auf diejenigen zutreffen, die das Kirchenasyl ermöglichen. Denn in größtmöglicher Umsicht stellen diese Träger des Kirchenasyls staatliche Entscheidungen infrage. Zugunsten der Kirchenasylanten nehmen sie gesellschaftliche Verantwortung wahr, indem sie sich als rechtsrelevantes Korrektiv verstehen. – Auch in der „Arche"-Gemeinschaft ist das Miteinander von Menschen mit und ohne Behinderung ein beiderseitiges Geben und Nehmen – alle Beteiligten tragen Verantwortung für das Gelingen des Zusammenlebens. Das ausdrückliche Ziel dieser Initiative besteht darin, dass sich alle an der „Arche"-Gemeinschaft beteiligten Menschen auf Augenhöhe begegnen, sodass sich jede und jeder mit den je eigenen Möglichkeiten in die Gemeinschaft einbringt.

Selbst auf dem schmalen Grat „zwischen Leben und Tod" sollen sich Schwerstkranke im Hospiz nicht durch medizinische oder menschliche Unterstützung bevormundet fühlen. Das Ziel der Hospizbewegung besteht vielmehr darin, dass sich sowohl die Mitarbeiterinnen und Mitarbeiter als auch die Kranken jeweils als Gebende und Nehmende verstehen. So verwirklicht sich stationär oder ambulant der tiefe Sinn jenes Hospiz-Slogans, der den schwer kranken Menschen als Subjekt der Selbstsorge und nicht als Objekt der Fürsorge sieht: Leben bis zum letzten Augenblick – für alle Beteiligten! – In ähnlicher Weise nehmen die Eltern still geborener Kinder ihre Lage selbstbestimmt in die Hand, wenn sie ebenfalls betroffenen Elternpaaren bis hin zur Gewährung juristischer Unterstützung dabei helfen, bestmöglich für ihr verstorbenes Kind einzutreten, anstatt seinen Tod allein tatenlos-passiv zu erleiden.

Eindrucksvoll zeigt auch die Telefonseelsorge – das in diesem Buch berücksichtigte Beispiel im Spannungsfeld „zwischen Selbstsuche und Selbstfindung" –, wie beherzte Mitmenschlichkeit sowohl die (Für-)Sorge als auch die Partizipation umfasst. So helfen die ehrenamtlichen Mitarbeiterinnen und Mitarbeiter am Telefon durch ihr offenes Ohr für die Anruferinnen und Anrufer. Damit bieten sie den Ratsuchenden eine Entlastung – optimalerweise bis zu dem Punkt, dass diese wieder Anwälte ihrer eigenen Interessen sein können. Zugleich lernen sich die ehrenamtlich Engagierten aufgrund der angeleiteten Reflexion ihrer Gesprächsführung am Telefon in ihren persönlichen Eigenarten besser kennen und erhalten Anregungen zur eigenen Selbsterfahrung. Sie erleben ihre Gemeinschaft der Ehrenamtlichen als lebendigen Ort, an dessen geistlicher und pädagogischer Weiterentwicklung sie sich aktiv beteiligen.

In summa: Den in diesem Buch vorgestellten Sozialinitiativen geht es allesamt darum, den Bedürftigen über die Gewährung von Schutz hinaus möglichst weitreichende soziale Beteiligungsmöglichkeiten zu eröffnen. Auf diese Weise nehmen sie jene Stoßrichtung auf, für die sich die moderne Pädagogik ebenso starkmacht wie beispielsweise die christliche Sozialethik. Damit werden nicht allein die Bedürftigen, sondern ebenso die beteiligten Ehrenamtlichen – sowohl innerhalb als auch außerhalb der verfassten Kirchlichkeit – zu „Grenzgängern, indem sie sich aus der Perspektive der Ausgeschlossenen in die Praxen der eigenen Gesellschaften einmischen"[438]. Zudem bietet diese neue Sicht – hier mit den Worten der Sozialethikerin Marianne Heimbach-Steins – die Chance, dass „die Anderen nicht defizitorientiert, als Bittsteller oder Eindringlinge, *von oben herab*, sondern als menschlich Gleiche und als Trägerinnen und Träger von Potentialen *auf Augenhöhe*" in den Blick geraten. In der Konsequenz ergibt sich „eine neue Beanspruchung aller Beteiligten als *Zugehörige* in einer sich verändernden (Welt-)Gesellschaft"[439].

Diese moderne Perspektive bezeichnet eine Verschiebung im Vergleich zu den vielfältigen *historischen* Traditionen christlicher

Barmherzigkeit, die auch im vorliegenden Buch immer wieder zur Sprache gekommen sind. Zwar geht es damals wie heute darum, dass sich im Bereich caritativer Praxis alle Beteiligten als sozial zugehörig verstehen. Doch bedeutete Zugehörigkeit zumindest nach mittelalterlich-christlichem Selbstverständnis für die Helfenden und die Bedürftigen noch bis weit in das 20. Jahrhundert hinein, dass das soziale Gefälle nicht im Diesseits, sondern erst im Jenseits zu einem Ausgleich gelangt. Gemäß dieser Überzeugung gilt der folgende Dreischritt als diesseits- und jenseitsverbindend: Erstens geben die Reichen ihr Almosen gegenüber den Bedürftigen; zweitens beten die Armen im Gegenzug aus Dankbarkeit für ihre Geber; drittens gleicht Gott den Unterschied zwischen den Reichen und den Armen erst im Jenseits aus, indem er die einen für ihr Almosen, die anderen für ihr Gebet belohnt und den Bedürftigen schließlich all das umsonst zukommen lässt, was sie im Diesseits so schmerzlich vermissen mussten.

Im Rückblick liegt die Frage nahe, ob es den Christen, die über mehr als anderthalb Jahrtausende hinweg die Idee des „Tauschhandels“ zwischen Diesseits und Jenseits hochhielten[440], tatsächlich gerecht wird, wenn heutzutage mancher die daraus erwachsene Caritas als eine erstrangig von Egoismus getragene Praxis charakterisiert. Immerhin fanden auf diese Weise viele Menschen eine Unterstützung, die ihr Leben spürbar verbesserte. Zugleich gelang es so, dass sich alle Menschen – vor Gott und voreinander – nützlich machen konnten: Die einen gaben Materielles, die anderen brachten ihre Gebete als geistliche Gegenleistung ein. Unter diesem Gemeinschaft stiftenden Horizont gibt sich auch im Rückblick ein Miteinander in gegenseitiger Wertschätzung zu erkennen, das idealerweise niemanden ausschloss und sogar über den Tod hinaus Gültigkeit besaß. Freilich: So sinnvoll die beschriebene Praxis angesichts der Plausibilitäten des Mittelalters gewesen sein mag, so wenig entspricht sie unserem heutigen Verständnis von gesellschaftlicher Zugehörigkeit der Helfenden und Bedürftigen.

3. Individuell in Gemeinschaft – Religion als zugewandter Lebensstil

Die vorgestellten Initiativen beherzter Mitmenschlichkeit erweisen ehrenamtliches Engagement als Ausdruck eines zugewandten Lebensstils, der die von Hubert Knoblauch genannten Merkmale der Gelebten Religion erfüllt. So zeigen die untersuchten Praxisfelder, dass unter den Ehrenamtlichen die heutzutage gesamtgesellschaftlich „angesagte" *Suche nach Individualität* keineswegs mit einer Distanzierung gegenüber der Gesellschaft einhergeht. Im Gegenteil: Ihre Individualität spiegelt sich in ihrem sozialen Engagement sogar prägnant wider: „Sozial ist der bzw. die Einzelne, wenn, soweit und solange er/sie Eigenverantwortlichkeit, Selbstsorge und pro-aktives Verhalten zeigt – im Sinne und Dienste der ‚Gesellschaft'."[441] So stehen Kreativität, Initiativreichtum und Autonomie im Dienste mitmenschlichen Engagements keinesfalls für hemdsärmelig rücksichtslose Selbstbehauptungsstrategien, sondern für Qualitäten des Individuums, mit denen es die Gesellschaft stärkt. Wer sich in dieser Weise entsprechend seinen persönlichen Fähigkeiten sozial einsetzt, handelt allgemeinverantwortlich, weil er Verantwortung auch für die Schwachen übernimmt. In diesem Sinne unterstreicht der Politologe Paul Nolte im Rahmen seines Votums für eine neue bürgerliche Leitkultur: „Selbstverantwortung macht die Menschen stark – stark auch für andere, die diese Lasten nicht tragen können."[442] Ohne Frage zählen nicht zuletzt die vielen sozial aktiven Ehrenamtlichen zu jenen Leistungsträgern, von deren Innovationsfähigkeit, Kreativität und Durchsetzungskraft die Gesellschaft lebt. Sie aktualisieren ihre Individualität und ihre Gemeinwohlorientierung gleichermaßen. Persönliche Biografiearbeit und ehrenamtliche Sozialarbeit erleben sie mitunter sogar in einem inspirierenden Wechselverhältnis zueinander.

Eben diese Kombination aus persönlicher Verwirklichung und Sozialität verkörpern all jene, die sich für Sterbende in

Hospizen, für Eltern von Sternenkindern, für Gefangene und Gefangenenbüchereien, für die Bedürftigen bei den Lebensmittel-Tafeln, für Verfolgte im Kirchenasyl, für Menschen mit Behinderungen oder für Anruferinnen und Anrufer bei der Telefonseelsorge einsetzen.

Umso mehr erleben sich mitmenschlich engagierte Ehrenamtliche in ihren persönlichen Möglichkeiten und Begrenzungen, wenn sie auf die Bedürftigen nicht von oben herabsehen, sondern ihnen in die Augen schauen und ihnen auf Augenhöhe begegnen. Damit treten ihnen die Bedürftigen gleichfalls als Individuen mit je eigener Originalität gegenüber. Zum einen ist damit – wie bereits angesprochen – die Voraussetzung geschaffen, die bislang Schwachen so zu kräftigen, dass sie zukünftig ihre eigene Situation im Rahmen der verfügbaren Möglichkeiten selbst in die Hand nehmen. Zum anderen lässt sich im Blick auf die Ehrenamtlichen wie auf die Bedürftigen eine Erkenntnis der modernen Verhaltensforschung anwenden: Oft ermöglicht einem Menschen erst der Blick auf den anderen mit seinen fremden Erfahrungen oder Lebensmustern die Wahrnehmung eigener Deutungshorizonte oder Eigenschaften, zu denen er bislang womöglich keinen Zugang hatte. In dem Maße, wie die Grenzen zwischen Gebenden und Nehmenden durchlässig werden, wird die Begegnung für beide zum Geschenk, insofern sie sich gegenseitig in ihrer Originalität bestärken.

Die *Ausrichtung auf einen ganzheitlichen Lebenshorizont* gilt als weiteres Signum der Gelebten Religion sowie als Ausdruck eines zugewandt-weltoffenen Lebensstils. In Übereinstimmung mit dem für bürgerschaftlich-sozial Engagierte charakteristischen „Wir-Sinn“[443] ist damit gemeint, dass ein Mensch sich selbst ebenso wie seinen Mitmenschen mit all jenen Facetten wahrnimmt, die sein Leben prägen: seine biografische Verwurzelung ebenso wie seine Verortung in der größeren Geschichte, seine religiösen Überzeugungen ebenso wie seine sonstigen weltanschaulichen Orientierungen, seine gesellschaftlichen Einbindungen ebenso wie seine kulturellen Engagements, seine Rückbindungen an seine Familie ebenso wie seine Kontaktpunkte zu anderen sozialen Kollektiven.

Je mehr Helfenden die derart umfassende Wahrnehmung des bedürftigen Menschen gelingt, desto weniger bleibt dieser auf seine Rolle als Notleidender festgelegt und umso eher wird damit eine Begegnung auf Augenhöhe möglich. Ganzheitlichkeit kommt innerhalb einer Hilfe-Situation nicht zuletzt in dem Maße zur Geltung, wie die Helfenden von den Notleidenden lernen, wie Helfen geht. Die Bemühungen nicht allein um die Versorgung, sondern vielmehr um das tiefere Verstehen der Lebenssituation von Bedürftigen sowie das Ringen um ihre tatsächliche gesellschaftliche Zugehörigkeit – bis hin zu deren Selbstorganisation – bringen somit zum Ausdruck, inwieweit es den Helfenden um eine ganzheitliche Wahrnehmung der (bis dahin) sozial ausgegrenzten Menschen geht.

Ähnlich wie die Aussage „Hauptsache gesund" in den Ohren eines Menschen mit Behinderung lieblos klingen mag, so erhalten auch andere „Hauptsachen" (Leistung, Nicht-vorbestraft-Sein, Vermögen, Freiheit, intakte Familie etc.) – mit diakonischen Ohren gehört, einen merkwürdigen, ja fragwürdigen Klang: „Der Gratwanderung zwischen einfühlsamer Hilfe und demütigender Mildtätigkeit entspricht die feine Differenz von Anvertrautsein bzw. Ausgeliefertsein."[444] Dabei steht Anvertrautsein für Ganzheitlichkeit und gesellschaftliche Zugehörigkeit, Ausgeliefertsein dagegen für gesellschaftliche Zertrennung und Exklusion.

Paradigmatisch zeigt sich der angesprochene Zusammenhang anhand der „Arche"-Gemeinschaft: Das miteinander geteilte Leben von Menschen mit und ohne Behinderung schafft den Resonanzraum, der notwendig ist, damit sich alle Beteiligten in ihren unterschiedlichen Fähigkeiten wertschätzen lernen. Auch Eltern, denen ein Kind während oder unmittelbar nach der Schwangerschaft gestorben ist, weisen womöglich besonders empfangsstarke Antennen für andere Eltern in einer ähnlichen Notlage auf. – Nicht weniger können Gespräche oder „auf Zeit" miteinander geteiltes Leben helfen, Menschen in ihren je eigenen Prägungen und Kompetenzen ganzheitlich wahrzunehmen: im Hospiz, in der Gefangenenbücherei, bei der Tafel, im Kirchenasyl oder im Kontext der Telefonseelsorge.

Besonders das zuletzt genannte Beispiel verdeutlicht, wie sehr es auf die ganzheitliche gegenseitige Wahrnehmung auch unter den Helfenden selber ankommt: „Im wiederkehrenden Sharing von Gefühlen, Erfahrungen und Handlungsmustern erleben die Beteiligten einerseits, wie wenig selbstverständlich manche dieser Fähigkeiten sind (z. B. nicht zu werten) und wie andererseits Einzelne gleichsam naturwüchsige Begabungen (z. B. Einfühlungsvermögen) mitbringen. Noch wichtiger ist für viele die Erfahrung, dass man solche Fertigkeiten und Grundhaltungen (z. B. den anderen vorbehaltlos zu akzeptieren) lernen kann, was im Alltag von Partnerschaft und Familie oft aussichtslos erscheint.“[445]

Unter dem Vorzeichen der Ganzheitlichkeit beschreibt die angedeutete Anleitung zur Selbstsorge menschliche Lernprozesse mit hoher lebenspraktischer Bedeutung – nicht zuletzt im Sinne des Erlernens von neuen Fähigkeiten zur mitmenschlichen Vernetzung. So zeigt sich bei entsprechender allseitiger Offenheit auch unter den Helfenden, dass sich das Miteinander-leben-Lernen langfristig in neuem Bewusstsein, eventuell sogar in politischer Einsatzbereitschaft oder in neuen persönlichen und kollektiven Lebensformen konkretisiert. Dabei knüpfen sie zwar – wie bereits mehrfach betont – an historische Deutungsmuster an. Doch bleibt die Dimension der Ganzheitlichkeit im Bereich der beherzten Mitmenschlichkeit anstelle der ehemaligen Verbindung von Diesseits und Jenseits heutzutage erstrangig auf die Netzwerke im Diesseits konzentriert.

Als drittes Element neben den Individualisierungstendenzen und dem Mühen um Ganzheitlichkeit zeichnet die Gelebte Religion im Sinne eines zugewandten Lebensstils eine gewisse *Skepsis gegenüber gesellschaftlichen Institutionen* (Kirchen, Parteien, Gewerkschaften etc.) aus. Diese Zurückhaltung mag sich unter den von Ausgrenzung betroffenen Menschen ebenso finden wie unter den ehrenamtlichen Trägerinnen und Trägern der vorgestellten Initiativen beherzter Mitmenschlichkeit.

Zum einen liegen diese Ressentiments darin begründet, dass sich die sozial sensiblen und caritativ engagierten Menschen immer wieder mit einer weitgehenden gesellschaftlichen Unaufmerksamkeit oder sogar Unwilligkeit gegenüber Bedürftigen konfrontiert sehen. Ist es nicht tatsächlich oftmals auch die frühere oder die aktuelle gesellschaftliche Unachtsamkeit gegenüber den Notleidenden, die Sozialinitiativen zugunsten von Hospizen, Klinikabschiedsboxen, Gefangenenbüchereien, Tafel-Ausgaben, Kirchenasyl oder Telefonseelsorge überhaupt notwendig macht? – Zum anderen erleben die sozial aktiven Ehrenamtlichen, dass sie den Armen zwar mit den jeweils erforderlichen Gaben helfen. Oft aber können sie nur wenig für einen Rechtsanspruch tun, damit die Bedürftigkeit der Armen in einer Weise behoben würde, die die Hilfe von ehrenamtlichen Sozialaktivisten alsbald überflüssig machte. Ins Gedächtnis gerufen sei hier exemplarisch allein, dass der Rechtsanspruch auf ein Büchereiangebot für Gefangene trotz vielfältiger Bemühungen noch immer keine Gesetzeskraft erlangt hat.

Die Institutionenskepsis vieler caritativ engagierter Ehrenamtlicher bezieht sich mitunter auch auf die kirchlichen Institutionen. Beispielsweise ist ihnen bewusst, wie lange sich die Evangelische Kirche und die Katholische Kirche in Deutschland gegen die Einrichtung von Hospizen zur Wehr gesetzt haben, bevor sie Anfang der 1990er-Jahre schließlich doch zustimmten. Ebenso werden Betroffene die weithin ausgebliebene kirchliche Unterstützung für ihre Initiative zugunsten der Klinikabschiedsboxen schmerzlich bemerkt haben – und das, obwohl die Kirchen den Lebensschutz für Kinder ansonsten so öffentlichkeitswirksam vertreten.

Umgekehrt könnten Bedürftige, die in ihrem Alltag bei Ämtern und Behörden vielfältig auf taube Ohren stoßen, aufgrund manch ehrenamtlichen Sozialengagements neues Zutrauen zur

Gesellschaft und zu deren Institutionen finden – vorausgesetzt, sie erleben die meist ehrenamtlich getragenen Initiativen als authentisch, zugewandt und wirklich um ein Miteinander auf Augenhöhe bemüht. In der Konsequenz mögen diese Begegnungssituationen das gesellschaftliche Zutrauen auch der ehrenamtlich Engagierten aufs Neue kräftigen.

Somit lässt sich zusammenfassen: Unabhängig davon, welcher weltanschaulichen Orientierung die Menschen folgen, die sich im Bereich der beherzten Mitmenschlichkeit ehrenamtlich engagieren, verstehen sie ihren Einsatz als Ausdruck eines zugewandten Lebensstils. So erhoffen sie sich von ihrer sozialen Arbeit zugleich Anregungen für ihre eigene Individualität, erleben ihr Engagement als Bestärkung persönlicher und gesellschaftlicher Lebenszusammenhänge und mühen sich, ihre Skepsis gegenüber manchen gesellschaftlichen Institutionen durch persönlichen Einsatz wettzumachen. Auf diese Weise stärken sie ihr eigenes gesellschaftliches Zutrauen ebenso wie das von bedürftigen Menschen – erst recht, wenn sie ihnen bei ihrer gesellschaftlichen Integration entschieden zur Seite stehen.

4. „Religion in der Moderne?" – Kriterium: Beherzte Mitmenschlichkeit

Wenn man mit Hubert Knoblauch gegenwärtig einen neuen religiösen Aufschwung wahrzunehmen vermag, so sei hier nochmals wiederholt, ist er ihm zufolge durch die Freisetzung von traditionalen, institutionellen und dogmatischen Vorgaben gekennzeichnet. Er sieht ihn durch ein hohes Maß an individueller Entscheidungskompetenz geprägt, die ihrerseits auf Ganzheitlichkeit und Institutionenskepsis abzielt. Obgleich die im vorliegenden Buch untersuchten Fallbeispiele zur beherzten Mitmenschlichkeit diese Grundcharakteristika bestätigen, müssen sie gleichwohl offen lassen, welchen genauen Stellenwert – steigend oder sinkend – diese neue Sozialform des Religiösen in unserer Gesellschaft einnimmt.

Wenn man einen näheren Blick wagen möchte, so stellt sich die Frage: Welche Impulse ergeben sich, wenn man die erzielten Untersuchungsergebnisse zur beherzten Mitmenschlichkeit in einen Dialog mit der umstrittenen, gleichwohl aktuell überaus präsenten These des Religionssoziologen Detlef Pollack bringt, dass die moderne Gesellschaft letztlich einen negativen Einfluss auf den Faktor Religion hat? Entsprechend seiner empirisch gewonnenen Schlüsselerkenntnisse formuliert er: Je höher in einer Gesellschaft das Bruttoinlandsprodukt pro Kopf ausfällt, umso schwerer hat es die Religion. Anders gesagt: In dem Maße, wie sich die funktionale Differenzierung als der erfolgreiche Motor einer Gesellschaft erweist, umso eher sinkt der Einfluss der Religion: „In Westeuropa ist Religion auf der Individualebene von einem umfassenden Bedeutungsrückgang erfasst. Weder was die Zugehörigkeit zu religiösen Gemeinschaften angeht, noch was die religiöse Praxis oder die Überzeugungsdimension betrifft, können wir von nennenswerten Gegenbewegungen berichten."[446]

Im Rahmen seiner Argumentation definiert Pollack die Religion auf der Basis von zwei besonderen Kennzeichen: Erstens arbeiten ihm zufolge alle religiösen Sinnformen mit der Unterscheidung von Immanenz und Transzendenz, ja beziehen das Überirdisch-Transzendente in den Alltag ein. So machen Religionen zweitens das Transzendente zugänglich, erfahrbar und kommunikabel. Dafür greifen sie zurück auf „Rituale, Gebete, Meditationen, Ikonen, Schreine, Altäre, Prozessionen, Predigten, heilige Schriften usw."[447] Die beiden Spezifika sieht Pollack in einem unmittelbaren Zusammenhang: „All die angegebenen religiösen Inhalte und Formen haben die Aufgabe, Kontakt zur Transzendenz, wie diese auch immer gefüllt sein mag, herzustellen. Gleichzeitig gehören sie jedoch als menschliche Vollzüge zur Immanenz."[448] Die Stärke dieser substanziellen Religionsdefinition sieht ihr Urheber – ebenso wie viele andere Vertreter dieses Religionsbegriffes – darin, dass Religiöses und Nicht-Religiöses auf diese Weise deutlich voneinander geschieden werden kann: „Wo nicht die Unterscheidung von Immanenz und Transzendenz vollzogen wird und diese Unterscheidung in die Immanenz wieder eingeführt wird, handelt es sich nicht um Religion“[449], unterstreicht er kategorisch. Anders gesagt: Wenn eine Weltanschauung die Unterscheidung von Diesseitigem und Jenseitigem nicht vornimmt und die alltagsweltliche Relevanz des Jenseitigen im Diesseits nicht mittels heiliger Orte, heiliger Zeiten, heiliger Personen und heiliger Vollzüge zutage treten lässt, verweigert Pollack das Label „Religion“.

Wendet man Pollacks Schlüsselkennzeichen für Religion auf die untersuchten Fallstudien zur beherzten Mitmenschlichkeit an, führt kein Weg an der Feststellung vorbei, dass es mit der Religion abwärtsgeht. Es fanden sich, so sei hier erinnert, nur wenige klare Hinweise auf einen Jenseitsglauben der Beteiligten. Erst recht gilt diese Feststellung, wenn man als Vergleichsmaßstab den Jenseitsglauben vormoderner Zeiten einbezieht oder wenn man im Kontext der untersuchten Initiativen nach rituellen Artikulationsweisen des Jenseitsglaubens sucht. Immerhin finden sich belastbare Indizien für die Bedeutung von Riten und Gebeten beispielsweise im Kontext der Hospizbewegung oder der Telefonseelsorge.

Im Rahmen einer kritischen Reflexion ließe sich mit Blick auf den Religionsbegriff von Pollack als Erstes darauf hinweisen, dass er nicht nur seine besonderen Kennzeichen für die legitime Rede von Religion sehr eng umgrenzt hält. Ähnlich knapp benennt er die Schlüsselkriterien, die er für eine empirisch nachprüfbare christliche Religionspraxis heranzieht: die Häufigkeit des (Tisch-)Gebetes, die Häufigkeit des Gottesdienstbesuches sowie den Glauben an Gott. Hinsichtlich moderner religiöser Ausdrucksweisen wie Pilgern, Meditieren oder Fasten wendet er ein, dass sie quantitativ nicht an die traditionellen Ausdrucksformen religiösen Lebens heranreichen: „Keine dieser alternativen Praktiken erreicht das Niveau des Betens oder des Gottesdienstbesuchs.“[450]

Als Zweites ist bemerkenswert, dass Pollack den caritativen Einsatz im Bereich der beherzten Mitmenschlichkeit kaum in seine Charakterisierung von Religion einbezieht und nur ganz am Rande als Indikator für eine lebendige Religionspraxis berücksichtigt.[451] So nennt er in den umfänglichen Stichwortverzeichnissen seiner beiden großen Übersichtswerke zur Religion in der Moderne von 2015 und 2016 weder „Barmherzigkeit" oder „Caritas" noch „Nächstenliebe" oder „Mitmenschlichkeit".

Zwar formuliert Pollack im Blick auf die beherzte Mitmenschlichkeit: „Je religiöser die Menschen in Deutschland-Ost oder -West sind, desto wahrscheinlicher ist es, dass sie sich sozial engagieren und Vertrauen in andere Menschen haben. (...) Religiosität bleibt für die Erklärung freiwilligen sozialen Engagements ein signifikanter Einflussfaktor. (...) Unter allen Einflussfaktoren ist, wie die Regressionsanalyse zeigt, Religiosität sogar der bedeutendste Prädikator."[452] – Konfrontiert man die Ergebnisse unserer Fallstudien zur beherzten Mitmenschlichkeit mit den zuletzt zitierten Aussagen von Pollack, könnte man allerdings fragen, wie er einerseits vom Rückgang des religiösen Lebens inklusive der religiös begründeten Mitmenschlichkeit sprechen kann, während andererseits in unserer Gesellschaft das Ehrenamt eine so große Bedeutung hat wie lange nicht? Immerhin endete das Jahr 2016 mit einem neuen Rekord ehrenamtlicher Tätigkeit in Deutschland, wie die Zeitungen des Redaktionsnetzwerks Deutschland unter Berufung auf Zahlen der Bundesregierung meldeten. Mehr als 31 Millionen „Helden des Alltags" engagierten sich demnach im vergangenen Jahr in Ehrenämtern – und das, nachdem bereits in den vergangenen Jahren die Zahl kontinuierlich gestiegen war.[453]

Pollack sieht in dem geschilderten Gegenüber keinen Widerspruch, insofern der Faktor „Religion" innerhalb unserer Gesellschaft trotz allem nur ein Faktor sei, der sozial-integrative Anstrengungen stimuliere. Während man diese Argumentation im Blick auf die Wirkungen der Institution Kirche und ihrer empirisch nachweisbaren gesellschaftlich geringeren Bedeutung noch mittragen mag, erheben sich doch umso größere Rückfragen, wenn man sich vergegenwärtigt, dass Pollack die Begriffe „Religion", „Kirche" und „Christentum" in seiner (Gesamt-) Argumentation vielfach synonym verwendet. Somit ließe sich rückfragen: Bedeutet der Rückgang der Kirchlichkeit in einer modernen Gesellschaft tatsächlich automatisch einen Rückgang von Christlichkeit im Sinne eines Einflusses von christlichen Traditionen und einer persönlichen Orientierung an christlichen Werten (hier einmal unabhängig davon, inwieweit ein Mensch das christliche Gottesbild für sich übernimmt oder nicht)?

„Wie die Untersuchungen im Religionsmonitor", so Pollack, „gezeigt haben, sind für die Vermittlung von das Zusammenleben befördernden Werten und Normen Familie, Schule und Freundeskreis wichtiger als religiöse Gemeinschaften, und zwar auch für Menschen, die religiös gebunden sind."[454] Wenn man diese Aussage übernimmt, lässt sie sich erstens als Bestätigung dafür lesen, dass wir uns bei unserer Untersuchung auf Initiativen im Dienste der beherzten Mitmenschlichkeit am äußersten kirchlichen Rand oder sogar abseits der Kirche konzentriert haben. Und zweitens könnte unsere Untersuchung die Anregung beinhalten, zukünftig unter Einsatz von religionssoziologischer Empirie noch genauer zu untersuchen, woher Menschen, die im großen Netzwerk der beherzten Mitmenschlichkeit tätig sind, ihre Werte beziehen und welche Rolle das Christentum und dessen Überzeugungen in diesem Kontext tatsächlich spielen.

5. Orientierung – Zwischen „Anonymem Christentum" und „Weltethos"

In Ergänzung religionssoziologischer Erklärungsansätze bietet sich für eine theologische Einordnung der Fallstudien zur beherzten Mitmenschlichkeit die von dem renommierten Jesuitentheologen Karl Rahner eingebrachte und seither vielfach diskutierte Rede vom „anonymen Christen“ an. Rahner hat sie bereits in den 1960er-Jahren geprägt, als er wahrnahm, dass das Christentum an Selbstverständlichkeit zu verlieren begann: „Ich sehe Zeiten heraufziehen, in denen das Christentum nicht mehr das Selbstverständliche in Europa und in der Welt ist. Ich weiß das. Aber es kann mich im Allerletzten nicht anfechten. Warum nicht? Weil ich überall ein anonymes Christentum sehe, weil ich in meinem ausdrücklichen Christentum nicht eine Meinung neben anderen, ihm widersprechenden erkenne, sondern in meinem Christentum nichts erblicke als das Zu-sich-selbst-Gekommensein dessen, was als Wahrheit und Liebe auch überall sonst lebt und leben kann.“[455]

Noch deutlicher formuliert der Theologe andernorts, dass die Bezeichnung „Anonymer Christ“ oder auch „Anonymes Christentum“ eine Charakterisierung ist, die ein Christ einem Menschen zuspricht, der zwar in ethischen Hinsichten wie ein Christ lebt, ohne aber in einen direkten Kontakt zum Christentum gelangt zu sein und ohne sich als Christ zu bekennen: „Impliziertes Christentum – man könnte es auch ‚anonymes Christentum‘ nennen – heiße der Zustand jenes Menschen, der einerseits im Zustand der Rechtfertigung und Gnade lebt und andererseits mit der ausdrücklichen Predigt des Evangeliums noch nicht in Berührung gekommen ist, also auch nicht in der Lage ist, sich selber ‚Christ‘ zu nennen.“[456]

Bemerkenswerterweise hat die Rede vom „anonymen Christen“ ihren erstrangigen biblischen Referenzpunkt in der oben bereits erwähnten matthäischen Aufforderung zur Barmherzigkeit. Wie in der „Einleitung“ dieses Buches schon angesprochen, sieht die in Mt 25 präsentierte Gerichtsrede das Schlüsselkriterium für das diesseitige und das jenseitige Heil nicht in der Zugehörigkeit zu einer Heilsgemeinde (Israel, Kirche etc.), sondern allein darin, dass ein Mensch den Willen Gottes *tut*. Anders gesagt: Wer immer sich zu seinen Mitmenschen beherzt-zugewandt verhält, einerlei, ob er innerhalb einer Kirche oder einer anderen Heilsgemeinschaft steht oder nicht, orientiert sich damit – so die maßgebliche Bibelstelle – auf Christus hin. Ja, Christus identifiziere sich mit ihm, wie Mt 25 unmissverständlich zum Ausdruck bringt. Diesem Text zufolge ist ein Mensch selbst dann auf Christus hin ausgerichtet, wenn er ihn überhaupt nicht kennt. Auf diese Weise sind die Möglichkeit von Heil auch außerhalb einer Kirche einerseits und die implizite Orientierung auf Christus hin andererseits in Mt 25 derart kombiniert, „wie dies sonst nirgendwo im Neuen Testament der Fall ist“[457]. Somit gibt Mt 25,31–46 tatsächlich „eine tragfähige Basis für Rahners Rede vom ‚anonymen Christen‘“ ab.[458]

Bezogen auf die Fallstudien dieses Buches zur beherzten Mitmenschlichkeit eröffnet sich somit folgende Perspektive: Entsprechend der Rede vom „anonymen Christen“ erscheint es von untergeordneter Bedeutung, dass die Menschen von ihren Jenseitshoffnungen schweigen. Sie erleben nichtsdestoweniger individuelle Lebensfreude oder persönlichen Sinnzugewinn, wenn sie anderen Menschen aus innerer Überzeugung beistehen. Im Hinblick auf Mt 25 erfüllen die Helferinnen und Helfer Jesu Auftrag zur Mitmenschlichkeit.

Mit Blick auf die Gesamtgruppe der ehrenamtlich Engagierten bekennen sich damit die einen ausdrücklich als Christ oder Christin, während die anderen (aus einer christlichen Perspektive!) unabhängig von ihrer Selbstcharakterisierung als „anonyme Christen“ gelten dürfen, insofern ihr Handeln als christusgleich angesehen werden kann. Denn in der Rede vom „anonymen Christen“ wird „Christliches ja nicht anonym genannt, weil es durch Menschlichkeit zu ersetzen, sondern weil es in der Menschlichkeit verborgen ist“[459]. Es sei nochmals wiederholt: Für die Fallstudien dieses Buches hat die Rede vom „anonymen Christen“ den Vorteil, dass die Frage, ob ein Mensch ausdrücklich mit einer jenseitigen Gottesmacht rechnet oder nicht („Diesseitsglück statt Jenseitsbezug“), für seine (freilich von außen vorgenommene) Charakterisierung „Christ“ keine Rolle mehr spielt.

Ebenso wie sich die Rede vom „anonymen Christen“ mit Mt 25 in der oben nachgezeichneten Weise auf eine biblische Fundierung und einen Anfang im Neuen Testament berufen kann, artikuliert sie sich christentumsgeschichtlich zugleich in vielfältigen Traditionen des Gutmenschentums bis hinein in die Gegenwart. Einige von diesen historisch-zivilisationsfördernden Ausprägungen der Mitmenschlichkeit sind im vorliegenden Buch ausdrücklich zur Sprache gekommen.

Um noch einen wichtigen Einwand gegen die Rede vom „anonymen Christen" aufzugreifen[460]: Muss die Rede vom „anonymen Christen" oder vom „anonymen Christentum" unter den Menschen, die sich beherzt-mitmenschlich verhalten, ohne näherhin auf die Überzeugungen des Christentums einzugehen, als eine übergriffige Zumutung gelten? Ist es also unfair, auch den Menschen, auf die die Fallstudien dieses Buches den Blick gelenkt haben, als Christen zu vereinnahmen, selbst wenn sie sich nicht christlich bekennen? Karl Rahner verneint diese Überlegung, indem er wie nebenbei zeigt, dass die durch Christen geführte Rede vom „anonymen Christen" zugleich eine kirchenkritische Dimension in sich birgt: „Es mag dem Nichtchristen anmaßend erscheinen, dass der Christ das Heile (...) in jedem Menschen als Frucht der Gnade seines Christus und als anonymes Christentum wertet und den Nichtchristen als einen noch nicht reflex zu sich selbst gekommenen Christen betrachtet. Aber auf diese ‚Anmaßung' kann der Christ nicht verzichten. Und sie ist eigentlich die Weise seiner größten Demut für sich und die Kirche. Denn sie lässt Gott nochmals größer sein als den Menschen und die Kirche."[461]

Eine gleichfalls theologisch fundierte Deutung beherzter Mitmenschlichkeit, wie sie angesichts der Fallstudien dieses Buches möglich erscheint, mag sich auf das von dem Theologen Hans Küng auf den Weg gebrachte „Projekt Weltethos" berufen. Unter diesem Titel geht es um einen ebenso religionsbasierten wie religionsübergreifenden ethischen Konsens: „Mit Weltethos meinen wir keine neue Weltideologie, auch keine einheitliche Weltreligion jenseits aller bestehenden Religionen, erst recht nicht die Herrschaft einer Religion über alle anderen. Mit Weltethos meinen wir einen Grundkonsens bezüglich bestehender verbindender Werte, unverrückbarer Maßstäbe und persönlicher Grundhaltungen", wie es das Parlament der Weltreligionen 1993 in Chicago im Sinne eines Menschheitsethos formuliert hat.[462]

Bemerkenswerterweise setzt Hans Küng ebenso wie Hubert Knoblauch im Rahmen seines Konzeptes der Gelebten Religion bei der Feststellung an, dass Menschen heutzutage nach Unterstützung ihrer Individualität sowie nach einer ganzheitlichen Eingebundenheit suchen und sich nicht selten reserviert verhalten gegenüber (religiösen) Institutionen.[463] Gleichermaßen teilt der Theologe mit dem Religionssoziologen die Überzeugung, dass religiöse Vergewisserungen und Ausdrucksformen zum Wesen des Menschen gehören. Wenn sie sich nicht innerhalb institutioneller Formen (Kirchen, Gemeinden etc.) artikulieren, kommen sie eben in nicht formalisierter Weise zum Ausdruck. Hans Küng wörtlich: „Religion ist wie die Kunst oder das Recht (...) ein universales Phänomen."[464] In der Konsequenz teilen beide Gelehrte die Auffassung, dass sich die Religion in den westlichen Industrieländern heutzutage lediglich in ihrer institutionalisierten Form auf dem Rückzug befindet.

Ungeachtet dieser Tatsache, spricht Küng – hier anders als Knoblauch – den großen Weltreligionen eine tragende Rolle bei seinem „Projekt Weltethos" zu. Er tut dies aus der Überzeugung, dass der Mensch die Unbedingtheit und die Universalität ethischer Verpflichtungen allein mithilfe der Religionen begründen kann: „Zumindest für die prophetischen Religionen, Judentum, Christentum und Islam", so Hans Küng, „ist es das einzig Unbedingte in allem Bedingten, das die Unbedingtheit und Universalität ethischer Forderungen begründen kann, jener Urgrund, Urhalt, jenes Urziel des Menschen und der Welt, das wir Gott nennen."[465] Einerlei, ob Religionen die Letztgültigkeit ihrer ethischen Forderungen also von einem geheimnisvollen Absoluten oder von einer Offenbarungsgestalt, von einer uralten Überlieferung oder von einem heiligen Buch ableiten – für sicher erachtet Küng, dass Religionen ihre ethischen Regeln mit einer ganz anderen Autorität vorbringen können, als das allein menschlich-diesseitig verpflichteten Instanzen möglich ist („Religion als optimale Voraussetzung zur Realisierung der Humanität“[466]). So vermögen allein Religionen oberste Werte oder unbedingte Normen, tiefste Motivationen und höchste Ideale zu garantieren.

Wenn Hans Küng als tragfähige Basis für sein „Projekt Weltethos“ ausdrücklich vorschlägt, eine Koalition zwischen den Anhängern der Weltreligionen auf der einen und den Anders- oder Nichtgläubigen auf der anderen Seite zu bilden, spiegeln die in diesem Buch vorgestellten Fallstudien zur beherzten Mitmenschlichkeit genau dieses Miteinander wider. Besonders im Blick auf die oben bereits genannte und für Hans Küngs „Projekt Weltethos“ zentrale Goldene Regel ließ sich anhand der Fallstudien zur beherzten Mitmenschlichkeit zeigen, wohin es führt, wenn religiöse und nicht-religiöse Menschen von der Grundvorstellung ausgehen, andere Menschen so zu behandeln, wie sie auch selbst gern von anderen behandelt werden wollten.

Indem Hans Küng sein „Projekt Weltethos“ als „pädagogisches Projekt“ durchbuchstabiert, ergeben sich zahlreiche Anknüpfungspunkte zu den Fallstudien der beherzten Mitmenschlichkeit: Sein Slogan „Miteinander leben lernen“ gilt ebenso für alle in diesem Buch vorgestellten Initiativen wie sein Postulat „Werte leben lernen“, insofern mit diesen Maximen eine Neugier für die Lebenswelt und die ethischen Lebensmaximen des Mitmenschen verbunden sind.[467]

Die „Erklärung zum Weltethos des Parlaments der Weltreligionen“ von 1993 formuliert ihre Leitgedanken gerade so, wie sie sich auch anhand der Fallstudien zur beherzten Mitmenschlichkeit in lokal begrenzter und mitmenschlich beherzter Realisation zeigen: „Wir betrachten die Menschheit als unsere Familie. Wir müssen danach streben, freundlich und großzügig zu sein. Wir dürfen nicht allein für uns selber leben, müssen vielmehr auch anderen dienen und niemals die Kinder, die Alten, die Armen, die Leidenden, die Behinderten, die Flüchtlinge und die Einsamen vergessen. (...) Wir müssen nach einer gerechten sozialen und ökonomischen Ordnung streben, in der jeder die gleiche Chance erhält, seine vollen Möglichkeiten als Mensch auszuschöpfen."[468]

Einerlei, ob es um den Einsatz für das Kirchenasyl oder die Gefängnisbücherei geht, um das Engagement für die Tafel-Speisungen oder das „Arche"-Projekt, um die Gestaltung des Lebens angesichts des Todes oder im Kontext der Telefonseelsorge – immer mühen sich Menschen unter Rückgriff auf die in unseren Breiten maßgeblich jüdisch-christlich grundgelegten Traditionen der Caritas darum, exakt die Grundoptionen in die Tat umzusetzen, die mit dem „Projekt Weltethos" korrespondieren. Facettenreich konnten die Fallstudien veranschaulichen, worauf auch die Vertreterinnen und Vertreter der „Weltethos"-Bewegung vertrauen: „Unsere oft schon jahrtausendealten religiösen und ethischen Traditionen enthalten genügend Elemente eines Ethos, die für alle Menschen guten Willens, religiöse und nichtreligiöse, einsichtig und lebbar sind."[469]

Kurzum: Die Schlüsselrolle, die Hans Küng den Weltreligionen und ihren Anhängerinnen und Anhängern im Rahmen seines „Projekt Weltethos" zuschreibt, lässt sich als Prägekraft – hier fokussiert auf jüdisch-christliche Traditionen und Überzeugungen – auch in den Fallstudien zur beherzten Mitmenschlichkeit markant erkennen. In beiden Fällen agieren Christen in Koalition mit Menschen anderer weltanschaulicher Prägungen im Dienst an Menschen in den verschiedensten Nöten. So finden sich in beiden Fällen jene ethischen Werte wieder, die das „Projekt Weltethos" als die zwei Grundprinzipien hervorhebt: „1. Das Humanitätsprinzip – Jeder Mensch soll menschlich und nicht unmenschlich behandelt werden. 2. Die Goldene Regel der Gegenseitigkeit: Tue nicht anderen, was du nicht willst, das sie dir tun."[470]

6. Resonanz – Beziehungsmodus der Mitmenschlichkeit

Abschließend sei ein letzter Versuch unternommen, um den in puncto „Beherzte Mitmenschlichkeit" erzielten Befund mit seinen religionssoziologischen und theologischen Facetten in den größeren Gegenwartshorizont unserer westlichen Gesellschaften hineinzustellen. So sieht auch der Soziologe Hartmut Rosa die Funktionsweise dieser Gesellschaften dadurch charakterisiert, dass sie sich kontinuierlich im Modus der Beschleunigung befinden, um ihr Gleichgewicht zu halten: „Moderne Gesellschaften sind dadurch gekennzeichnet, dass sie ihre Teilbereiche und ihre Sozialstruktur nur noch dynamisch zu stabilisieren und zu reproduzieren vermögen. Sie gewinnen Stabilität gleichsam *in und durch Bewegung*, wobei diese Bewegung genauer als eine *Steigerungsbewegung* bestimmt werden kann."[471] Mit anderen Worten: Die westlichen Gesellschaften sind seit Jahrzehnten systematisch auf Wachstum, Beschleunigung und Innovationsverdichtung angewiesen.[472]

Wie aber verhält sich der Einzelne innerhalb dieser gesellschaftlichen Entwicklung, zu deren dunkler Kehrseite doch immerhin die zunehmende Zahl von Menschen gehört, die der brutalen Steigerungslogik nicht gewachsen sind oder ihr nicht mehr standhalten können? Erinnern lässt sich unter anderem an die vielen Menschen, mit denen sich die in diesem Buch vorgestellten Fallbeispiele exemplarisch befassen: Menschen in Krankheit oder in Todesnähe, Menschen in Gefängnissen oder in materieller Sorge, Menschen im Kirchenasyl oder mit Behinderungen, Menschen ohne Rechte oder in aktuellen psychischen und existenziellen Nöten.

Hartmut Rosa behauptet nicht, dass der Ausweg aus der *Beschleunigungsfalle* einfachhin in der gesellschaftlichen *Entschleunigung* besteht. Nirgends optiert er dafür, eine moderne Gesellschaft gewissermaßen anzuhalten, das Ringen um ständig steigendes Wachstum kurzerhand aufzugeben oder aus dem Hamsterrad der Gewinnmaximierung konsequent auszusteigen. Vielmehr sieht er die adäquate Antwort des Einzelnen auf die gesellschaftliche Belastung in der möglichst hohen Sensibilität für Resonanz.

Positiv meint er mit Resonanz einen auch theologisch hochrelevanten Beziehungsmodus, bei dem sich Subjekt und Welt gegenseitig berühren und transformieren (Was „an sich" wichtig ist, wird plötzlich „für mich" wichtig). Negativ ausgedrückt, ist Resonanz „das Andere der Entfremdung"[473]. Während die Entfremdungserfahrung damit einhergeht, dass ein Mensch die ihm gegenübertretende Welt als kalt oder sogar ablehnend empfindet (am Arbeitsplatz, in Sozialkontakten etc.), zeichnet sich die Resonanzbeziehung dadurch aus, dass das Subjekt einen „Draht" verspürt zu den Menschen, Orten, Zeiten oder Erfahrungen der eigenen Umwelt. In der Resonanz erlebt der Mensch die Welt nicht als fremd, sondern gewissermaßen als antwortend, ja sogar als energiegeladen: Der Funke springt auf ihn über, einerlei, ob er zugewandte Menschen, die Natur, die Geschichte, die Religion oder die Ausdrucksweisen beherzter Mitmenschlichkeit als etwas Zündendes erlebt.

Auf derartige Resonanzbeziehungen sind auch jene eingangs genannten vier Kriterien ausgerichtet, die hinter den Sozialinitiativen stehen, die in diesem Buch Berücksichtigung gefunden haben. Berechtigt lassen sich die Ehrenamtlichen unter diesen Vorzeichen sogar als „Pfadfinder für die Erschließung von Resonanzräumen" charakterisieren:

- Wenn sie sich als Ehrenamtliche für die Parteinahme zugunsten von Armen und „anderen" auf Augenhöhe entscheiden, können Helfende und Bedürftige – wie nah sie dem Christentum auch immer stehen – auf diese Weise einen Draht zueinander entwickeln.
- Sobald sich die Trägerinnen und Träger der Initiativen (in all ihrer weltanschaulichen Vielfältigkeit) zugunsten beherzter Mitmenschlichkeit und sozialkritisch gegen subjektbedro-

hende gesellschaftliche Zustände einsetzen, dabei blinde Flecken der staatlichen oder kirchlichen Fürsorge entdecken und sich zugunsten von marginalisierten Personen engagieren, begünstigt das ebenfalls Resonanzräume für alle Beteiligten.

- Nicht weniger fördern jene Initiativen mitmenschliche und gesellschaftliche Resonanzfelder, die eine beratende Unterstützung zur Lösungsfindung für politische, gesellschaftliche und persönliche Probleme in Form einer „Seelsorge aneinander" anbieten.
- Schließlich protegiert jede Initiative, die für die Hilfe zur Selbsthilfe eintritt, zugleich Resonanzen unter den Notleidenden, insofern sich die Bedürftigen unter diesen Vorzeichen als Subjekte wahrnehmen, die in der gesellschaftlichen Öffentlichkeit für ihre Bedürfnisse eintreten.

Der heutige Einsatz für beherzte Mitmenschlichkeit – auch als Ausdrucksform für die alltagspraktische und eröffnende Kraft religiöser Überzeugungen – führt zu je neuen Resonanzbeziehungen („es kommt etwas zurück"[474]) und ist damit Ausdruck individueller und gesellschaftsrelevanter Kommunikation und Kreativität: „Der Wunsch, ja das Verlangen, etwas zu bewegen und dabei zugleich selbst bewegt zu werden, sich bewegen zu lassen, steht an der Wurzel nicht nur des bürgerschaftlichen Engagements, sondern vielleicht des biografischen Handelns moderner Menschen überhaupt."[475] Letztlich verändern sich so beide – der Geber und der Empfänger –, und zwar schon im Hier und Jetzt![476]

Wie gezeigt, ist es für die auf Soziales und Religiöses fokussierte Wahrnehmung von Geschichte und Gegenwart entscheidend, die Besonderheiten des modernen In-der-Welt-Seins im Unterschied zu vor- und außermodernen Formen der Weltbeziehung herauszuarbeiten. Denn erst dadurch wird erkennbar, dass die aktuell dominanten Resonanzverhältnisse eben nicht anthropologisch fundiert, sondern historisch kontingent und das heißt: wandelbar sind.[477] Wie schon mehrfach angesprochen, reicht diese Veränderung bis hin zu der Frage, inwieweit das Christentum unsere beherzte Mitmenschlichkeit überhaupt noch beeinflusst, nachdem es für die Weltbeziehungen heutiger Menschen jedenfalls weit weniger selbstverständlich ist als noch vor Jahrzehnten.

Im Rückblick auf die untersuchten Fallstudien lässt sich unter Bezug auf den Titel dieses Buches festhalten, dass Religion unsere Mitmenschlichkeit auch heute prägt: Erstens ist unsere Gesellschaft noch weithin beeinflusst von den Folgewirkungen der über Jahrhunderte hinweg christlich grundgelegten Caritas, welche die Menschen als Antwort auf eine entsprechende göttliche Einladung verstanden bzw. verstehen. Die eingangs genannte Ausstellung mit dem Thema „Nächstenliebe von den frühen Christen bis zur Gegenwart" konnte diese Kontinuität auf beeindruckende Weise sichtbar machen. In diesem Sinne greifen auch die im vorliegenden Buch berücksichtigten aktuellen Initiativen beherzter Mitmenschlichkeit vielfach Grundanliegen auf (Sorge um das körperliche Wohlergehen etc.), die Menschen früherer Zeiten – freilich in ihrem je eigenen Sinn- und Wertehorizont – oftmals ebenfalls wichtig waren. Nicht zuletzt zeigte sich dieser Konnex anhand der historischen Vergewisserungen zu jeder einzelnen Initiative deutlich.

Zweitens wird man die Prägekraft von Religion im Bereich der beherzten Mitmenschlichkeit auch im Sinne der von Hubert Knoblauch ins Spiel gebrachten Gelebten Religion unterstreichen dürfen. Immerhin stimmen Menschen unterschiedlicher Weltanschauungen im Bereich des freiwilligen sozialen Engagements heutzutage vielfach darin überein, dass sie keine Grenze zwischen Transzendenz und Immanenz oder Heiligkeit und Profanität ziehen. Vielmehr leben sie ihren je unterschiedlichen Religiositätsmodus, indem sie ihre Individualität vertiefen, ihrer Suche nach Ganzheitlichkeit neue Räume auftun und ihre Institutionenskepsis als Antrieb für persönlichen Einsatz aufgreifen.

Drittens verdient es Beachtung, dass es den untersuchten Initiativen beherzter Mitmenschlichkeit allesamt ein Anliegen ist, Bedürftige nicht einfach zu versorgen und gesellschaftliche Ungerechtigkeiten auf diese Weise zu verfestigen. Vielmehr wollen die Ehrenamtlichen den Bedürftigen auf Augenhöhe begegnen und von ihnen lernen, wie angemessenes Helfen möglich ist. Nicht zuletzt führt dieser Kontakt auf Augenhöhe dazu, dass alle Beteiligten gegenüber den gesellschaftlichen Entscheidungsträgern versuchen, die Menschen in je unterschiedlicher Not rechtlich besser abzusichern, um sie vor der Abhängigkeit von Almosengaben zu bewahren. Auch wenn diese auf Inklusion ausgerichtete Mitmenschlichkeit meist nicht biblisch begründet wird, so lässt sie sich gleichwohl aus dem Alten oder dem Neuen Testament herleiten.

Viertens ließ sich zeigen, dass beteiligte Christinnen und Christen bei den Initiativen zugunsten der beherzten Mitmenschlichkeit heutzutage keine exklusiven Netzwerke bilden, sondern sich vielmehr mit Menschen anderer Überzeugungen zusammentun oder sich ihnen anschließen. Solche Offenheit kann auf eine lange und sehr erfolgreiche Tradition zurückblicken. So hat der amerikanische Religionssoziologe Rodney Stark in seiner immer wieder inspirierenden Studie zum gesellschaftlichen Aufstieg der frühen Christen wegweisend gezeigt, dass eine der Stärken schon unter den frühen Christen darin lag, mit welcher Kraft sie ihre sozialen Netzwerke offen hielten und fähig blieben, Bindungen mit Außenstehenden einzugehen – statt zu einer geschlossenen Gemeinschaft von Gläubigen zu werden.[478] Für Christinnen und Christen, die sich heutzutage an den Initiativen beherzter Mitmenschlichkeit beteiligen, tut sich hier ein weites Feld auf, das sie einladend und integrierend mitgestalten können. Dabei wird man sowohl an Menschen mit einem christlichen Selbstverständnis denken dürfen, die trotzdem nicht länger zwischen Transzendenz und Immanenz unterscheiden, als auch an Christen, die das Diesseits und das Jenseits, die Lebenden und die Verstorbenen verbunden sehen und diesen „Kosmos“ in Alltag und Feier aktualisieren.

Fünftens ist festzuhalten, dass eine traditionell-religiöse Motivation für das Engagement im Bereich der beherzten Mitmenschlichkeit nur selten offen ausgesprochen wird: Die Herleitung des eigenen Einsatzes aus der lebensspendend erfahrenen Fülle eines persönlichen Gottes(-bildes) bildet heutzutage die Ausnahme. Eher bringen sich Menschen sozial-caritativ ein, weil sie sich in ihrem Leben beschenkt fühlen, mitmenschliche Begegnungen als wertvoll erleben oder einfach Sinnvolles tun wollen. Allzumeist bewegen sich diese Motivationen im Horizont einer Weltanschauung, die Religionssoziologen als Diesseitsreligion charakterisieren.

Sechstens schließlich erweisen die untersuchten Initiativen beherzter Mitmenschlichkeit, dass eine Verständigungsbrücke zwischen den sozial engagierten Menschen mit ihren vielfältigen persönlichen Verwurzelungen in der schon mehrfach angesprochenen Erfahrung der Selbsttranszendenz liegt, wie sie auch in der Goldenen Regel religiös und weltanschaulich übergreifend erkennbar wird. Im Sinne eines gemeinsamen Nenners ist die Selbsttranszendenz zwar nicht selber schon eine Gotteserfahrung, weist aber den Menschen über sich selbst hinaus hin zu einer Resonanzerfahrung, die man als ein tiefes persönliches Ergriffensein und als Ausdruck Gelebter Religion deuten kann.[479] Aus einer christlich-theologischen Perspektive kommt dieser Aspekt Karl Rahners theologischer Rede vom „anonymen Christentum" nahe, wenn er um eines heute leicht verstehbaren Zugangs zur Einheit von Nächsten- und Gottesliebe willen nicht von der göttlichen Liebe ausgeht, die den Menschen zu seiner eigenen Gottesliebe führt. Stattdessen setzt er beim sozialen Handeln des Menschen an, also bei der Nächstenliebe, die er als implizite Gottesliebe zu erhellen sucht.

Zum Schluss: Die Weise, in der wir das eigene Verständnis von der Entstehung und Verbreitung unserer maßgeblichen – auch religiösen – Werte darstellen können, ist erstrangig die Erzählung, nicht die rationale Argumentation.[480] Zu diesen inspirierenden Geschichten zählen auch die in diesem Buch vorgestellten Initiativen beherzter Mitmenschlichkeit – beeindruckende und motivierende Beispiele dafür, zu welcher Hilfe und Integrationskraft Menschen im Überwinden und Überschreiten ihrer selbst fähig sind; bewegende Geschichten, die immer auch die spannende Frage aufwerfen, woraus die Menschen zukünftig ihre Anregungen für mitmenschliches Handeln nehmen und auf welche Resonanz der Faktor Religion in diesem Kontext wohl treffen wird.[481]

Entscheidend kommt es bei diesen vor uns liegenden Herausforderungen darauf an, dass sich auch Christen (im Mühen um eigene größtmögliche Lebenswahrhaftigkeit!) mit ihren Traditionen erst recht dann gesellschaftskritisch-mahnend einbringen, wenn sich die Versuchung einstellt, anderen Menschen das Menschsein abzusprechen, sie als Menschen zweiter Klasse einzustufen („Untermenschen“) oder sie im Bedarfsfall von beherzter Caritas auszuschließen. Immerhin: Selbst der uns heute so vertraute Begriff „Solidarität“, so hat es jüngst der Alttestamentler Paul Deselaers herausgearbeitet, war ursprünglich allein auf die Menschen des eigenen Volkes bezogen, bevor er maßgeblich durch die israelitischen Propheten – und in der Folge durch die Christen – auf alle Menschen bezogen wurde und sich bis heute zu einem Schlüsselwort für umfassende Mitmenschlichkeit auf Augenhöhe entwickelt hat[482]. Die mühsam errungenen, universal ausgerichteten religiösen Traditionen mit ihrer humanisierenden Prägekraft, wie sie auch die Beispiele dieses Buches veranschaulichen, dürfen nicht wieder zu kleinkariertem, allein auf das eigene Volk oder die eigene Gruppe zentriertem Denken und Handeln degenerieren.

Anmerkungen

1 http://www.tagesspiegel.de/politik/angela-merkel-sie-musste-es-einfach-sagen/12330202.html (18. 09. 2015).
2 Christian Geyer, Land des Lächelns. Muss die Kanzlerin von Deutschland zurücktreten?, in: FAZ 17. 09. 2015, No. 216, S. 11.
3 Gustav Seibt, Merkel. Der Gefühlsausbruch der Kanzlerin, in: SZ 17. 09. 2015, No. 2014, S. 4.
4 http://www.tagesspiegel.de/politik/angela-merkel-sie-musste-es-einfach-sagen/12330202.html (18. 09. 2015).
5 Michael Stallknecht, Dunkle Seiten. Der Theologe Rowan Williams sprach in München über Empathie, in: SZ 08. 02. 2017, No. 32, S. 10.
6 Fischl (2017), Mitgefühl – Mitleid – Barmherzigkeit, S. 18–22. („Evolutionsbiologische Ansätze“).
7 https://www.bertelsmann-stiftung.de/de/publikationen/publikation/did/engagement-fuer-gefluechtete-eine-sache-des-glaubens/ (28. 04. 2017). Auch Paul Munzinger, Viele Muslime helfen Flüchtlingen, in: SZ 28. 03. 2017, No. 73, S. 6.
8 Lepenies (2017), Armut, S. 9.
9 Ebd., S. 15.
10 Angenendt (3. Auf. 2005), Geschichte der Religiosität, S. 585; auch Angenendt (2015), Die Geburt der christlichen Caritas, S. 40–42. Für Textbeispiele mit Katalogen von Barmherzigkeitstaten für Ägypten und Babylonien s. Brandenburger (1980), Das Recht des Weltenrichters, S. 60–67.
11 Söding (2015), Nächstenliebe, S. 291. Ähnlich ebd., S. 128: „Die Nächstenliebe, mit der Gottesliebe verbunden, ist das Herzstück der Ethik Jesu.“
12 Hiltbrunner (2005), Gastfreundschaft in der Antike, S. 175.
13 Veyne (1990), Brot und Spiele, S. 63.
14 Finley (1977), Die antike Wirtschaft, S. 34.
15 Zum alttestamentlichen Verständnis der Barmherzigkeit s. Preuß (1980), Art. Barmherzigkeit I. (Altes Testament), bes. S. 215–217; Kamlah (1980), Art. Barmherzigkeit II. (Neues Testament), S. 227.
16 Luz (1997), Das Evangelium nach Matthäus, S. 521.
17 Augustinus, De moribus ecclesiae catholicae et de moribus Manichaeorum I 55–56, in: Jacques-Paul Migne (Patrologia Latina 32) Paris 1841, Sp. 1333–1334.

18 Richter (3. Auf., 2001), Art. Werke der Barmherzigkeit II. (Historisch), Sp. 1099.

19 Gielen (3. Aufl., 2001), Art. Werke der Barmherzigkeit I. (Biblisch), Sp. 1098.

20 Luz (1997), Das Evangelium nach Matthäus, S. 521 und bes. auch S. 525, Anm. 72.

21 Zu der im maßgeblichen Mt-Kommentar von Luz (1997), Das Evangelium nach Matthäus offen gehaltenen Frage, ob unter dem „König“ (Mt 25,34), der sich mit den Armen identifiziert, Gott oder Jesus gemeint ist, s. ebd., S. 517f. – Über den genannten biblischen Grundbestand hinaus wurde den „Werken der Barmherzigkeit“ – initiiert durch den Kirchenvater Lactantius († ca. 320) (Lactantius, Epitome divinarum institutionum 65, ed. Samuel Brandt (Corpus Scriptorum Ecclesiasticorum Latinorum 19) Prag – Wien – Leipzig 1890, S. 746) – seit altkirchlicher Zeit oftmals als siebtes Werk noch die aus dem alttestamentlichen Tobit-Buch (Tob 1,17–20) hergeleitete Totensorge, vor allem das Begraben der Verstorbenen, hinzugefügt.

22 Fischl (1017), Mitgefühl Mitleid – Barmherzigkeit, S. 91, S. 98 und S. 111f.

23 Söding (3. Aufl., 1998), Art. Nächstenliebe I. (Biblisch-theologisch), Sp. 613. In Lev 19,18 heißt es: „Du sollst deinen Nächsten lieben wie dich selbst.“

24 Knoblauch (2003), Qualitative Religionsforschung, S. 24f.

25 Nicht berücksichtigt werden erstens internetbasierte soziale Engagements und zweitens Initiativprojekte mit muslimischem Hintergrund. Im einen Fall bleiben die Gruppe und die Kommunikation derer, die sich der Initiative zugehörig fühlen, von außen kaum greifbar. Im anderen Fall würde es die Frage nach den historischen Wurzeln notwendig machen, über den europäischen Kulturkreis und seine Religionsgeschichte hinauszugreifen.

26 Pollack – Rosta (2015), Religion in der Moderne, S. 39.

27 Ebd., S. 41.

28 Ebd., S. 41.

29 Damberg – Hellemans (Hrg.) (2010), Die neue Mitte der Kirche.

30 Knoblauch (2009), Populäre Religion, S. 25 (dort weitere Literatur).

31 Ebd., S. 55f.

32 Ebd., S. 67.

33 Ebd., S. 79.

34 Ebd., S. 184f.
35 Taylor (4. Aufl., 2013), Die Formen des Religiösen, S. 74.
36 Knoblauch (2009), Populäre Religion, S. 126–128.
37 Kaufmann (1988), Die Rolle der Religion, S. 84f.
38 Siehe dazu aktuell auch Woodhead (3. Aufl., 2016), Christianity, S. 208–235.
39 Dazu s. perspektiveröffnend Borutta (2010), Genealogie der Säkularisierungstheorie, S. 347–376.
40 Die Definition ist angelehnt an Beetz – Corsten – Rosa – Winkler (2014), Was bewegt Deutschland?, S. 28f.
41 Diese Auflistung verdankt sich vielfältig den Ausführungen von Steinkamp (2012), Diakonie statt Pastoral, bes. S. 99–132.
42 Filipovic (2007), Öffentliche Kommunikation, S. 179.
43 Ebd., S. 196.
44 Cremer (2016), Armut in Deutschland, S. 12.
45 Ebd., S. 208.
46 Anselm (1999), Religion und Religionen in New York, S. 972.
47 Ebd., S. 982.
48 Brocke (Hrg.) (2015), Nächstenliebe und Barmherzigkeit.
49 Khorchide (2012), Islam ist Barmherzigkeit; Erbacher (Hrg.) (2017), Gottes erster Name.
50 Kasper (2012), Barmherzigkeit; Koller – Rosenberger – Schwantner (Hrg.) (2013), Werke der Barmherzigkeit.
51 http://www.mainpost.de/regional/wuerzburg/Asylbewerber-Kirchenasyl-Nebensaetze-Podiumsdiskussionen;art736,8946800 (08. 02. 2016).
52 http://www.taz.de/!5046184/ (08. 02. 2016).
53 http://www.haz.de/Hannover/Aus-der-Stadt/Uebersicht/Reportage-ueber-Kirchenasyl-in-Hannover (10. 02. 2016).
54 Morgenstern (2003), Kirchenasyl, S. 41.
55 Henssler (1954), Formen des Asylrechts, S. 16–18.
56 Tremmel (1992), Grundrecht Asyl, S. 7.
57 Plutarch, Solon 12,1–4, zit. nach Traulsen (2004), Das sakrale Asyl in der Alten Welt, S. 139.
58 Hiltbrunner (1995), Rechtssicherheit und Zufluchtsstätten, S. 10–12.
59 Franke (2003), Das Kirchenasyl, S. 126.
60 Siebold (1930), Das Asylrecht der römischen Kirche, S. 24.
61 Traulsen (2004), Das sakrale Asyl in der Alten Welt, S. 144–147.
62 Tremmel (1992), Grundrecht Asyl, S. 8.

63 Morgenstern (2003), Kirchenasyl, S. 47.
64 Babo (2003), Kirchenasyl – Kirchenhikesie, S. 43–54.
65 Franke (2003), Das Kirchenasyl, S. 158–192, Zitat S. 160.
66 Traulsen (2004), Das sakrale Asyl in der Alten Welt, S. 309 schränkt hier ein: „Und doch verbindet die kirchliche Asylgewähr mit der biblischen Freistadt-Gesetzgebung ihr personaler Ansatz. Das sakrale Asyl der griechischen Religion leitet sich von einem schützenden Ort ab, an dessen sakralrechtlich begründeter Unantastbarkeit der Schutzsuchende partizipiert (...); das sakrale Asyl des Juden- und Christentums geht von der Schutzbedürftigkeit des Menschen aus und stellt diesem aus religiösen Gründen einen schützenden Raum zur Verfügung."
67 Wenger (1950), Art. Asylrecht, Sp. 840.
68 Landau (1979), Art. Asylrecht III. (Alte Kirche und Mittelalter), S. 320.
69 Details dazu bei Franke (2003), Das Kirchenasyl, S. 512 und S. 525.
70 Constitutiones Sirmondianae 13, ed. The Theodosian Code and Novels and the Sirmondian Constitutions. A Translation with Commentary, Glossary and Bibliography by Clyde Pharr, Union (New Jersey) 2001, S. 483.
71 Traulsen (2004), Das sakrale Asyl in der Alten Welt, S. 290.
72 Babo (2003), Kirchenasyl – Kirchenhikesie, S. 79.
73 Johannes Chrysostomus, In Eutropium I 3, in: Jacques-Paul Migne (Patrologia Graeca 52) Paris 1862, Sp. 393–394.
74 Z. B. Augustinus von Hippo, De Civitate Dei V 23, ed. Wilhelm Thimme (Die Bibliothek der Alten Welt. Reihe: Antike und Christentum o. Nr.) 2 Bde., Zürich 1955, hier 1, S. 313.
75 Augustinus von Hippo, De Civitate Dei I 1 und III 31, ed. Wilhelm Thimme (Die Bibliothek der Alten Welt. Reihe: Antike und Christentum o. Nr.) 2 Bde., Zürich 1955, hier 1, S. 44 und S. 205.
76 Augustinus von Hippo, Sermo 302, in: Aurelii Augustini Sermo 302. Testo, traduzione e commento a cura di Bruna Pieri (Testi e Manuali per l'Insegnamento Universitario del Latino 55) Bologna 1998, S. 78f.
77 Franke (2003), Das Kirchenasyl, S. 380 und S. 384.
78 Ebd., S. 412–415.
79 Tremmel (1992), Grundrecht Asyl, S. 9.
80 Landau (1979), Art. Asylrecht III. (Alte Kirche und Mittelalter), S. 322.
81 Capitulare Legibus Additum (a. 803) 3, ed. Alfred Boretius (MGH. Capitularia Regum Francorum 1) Hannover 1883, S. 113.

82 Alkuin, Ep. 245, ed. Ernst Duemmler (MGH. Epistulae 4) Berlin 1895, S. 397, Z. 19–25.

83 Alkuin, Ep. 245, ed. Ernst Duemmler (MGH. Epistulae 4) Berlin 1895, S. 397, Z. 15–18 und 246, S. 399, Z. 17–20.

84 Für weitere Spezifizierungen s. Lederhilger (2017), Kirchenasyl, S. 26f.

85 Capitulare Monasticum (a. 817) 40, ed. Alfred Boretius (MGH. Capitularia Regum Francorum 1) Hannover 1883, S. 346, Z. 22–25.

86 Dazu s. perspektivreich Lederhilger (2017), Kirchenasyl, S. 27f.

87 Landau (1979), Art. Asylrecht III. (Alte Kirche und Mittelalter), S. 326.

88 Babo (2003), Kirchenasyl – Kirchenhikesie, S. 133. Der Kanon 1179 lautet: „Ecclesia iure asyli gaudet ita ut rei, qui ad illam confugerint, inde non sint extrahendi, nisi necessitas urgeat, sine assensu Ordinarii, vel saltem rectoris ecclesiae."

89 Eichmann – Mörsdorf (11. Aufl., 1967), Lehrbuch des Kirchenrechts, S. 315ff.

90 Babo (2003), Kirchenasyl – Kirchenhikesie, S. 144 und S. 150. Nicht weiter eingegangen werden soll hier auf die seit dem Mittelalter verbreitete Vorstellung, dass auch das christlich-sakral verstandene Kaiser- und Königtum der Asylgewährung diente. Wer den Herrscher oder zumindest seinen Mantel berührte, galt damit als für Gegner intangibel, weil er Asylrecht genoss.

91 Heimbach-Steins (1996), Kirchenasyl, S. 293.

92 Babo (2003), Kirchenasyl – Kirchenhikesie, S. 189.

93 Heimbach-Steins (1996), Kirchenasyl, S. 297.

94 http://www.ekhn.de/aktuell/detailmagazin/news/am-liebsten-waere-es-uns-kein-kirchenasyl-gewaehren-zu-muessen-1.html (16. 07. 2017).

95 Rawls (1979), Eine Theorie der Gerechtigkeit, S. 401. Auch ebd., S. 405.

96 Babo (2003), Kirchenasyl – Kirchenhikesie, S. 265.

97 http://www.theology.de/themen/oekumenisches-netzwerk-asyl.php (16. 07. 2017).

98 http://www.jesuiten-fluechtlingsdienst.de/index.php?option=com_content&task=view&id=1269&Itemid=41 (01. 05. 2017).

99 Kern – Lis (2015), Kirchenasyl als prophetische Praxis, S. 2–3.

100 Fuchs (1989), Dableiben oder weggehen?, S. 116.

101 http://www.kirchenasyl.de/?page_id=4 (29. 04. 2017).

102 Herler (2004), Kirchliches Asylrecht, S. 124–130 und S. 198.

103 www.libertree.eu (14. 08. 2015).

104 Fragebogen zu Gerhard Peschers, in: Westfalenspiegel 2015, Heft 2, S. 68.

105 Franziska Augstein, Flucht im Kopf, in: Süddeutsche Zeitung 5./6. Januar 2015, No. 3, S. 5.

106 http://www.bibliotheksverband.de/fileadmin/user_upload/Arbeitsgruppen/AG_GefangenenBib/Foerderverein_Satzung.pdf (17. 08. 2015).

107 Peschers (2013), Gefangenenbüchereien als Zeitzeugen – Geschichte, S. 49.

108 Erich Loest, Man ist ja keine Achtzig mehr. Tagebuch, Göttingen 2010, S. 40.

109 Müller (2015), Gefangenenbibliothek, S. 25.

110 Bolles-Wilson – Peschers (2010), Förderverein Gefangenenbücherei e. V., Bibliotheksräume hinter Gittern, S. 26–29.

111 http://www.buecherbaum.eu/?page_id=2 (19. 08. 2015).

112 Gerk (2015), Lesen als Medizin, S. 218.

113 Peschers (2013), Bücher öffnen Welten, S. 75.

114 Ebd., S. 91.

115 Arbandt – Macheiner – Colpe (1976), Art. Gefangenenschaft, Sp. 322 und Sp. 329f. Auch Stubbe (1978), Seelsorge im Strafvollzug, S. 120–123 mit wichtigen Differenzierungen.

116 A. P. C. Prudentius, Peristephanon, Hymnus 5, 237–249, ed. Johannes Bergmann, Aurelii Prudentii Clementis Carmina (Corpus Scriptorum Ecclesiasticorum Latinorum 61) Wien – Leipzig 1926, S. 343.

117 Passio Perpetuae et Felicitatis 3,5–6, ed. Corn. I. M. I. van Beek (Florilegium Patristicum 43) Bonn 1938, S. 12–15.

118 Arbandt – Macheiner – Colpe (1976), Art. Gefangenschaft, Sp. 339. Auch Niemand (2010), Gefangenen die Entlassung ansagen, bes. S. 48–57, der das gesamte Panorama an atl. und ntl. Bibelstellen einer perspektivreichen Revision unterzieht.

119 Tertullian, Apologeticum 39,6–12, ed. E. Dekkers (Corpus Christianorum. Series Latina 1) Turnhout 1954, S. 151. Auch heute noch werden Gefangene in manchen Ländern von ihren Angehörigen mit Lebensmitteln versorgt, weil die verantwortliche Gefängnisleitung den Anforderungen einer menschenwürdigen Versorgung und Behandlung der Inhaftierten nicht gerecht wird.

120 Apostolische Konstitutionen IV 9,2, ed. Marcel Metzger (Sources Chrétiennes 329) Paris 1986, S. 186f.

121 Arbandt – Macheiner – Colpe (1976), Art. Gefangenschaft, Sp. 342.

122 Codex Iustinianus VII 62,12 und IX 47,23, ed. Paul Krüger, Codex Iustinianus (100 Jahre Bürgerliches Gesetzbuch. Pandektenrecht 62) ND Goldbach 1998, S. 697 und S. 869.

123 Codex Theodosianus IX 3,3, ed. The Theodosian Code and Novels and the Sirmondian Constitutions. A Translation with Commentary, Glossary and Bibliography by Clyde Pharr, Union (New Jersey) 2001, S. 229 = Codex Iustinianus IX 4,3, ed. Paul Krüger, Codex Iustinianus (100 Jahre Bürgerliches Gesetzbuch. Pandektenrecht 62) ND Goldbach 1998, S. 815.

124 Novellae Iustiniani 134,9. 10. 12, in: Corpus Iuris Civilis, ed. J. E. Spruit – R. Forrez, Bd. 12 (Novellen 115–168), Amsterdam 2011, S. 233–237 und S. 239–240.

125 Codex Iustinianus I 4,22 und IX 4,6, ed. Paul Krüger, Codex Iustinianus (100 Jahre Bürgerliches Gesetzbuch. Pandektenrecht 62) ND Goldbach 1998, S. 64 und S. 816f.

126 Stubbe (1978), Seelsorge im Strafvollzug, S. 126.

127 Tertullian, Ad Martyras I 3, ed. E. Dekkers (Corpus Christianorum. Series Latina 1) Turnhout 1954, S. 3.

128 Cyprian, Ep. 6,1, ed. Wilhelm Hartel (Corpus Scriptorum Ecclesiasticorum Latinorum 3,2) Wien 1871, S. 480, Z. 19-S. 481, Z. 1.

129 Cyprian, Ep. 6,2, ed. Wilhelm Hartel (Corpus Scriptorum Ecclesiasticorum Latinorum 3,2) Wien 1871, S. 481, Z. 6–8.

130 Stubbe (1978), Seelsorge im Strafvollzug, S. 149 (dort auch eine Fülle an Belegen).

131 Constitutiones Sirmondianae 13, ed. The Theodosian Code and Novels and the Sirmondian Constitutions. A Translation with Commentary, Glossary and Bibliography by Clyde Pharr, Union (New Jersey) 2001, S. 483f.

132 Stubbe (1978), Seelsorge im Strafvollzug, S. 156.

133 Augustinus von Hippo, Ep. 153,14, ed. Al. Goldbacher (Corpus Scriptorum Ecclesiasticorum Latinorum 44) Wien – Leipzig 1904, S. 412.

134 Stubbe (1978), Seelsorge im Strafvollzug, S. 156.

135 Augustinus von Hippo, Ep. 153,19, ed. Al. Goldbacher (Corpus Scriptorum Eccleisasticorum Latinorum 44) Wien – Leipzig 1904, S. 417.

136 Hattenhauer (1992), Europäische Rechtsgeschichte, S. 147.

137 Ebd.

138 Schild (2010), Folter, Pranger, Scheiterhaufen, S. 180.

139 Stipsits (2006), Milde im Strafvollzug, S. 228.

140 Bernet (2009), 300 Jahre angloamerikanische Beziehungen in Berlin, S. 124f. (Zitat S. 125).

141 Dazu s. präzise Gause (2006), Kirchengeschichte und Genderforschung, S. 167f.

142 Fliegende Blätter 6 (1948) S. 35.

143 Friedrich (2009), Die Fliedners von Kaiserswerth, S. 226.

144 Gerhardt (1933), Theodor Fliedner, S. 147. Umfassender auch ebd., S. 143–185 („Die Gründung der Rheinisch-Westfälischen Gefängnisgesellschaft").

145 Ebd., S. 154 und S. 162.

146 Ebd., S. 171.

147 Vodosek (2012), Von der Volksaufklärung, S. 108.

148 Thauer – Vodosek (2. Aufl., 1990), Geschichte der öffentlichen Bücherei in Deutschland, S. 32.

149 Stipsits (2006), Milde im Strafvollzug, S. 228.

150 Vincenz Eduard Milde, Allgemeine Anleitung zur Seelsorge in Strafhäusern (a. 1818), in: Leopold Krebs (Hrg.), Vincenz Eduard Milde und die Seelsorge in Strafhäusern (Theologische Studien der Österreichischen Leo-Gesellschaft 25) Wien 1922, S. 67–177, S. 168f.

151 Julius Füesslin, Die Einzelhaft nach fremden und sechsjährigen eigenen Erfahrungen im neuen Männerzuchthause in Bruchsal, Heidelberg 1855, S. 97.

152 Jahresbericht über Zustände und Ergebnisse des Zellengefängnisses Bruchsal während des Jahres 1864, in: Blätter für Gefängnisskunde 2 (1867) S. 5–50, S. 21f.

153 Pastor Rommel, Von der Einrichtung und Verwendung der Anstaltsbibliotheken, in: Blätter für Gefängnisskunde 5 (1871) S. 1–20, Zitate S. 2f.

154 Julius Füesslin, Die Einzelhaft nach fremden und sechsjährigen eigenen Erfahrungen im neuen Männerzuchthause in Bruchsal, Heidelberg 1855, S. 101.

155 Wilhelm Speck, Über Gefangenenbibliotheken. Separat-Abdruck aus: Eckart – Ein deutsches Literaturblatt [ca. 1906], S. 10f.

156 Peschers (2000), Gefangenenbüchereien als Zeitzeugen. Streifzug, S. 137f.

157 Maelicke (2015), Das Knast-Dilemma, S. 137–140.

158 Ebd., S. 118 und S. 132.

159 Zur Geschichte der Food Banks in Amerika und Europa s. Lorenz (2012), Tafeln im flexiblen Überfluss, S. 190–193.

160 Dazu s. Molling (2. Aufl., 2011), Die Berliner Tafel, S. 182–189.
161 http://www.tafel.de/die-tafeln/zahlen-fakten.html (10. 11. 2015).
162 Christine Werner, SWR2-Feature „Mitleidsökonomie. Was steckt hinter der Tafelbewegung?" Sendung am Mittwoch, 13. 05. 2015. Redaktion Wolfram Wessels. Regie Tobias Krebs. Produktion SWR 2015 (Manuskript – Mit einem Dank an den SWR für die wissenschaftsbezogene Überlassung), S. 5.
163 Ebd., S. 9.
164 Butterwegge (2010), Gerechtigkeit auf dem Rückzug, S. 73 und S. 83 charakterisiert die Einführung von „Hartz IV" als Weg „vom Sozialversicherungsstaat zum Fürsorge-, Almosen- und Suppenküchenstaat".
165 Mit diesem Motto korrespondiert übrigens der Zeitschriftentitel des Bundesverbandes „Deutsche Tafeln e. V.": „FeedBack" als Ausdruck dafür, dass Essen dort zurückgeholt wird, wo es nicht sein sollte. Also: „Es wird die Forderung aufgestellt, Lebensmittel nicht wegzuwerfen, zu verschwenden, sondern ihrer eigentlichen Bestimmung, dem Essen, zurück zu geben", wie Lorenz (2012), Tafeln im flexiblen Überfluss, S. 123 herausstellt.
166 Witt (2011), Die Dienstleistung der Tafeln, S. 88.
167 Vincent (2009), Les multiples formes, S. 73.
168 Faulstich u. a. (2010), Bildanalysen, S. 73ff.
169 Goffman (1981), Geschlecht und Werbung, S. 328.
170 Lorenz (2. Aufl., 2011), Die Tafeln zwischen Konsumismus und ‚Überflüssigkeit', S. 83 (beide Zitate).
171 Von Normann (2. Aufl., 2011), Ernährungsarmut, S. 107.
172 Schubert (1988), Soziale Randgruppen, S. 319f.
173 Theobald (2012), Eucharistie als Quelle sozialen Handelns, S. 35.
174 Iohannes Diaconus, Vita Gregorii II 26, in: Jacques-Paul Migne (Patrologia Latina 75) Paris 1849, Sp. 97B.
175 Dazu s. umfassend Markus (1997), Gregory the Great, S. 122f.
176 Sternberg (2006), Wie willst du deine Gabe Christus darbringen?, S. 116.
177 Dünzl (2015), Fremd in dieser Welt?, S. 137.
178 Justin der Märtyrer, Apologia I 67, 6f., ed. Dennis Minns-Parvis, Justin. Philosopher and Martyr. Apologies (Oxford Early Christian Texts o. No.) New York 2009, S. 260f.
179 Traditio Apostolica 5 und 6, ed. Wilhelm Geerlings (Fontes Christiani 1) Freiburg 1991, S. 228f.

180 Sternberg (2006), Wie willst du deine Gabe Christus darbringen?, S. 117.

181 Vita Norberti Magdeburgensis 12, übers. v. Hatto Kallfelz (Freiherr-vom-Stein-Gedächtnisgausgabe 22) Darmstadt 1973, S. 496, Z. 5.

182 Guilardian (2008), Les Tables des pauvres, S. 257–276.

183 Wichtigste Publikation zum Thema s. Groiss – Streiter – Vielhaber (Hrg.) (2010), Maria lactans.

184 Unbedingt erwähnenswert ist hier das 1616 entstandene Gemälde von Pieter Breughel d. J. († 1638) mit der Inschrift „Caritas". Es zeigt die personifizierte Caritas auf einem belebten Platz. Sie trägt ein langes Gewand mit einem (Christus symbolisierenden) Pelikan auf dem Kopf, der sich seine Brust mit einem Schnabel öffnet, damit sich seine Jungen von seinem Blut ernähren können. Einem vor ihr stehenden Kind reicht die Caritas ein vor Anteilnahme an der Armut flammendes Herz. Gleichzeitig verteilen ihre um sie versammelten Helfer runde Brote an Bedürftige.

185 Van Asperen (2015), Caritas als Lehrmeisterin – Die Stadt als Mutter, S. 296.

186 Teuteberg (2. Aufl., 2011), Historische Vorläufer, S. 56–63 (Zitat S. 56).

187 Confraternitatum syngraphae 10, ed. Paulus Piper, Libri Confraternitatum Sancti Galli Augiensis Fabariensis (MGH. Libri Confraternitatum. N6) Berlin 1884, S. 141, Z. 10–22.

188 Jotsald, De vita et virtutibus sancti Odilonis abbatis I 8, in: Jacques-Paul Migne (Patrologia Latina 142) Paris 1880, Sp. 903C.

189 Petrus Venerabilis, Statuta (a. 1146/1147) 32, ed. Giles Constable (Corpus Consuetudinum Monasticarum 6) Siegburg 1975, S. 66f.

190 Wollasch (1988), Konventsstärke und Armensorge, S. 194f.

191 Die Briefe des Abtes Bern von Reichenau 8, ed. Franz-Josef Schmale (Veröffentlichungen der Kommission für geschichtliche Landeskunde in Baden-Württemberg. Reihe A. Quellen. 6) Stuttgart 1961, S. 34.

192 L. D'Achéry, Spicilegium sive collectio veterum aliquot scriptorum qui in Galliae bibliothecis delituerant, neu hrg. v. E. Baluze – E. Martène – L.F.-J. de la Barre, 3 Bde., ND Farnborough 1967–1968, hier 3, S. 381.

193 Angenendt (3. Aufl., 2005), Geschichte der Religiosität, S. 713.

194 Schubert (2001), Erscheinungsformen der Armut, S. 675f. merkt hier kritisch an: „Die Almosenstiftungen geben Auskunft über die Seelennöte reicher Menschen, aber keinen Anhaltspunkt für soziale Nöte armer Leute. Schließlich werden die Gaben nicht zu Terminen ausgeteilt, in denen erfahrungsgemäß die Not am größten ist, in den Wintermonaten

etwa, sondern zumeist am Todestag des Stifters" oder – so ist zu ergänzen – an besonderen kirchlichen Feiertagen.

195 Queckenstedt (1994), In eyne rechte, stede, vaste, ewige gifte, S. 48.

196 Ebd., S. 68.

197 Isenmann (2. Aufl., 2014), Die deutsche Stadt, S. 585–588 (Zitat S. 586).

198 Sachße – Tenstedt (1980), Geschichte der Armenfürsorge, S. 30–33.

199 Krockauer (2010), Tafelangebot, S. 165f.

200 Das folgende Plädoyer ist inspiriert durch ebd., S. 172. Markant s. auch das Votum von Stegemann (2013), Politische Tafelarbeit, bes. S. 256–259 („Beispiele für politische Tafelarbeit").

201 Segbers (2010), Tafeln in der Wohltätigkeitsfalle, S. 194.

202 Lorenz (2012), Tafeln im flexiblen Überfluss, S. 181.

203 Hierzu s. pionierartig Rhoden (2. Aufl., 2011), Zwischen Armutszeugnis und Notwendigkeit, S. 265–268.

204 Dietz (2011), Tafeln, S. 38f.

205 https://www.schulministerium.nrw.de/docs/Schulsystem/Inklusion/ (03. 08. 2016).

206 http://www.cww-paderborn.de/caritas+wohn-+und+werkst%C3%A4tten/hauptnavigation/caritas-werkstaetten/ (09. 08. 2016).

207 Exemplarisch wirbt das Vincenzstift Aulhausen, eine Einrichtung für Menschen mit geistiger Beeinträchtigung oder Lernbehinderung: „Für das Zeitalter der Inklusion schaffen wir unterschiedliche Angebote. (...) Jede/r Leistungsnehmer/in kann seinen/ihren Lebens- und Sozialraum selbst wählen. Dabei ist die Zeit abgeschlossener Welten vorbei, offene Systeme sind für uns selbstverständlich." http://www.st-vincenzstift.de/home.html (20. 08. 2016).

208 Der zwischenstaatlich organisierte Völkerbund förderte internationale Kooperationen, vermittelte in Konfliktfällen und überwachte die Einhaltung von Friedensverträgen.

209 Coady (1998), The Hidden Way, S. 104–106.

210 Ebd., S. 8, S. 14, S. 38 und S. 46.

211 Vanier (2010), Weites Herz, S. 71.

212 Spink (2008), Jean Vanier und die Arche, S. 23.

213 Ebd., S. 29.

214 Vanier (1997), Our Journey Home, S. IX.

215 Spink (2008), Jean Vanier und die Arche, S. 7.

216 Müller (1996), Der Krüppel, S. 48f.

217 Ebd., S. 49.

218 Meyer (1983), Geistigbehindertenpädagogik, S. 89.
219 Vanier (2001), A Guide to Happiness, S. 181f.
220 Ebd., S. 184–187.
221 Martin Luther, Tischreden, Nr. 5207, WA 5, Weimar 1919, S. 8f. Ähnliche Beispiele bei Josef (1967), Geschichte der Heilpädagogik, S. 52f.
222 Augustinus von Hippo, De Civitate Dei XVI 8,2, ed. Wilhelm Thimme (Die Bibliothek der Alten Welt. Reihe: Antike und Christentum o. Nr.) 2 Bde., Zürich 1955, hier 2, S. 297f.
223 Vanier (1997), Our Journey Home, S. XVII.
224 Vanier (1993), In Gemeinschaft leben, S. 112.
225 Vanier (2010), Weites Herz, S. 12.
226 Ebd., S. 14.
227 Vanier (1990), Heile, was gebrochen ist, S. 134.
228 Vanier (2001), Becoming Human, S. 11.
229 Downey (2007), Disfigurement and Reconfiguration, S. 314.
230 Vanier (1995), The Heart of L'Arche, S. 21.
231 Vanier (1997), Our Journey Home, S. 33f., S. 67–77 und S. 110–115.
232 Hryniuk (2010), Theology, Disability and Spiritual Transformation, S. 98f.
233 Ebd., S. 11.
234 Ebd., S. 28.
235 Vanier (1993), In Gemeinschaft leben, S. 413.
236 Siehe dazu www.ejmb2003.de (04. 04. 2014).
237 Cloerkes (3. Aufl., 2007), Soziologie der Behinderten, S. 8.
238 Downey (2007), Disfigurement and Reconfiguration, S. 312: „Vanier re-frames the negative stereotypical image of disability by drawing attention to the centrality of the 'person' at the centre of a community that includes and accepts people with and without developmental disabilities alike."
239 Vanier (1993), In Gemeinschaft leben, S. 38.
240 Ebd., S. 51.
241 Ebd., S. 67.
242 Alle Zitate aus ebd., S. 133–135.
243 Vanier (2001), Becoming Human, S. 85.
244 Ebd., S. 162.
245 Assmann (1993), Zur Geschichte des Herzens, S. 84, S. 87 und S. 103f.
246 Angenendt (3. Aufl., 2005), Geschichte der Religiosität, S. 249.
247 Assmann (1993), Zur Geschichte des Herzens, S. 90.

248 Angenendt (3. Aufl., 2005), Geschichte der Religiosität, S. 249.
249 Vanier (1993), In Gemeinschaft leben, S. 200.
250 Vanier (2001), Einfach Mensch sein, S. 103.
251 Vanier (1995), The Heart of L'Arche, S. 9.
252 Ebd., S. 43.
253 Vanier (1993), In Gemeinschaft leben, S. 426.
254 Ebd. Auch Lutterbach (2003), Gotteskindschaft, S. 106–109.
255 Dassmann – Schöllgen (1986), Art. Haus II. (Hausgemeinschaft), Sp. 877–879.
256 Vanier (1997), Our Journey Home, S. 216.
257 Vanier (1992), From Brokenness to Community, S. 43.
258 Vanier (2001), Becoming Human, S. 28, auch S. 69.
259 Vanier (1992), From Brokenness to Community, S. 52.
260 Cushing (2010), Disability Attitudes, S. 85–89.
261 Hervieu-Léger (2004), Pilger und Konvertiten, S. 66 und S. 75.
262 Ebd., S. 84f.
263 http://landsberg.arche-deutschland.de/ll_charta-arche.htm (Kap. III 3,2) (23. 02. 2017).
264 Becker (2009), Christliche Parteien, S. 33.
265 Villemin (2009), Die gegenwärtige französische Theologie, S. 116.
266 Coady (1998), The Hidden Way, S. 20.
267 Rest (5. Auf., 2006), Sterbebeistand, S. 30–37, Zitate S. 30 und S. 33.
268 Heller – Pleschberg (2015), Geschichte der Hospizbewegung, S. 61.
269 Zum Folgenden s. Du Boulay (1987), Cicely Saunders, S. 26–51.
270 Saunders (1999), Brücke in eine andere Welt, S. 66.
271 Ebd., S. 97.
272 Ebd., S. 99 und S. 106.
273 Ebd., S. 145.
274 Saunders (2005), Cicely Saunders, Founder of the Hospice Movement, z. B. S. 103f., S. 120 und S. 149f.
275 Saunders (1999), Brücke in eine andere Welt, S. 23.
276 Ebd., S. 24.
277 Ebd., S. 31.
278 Saunders (2006), Hospice – A Meeting Place, S. 223–228.
279 Du Boulay (1987), Cicely Saunders, S. 154–187.
280 Saunders (1999), Brücke in eine andere Welt, S. 110.
281 Ebd., S. 127.
282 Ebd., S. 36.

283 Ebd., S. 36.
284 Ebd., S. 109.
285 Ebd., S. 147.
286 Ebd., S. 150.
287 Saunders (1990), Beyond the Horizon.
288 Saunders (1999), Brücke in eine andere Welt, S. 138.
289 Ebd., S. 44f.
290 Saunders (2006), St. Christopher's Hospice, S. 118.
291 Saunders (1999), Brücke in eine andere Welt, S. 124.
292 Student (Hrg.) (4. Aufl., 1999), Das Hospiz-Buch, S. 11.
293 Pompey (3. Aufl., 1996), Art. Hospiz, Sp. 288.
294 Wiedemann (4. Aufl., 1999), Die Anfänge der deutschen Hospizbewegung, S. 41.
295 Heller – Pleschberg (2015), Geschichte der Hospizbewegung, S. 66f. (Zitat S. 66).
296 Littger (2014), Christliche Hospiz- und Palliativkultur, S. 35.
297 Heller – Pleschberg (2015), Geschichte der Hospizbewegung, S. 72–74.
298 Littger (2014), Christliche Hospiz- und Palliativkultur, S. 163.
299 Pera (4. Aufl., 1997), Sterbende verstehen, S. 39. Zur Biografie von Heinrich Pera s. Littger (2014), Christliche Hospiz- und Palliativkultur, S. 137–183.
300 Ebd., S. 186. Zur Biografie von Paul Türks s. ebd., S. 184–193.
301 Seitz – Seitz (2002), Die moderne Hospizbewegung, S. 79–140.
302 Saunders (1988), The Evolution of the Hospices, S. 169.
303 Saunders (1999), Brücke in eine andere Welt, S. 151.
304 Türks (1995), Begleitung Schwerstkranker, S. 54.
305 Pera (2004), Da sein bis zuletzt, S. 147.
306 Heller – Pleschberg (2015), Geschichte der Hospizbewegung, S. 64 machen darauf aufmerksam, dass die Rede von der „Palliative Care" auf den kanadischen Onkologen Balfour Mount zurückgeht, der die Bezeichnung 1974 für einen Palliativdienst im Royal Victoria Hospital in Montreal benutzte.
307 Saunders (1999), Brücke in eine andere Welt, S. 147.
308 Jungbauer (ND 1987), Art. Mantel, Sp. 1581.
309 Ebd., Sp. 1584.
310 Dazu s. Löhr (1951), Der hl. Christophorus, S. 238–247.
311 Campana (2. Aufl., 2008), Die 14 Heiligen Nothelfer, S. 145–148.
312 Saunders (1999), Brücke in eine andere Welt, S. 150f.

313 Hiltbrunner u. a. (1972), Art. Gastfreundschaft, Sp. 1065; auch Hiltbrunner (2005), Gastfreundschaft in der Antike, S. 21 spricht vom „Prinzip der Gegenseitigkeit".

314 Schwienhorst-Schönberger (1990), „... denn Fremde seid ihr gewesen im Lande Ägypten", S. 109.

315 Rusche (1958), Gastfreundschaft, S. 57.

316 Julian Apostata, Ep. 39 (An Arsakios, Oberpriester von Galatien), ed. Bertold K. Weis, Julian Apostata. Briefe (Grch.-Dt.) (Tusculum Bücherei o. Nr.) München 1973, S. 107f.

317 Von Severus (2. Aufl., 1947), Fremde beherbergen, S. 20f.

318 Seidler – Leven (7. Aufl., 2003), Geschichte der Medizin und der Krankenpflege, S. 71.

319 Ebd., S. 75.

320 Wolff – Wolff (1994), Geschichte der Krankenpflege, S. 39.

321 Ebd., S. 58.

322 Heinrich Seuse, Deutsche Schriften, ed. Karl Bihlmeyer, Stuttgart 1907 (ND Frankfurt a. M. 1961) S. 278–287.

323 Empfohlen sei die Edition von Fidel Rädle, Johannes Gerson. De arte moriendi, lateinisch ediert, kommentiert und deutsch übersetzt, in: Nine Miedema – Rudolf Suntrup (Hrg.), Literatur – Geschichte – Literaturgeschichte. Beiträge zur mediävistischen Literaturwissenschaft. FS Volker Honemann, Frankfurt a. M. 2003, S. 721–738.

324 Die Rezeption von Gersons Werk findet sich in längsschnittartiger Perspektive nachgezeichnet bei Hamm (2004), Luthers Anleitung zum seligen Sterben, S. 314–337.

325 Rädle (2003), Johannes Gerson. De arte moriendi, S. 728.

326 Hamm (2000), Luthers Anleitung zum seligen Sterben, S. 319f.

327 Ebd., S. 320. Diesem Ziel dienten auch die Miniatursärge, dazu s. Sörries (2005), Miniatursärge und Betrachtungssärglein, S. 16f.

328 Saunders (1999), Brücke in eine andere Welt, S. 154.

329 Gehnke (2004), Sinnerfahrung und Todesbewusstsein, S. 345f.

330 Lamerton (3. Aufl., 1991), Sterbenden Freund sein, S. 25.

331 Erst vor wenigen Jahren wurde an der Universität München ein ökumenisch besetzter Lehrstuhl „Spiritual Care" eingerichtet und 2012 eine „Zeitschrift Spiritual Care" initiiert.

332 Tausch-Flammer (4. Aufl., 1999), „Leben in einen würdevollen Tod begleiten", S. 77–79.

333 Heller – Pleschberg (2015), Geschichte der Hospizbewegung, S. 69.

334 Dazu s. perspektivreich Icking (2015), Interreligiöse Spiritualität im Hospiz.

335 http://www.beaonline.de/wp-content/uploads/2015/06/2009_Jubilaeum_Fulbert_Steffensky_Lassen_und_nicht-im_Stich_lassen_Momente_einer_interreligioesen_Grammatik.pdf (03. 10. 2016).

336 Halifax (2011), Im Sterben dem Leben begegnen, S. 20.

337 http://www.klinikaktion-der-schmetterlingskinder.de/html/die_aktion.html (29. 07. 2016). Die Zitate dieses Buchkapitels, die nicht eigens kenntlich gemacht sind, stammen von der genannten Homepage!

338 http://www.klinikaktion.de/html/die_aktion.html (01. 12. 2013).

339 http://www.klinikaktion.de/html/feedback.html (02. 12. 2013). Von dieser HP sind auch die folgenden Zitate im Kopftext.

340 Das Personenstands-Änderungsgesetz wurde am 14. Mai 2013 im Bundesgesetzblatt Teil I, Nr. 23, S. 1122 verkündet.

341 Beth (ND 1987), Art. Engel, Sp. 830.

342 Ebd., Sp. 831.

343 Ebd.

344 Stegemann (ND 1978), Art. Sterne (Sternglaube), Sp. 771.

345 Ebd.

346 http://schmetterlingskinder.de/ (30. 01. 2016).

347 Ein betroffener Vater legt seinem Schmetterlingskind folgende Gedichtverse in den Mund (http://schmetterlingskinder.de/index.php?area=1&p=static&page=gedichte vom 30. 01. 2016): „Die Schmetterlinge auf der Wiese, perfekt erschaffen – meisterlich, ich bin so fröhlich gerad' wie diese, und einer davon – das bin ich."

348 Riegler (ND 1978), Art. Schmetterling, Sp. 1241.

349 Ebd., Sp. 1242.

350 Ebd.

351 Korrek (2007), Das Land der Sternenkinder, S. 47.

352 Podella (1993), Art. Kleid/Be-, Entkleiden, S. 382.

353 Pezzoli-Olgiati – Höpflinger (2013), Second Skin, S. 8.

354 Ebner (2007), Kleidung verändert, S. 16–21.

355 Pezzoli (2013), Kleidung und Körpermodifikationen, S. 45.

356 Boultwood – Jerrard (2000), Ambivalence, S. 314f.

357 Schapp (2. Aufl., 1981), Philosophie der Geschichten, S. 286.

358 Zur Inspirationskraft von Namen im Rahmen der christlichen Tradition s. materialreich und deutungsfreudig Stock (1995), Poetische Dogmatik. Christologie 1.

359 http://schmetterlingskinder.de/index.php?area=1&p=static&page=gedichte (30. 01. 2016).

360 Caduff (2015), Tot geboren, S. 585.

361 Eltern, die ihr Sternenkind unter http://www.christianmemorials.com/memorials/infant-memorials.asp?p=2 (29. 01. 2016) veröffentlichen, begrenzen sich dabei auf die Angaben des Namens und auf das Geburts- und Sterbedatum. Überdies nennen sie ihre eigenen Namen (Vater und Mutter), ihren Lebensort sowie gegebenenfalls den Ort, wo sie das Baby beigesetzt haben.

362 Alle Beispiele sind entnommen http://www.stillborn-angels.memory-of.com/Photos.aspx?cpage=9&agt=0 (29. 01. 2016).

363 Caduff (2015), Tot geboren, S. 585f.

364 Dazu s. umfassend Lutterbach (1999), Sexualität im Mittelalter, S. 200–202.

365 Gélis (1998), Lebenszeichen – Todeszeichen, S. 346f.; auch Hersche (2006), Muße und Verschwendung, S. 886–890.

366 Ebertz (1998), Erosion der Gnadenanstalt?.

367 http://de.wikipedia.org/wiki/Worldwide_Candle_Lighting (22. 04. 2014).

368 Sörries (2012), Herzliches Beileid, S. 60.

369 Flyer online abrufbar unter: https://www.google.de/search?q=telefonseelsorge&source=lnms&tbm=isch&sa=X&sqi=2&ved=0ahUKEwj3rtz7mc_TAhXGBBoKHUXcBbcQ_AUIBygC&biw=1278&bih=601#imgrc=3zcFHZWoHdhTRM:&spf=204 (01. 05. 2017).

370 Die Zahlen stammen von Klein – Strietholt – Stuckstätte (2016), Der Seelsorgeauftrag der Telefonseelsorge, S. 125–145.

371 Dänzer-Vanotti (2006), Manuskript zum WDR-ZeitZeichen vom 12. 11. 2006 (Thema „Telefonseelsorge"), S. 3.

372 Hücker (2011), Sorgen kann man teilen, S. 10–15.

373 Habenicht (2. Aufl., 2006), Zur Geschichte der Telefonseelsorge, S. 15.

374 Wessel (2000), Das Telefon – Ein Stück Allgegenwart, S. 34.

375 Thomas (1964), Handbuch der Selbstmordverhütung, S. 406.

376 Ebd., S. 407.

377 Habenicht (2. Aufl., 2006), Zur Geschichte der Telefonseelsorge, S. 15.

378 Ebd., S. 17.

379 Kaminsky (2012), Die Telefonseelsorge, S. 175.

380 Von diesen sind aktuell 80 Prozent Frauen und 20 Prozent Männer, 80 Prozent mit Zugehörigkeit zu einer der beiden christlichen Groß-

kirchen und 17 Prozent ohne Religionszugehörigkeit, 51 Prozent mit Hochschulabschluss und 37 Prozent mit Abitur oder Mittlerer Reife als höchstem Bildungsabschluss. Dazu s. Kläden (2016), Telefonseelsorge und soziale Milieus, S. 147–162.

381 Thomas (1964), Handbuch der Selbstmordverhütung, S. 410.

382 Hoheisel (2001), Art. Suizid I. (Religionsgeschichtlich), S. 442.

383 Van Hooff (2005), Vom „willentlichen Tod“ zum „Selbstmord“, S. 26.

384 Ebd., S. 27–43.

385 Christ-Friedrich (2001), Art. Suizid II. (Theologisch), S. 447.

386 Lind (1999), Selbstmord in der Frühen Neuzeit, S. 23.

387 Augustinus von Hippo, De civitate Dei I 17, ed. Wilhelm Thimme (Die Bibliothek der Alten Welt. Reihe: Antike und Christentum o. Nr.) 2 Bde., Zürich 1955, hier 1, S. 71f.: „... qui se ipsum occidit, homicida est.“

388 Van Hooff (1990), A Longer Life for ‚Suicide‘, S. 258f.

389 Lind (1999), Selbstmord in der Frühen Neuzeit, S. 52.

390 Neumeyer (2009), Anomalien, Autonomien und das Unbewusste, S. 386.

391 Thomas (1964), Handbuch der Selbstmordverhütung, S. 406.

392 Ebd.

393 Ebd., S. 412.

394 Varah (1966), Samariter, S. 14.

395 Ebd., S. 19f.

396 Ebd., S. 24.

397 Ebd., S. 26.

398 Ebd., S. 42.

399 Ebd., S. 36.

400 Kaminsky (2012), Die Telefonseelsorge, S. 171.

401 Thomas (1964), Handbuch der Selbstmordverhütung, S. 449 (beide Zitate).

402 Ebd., S. 449f.

403 Bourdieu (1998), Praktische Vernunft, S. 126.

404 Beck-Gernsheim (1994), Auf dem Weg in eine postfamiliale Familie, S. 120.

405 Großbölting (2013), Der verlorene Himmel, S. 260.

406 Siehe dazu umfassend Giddens (1999), Der dritte Weg, S. 46–50.

407 Bieri (2005), Suizid und sozialer Wandel, S. 41–47 („Disziplinäre und thematische Ausweitung der Suizidforschung“), Zitat S. 41. – Inwieweit die Relativierung der telefonseelsorgerisch betriebenen Lebensmüdenberatung zugleich mit dem Niedergang des christlichen Gottesglaubens

und einer darin wurzelnden Erosion des ehedem gemeinsamen ethischen Orientierungsvorrats in der Bevölkerung zusammenhängt, ist bis heute nicht untersucht. Zumindest bleibt zu bedenken, dass aktuell eine ‚Entdramatisierung' des Suizids das gesellschaftliche Klima prägt, wenn Prominente diesen Schritt immer öfter, selbstverständlicher und öffentlichkeitswirksamer tun oder sich Themen wie der ‚assistierte Suizid' in den alltäglichen Schlagzeilen der Massenmedien wiederfinden.

408 Auf das sogenannte „Befriending", das ausnahmsweise einen Direktkontakt zwischen Telefonseelsorgerin bzw. Telefonseelsorger und Anruferin bzw. Anrufer ermöglicht, soll hier nicht weiter eingegangen werden.

409 Kaminsky (2012), Die Telefonseelsorge, S. 178.

410 Groll (2012), Neues Ehrenamt in der Kirche, S. 32.

411 Steinkamp (2005), Seelsorge als Anstiftung zur Selbstsorge, S. 59.

412 Ebd., S. 60.

413 Ebd., S. 63.

414 Steinkamp (1995), Wandlungen der Institution Telefonseelsorge, S. 194.

415 Kaminsky – Henkelmann (2011), Die Beratungsarbeit, S. 90.

416 Hauschildt (2016), Telefonseelsorge als Kirche, S. 42.

417 https://www.bundeskanzlerin.de/Content/DE/Rede/2016/01/2015-01-05-sternsinger.html (10. 01. 2016).

418 Volker Zastrow, Mehr nicht. Die Kölner Schreckensnacht und der Flüchtlingsstrom. Wie darf man sich die Perspektive der Bundeskanzlerin denken? Was ist von Angela Merkel zu erwarten, in: FAS 10. 01. 2016, No. 1, S. 8.

419 https://www.bundeskanzlerin.de/Content/DE/Rede/2016/01/2015-01-05-sternsinger.html (10. 01. 2016).

420 Papst Johannes XXIII., Enyklika „Pacem in Terris" vom 11. 04. 1963, No. 102–105, in: Arthur Utz – Birgitta von Galen (Hrg.), Die katholische Sozialdoktrin in ihrer geschichtlichen Entfaltung, Bd. 4, Aachen 1976, S. 2943–2945.

421 http://w2.vatican.va/content/francesco/de/speeches/2015/september/documents/papa-francesco_20150925_onu-visita.html (10. 01. 2016).

422 Münkler – Münkler (2. Aufl., 2016), Die neuen Deutschen, S. 175f.

423 http://www.zeitzuleben.de/24101-helfen-macht-gluecklich/ (20. 09. 2015).

424 https://www.palverlag.de/helfen-ehrenamt.html (20. 09. 2015).

425 http://www.wunderweib.de/gesund/helfen-macht-so-gluecklich-wie-sex-al30630.html (20. 09. 2015).

426 Wohlmuth (2014), Eschato-Praxie, S. 293.

427 Ebertz (2014), Die Zivilisierung Gottes, S. 338 macht darauf aufmerksam, dass sich die Menschen heutzutage von einem Gott mit Drohpotential verabschiedet haben, was ihn von einer menschlich betriebenen „Zivilisierung Gottes" sprechen lässt. Freilich bleiben aktuell caritativ engagierte Zeitgenossen angesichts ihres auf gesellschaftliche Integration ausgerichteten Engagements nicht nur auf Distanz zu einem zornigen Gott, sondern ebenfalls zur Vorstellung eines liebenden Gottes, der im Sinne einer integrierenden „Kommunikationspastoral" alle Menschen in eine große Gemeinschaft zusammenführt, wie gleichfalls Ebertz (2. Aufl., 2003), Aufbruch in die Kirche, S. 145ff. andeutungsweise zu bedenken gibt.

428 Söding (2015), Nächstenliebe, S. 118.

429 Wohlmuth (2014), Eschato-Praxie, S. 287.

430 Diese Differenzierung korrespondiert mit Taylor (2009), Ein säkulares Zeitalter, S. 45.

431 Papst Franziskus, Misericordiae Vultus 15. Der Text findet sich in deutscher Übersetzung unter http://www.dbk.de/nc/presse/details/?presseid=2776 (12. 01. 2016).

432 Kasper (2012), Barmherzigkeit, S. 19–22 (Zitate S. 20 und S. 22).

433 Dammayr (2016), Soziologie der Fürsorge, S. 384–386 und S. 390–392.

434 Ebach (2016), Barmherzigkeit und Gerechtigkeit, S. 347 (alle Hervorhebungen von J. E.).

435 Goertz – Witting (2016), Zur Moral der Barmherzigkeit, S. 6.

436 Ebd., S. 7.

437 Matthias Drobinski, Katholische Kirche. Das Herz ändern, in: SZ 8. 12. 2015, No. 283, S. 4.

438 Heimbach-Steins (2016), Grenzverläufe, S. 71.

439 Ebd., S. 59f. (Hervorhebungen durch M. H.-S.).

440 Dazu s. Angenendt (3. Aufl., 2005), Geschichte der Religiosität, S. 593–598.

441 Lessenich (2008), Die Neuerfindung des Sozialen, S. 17.

442 Nolte (2004), Generation Reform, S. 154.

443 Beetz – Corsten – Rosa – Winkler (2014), Was bewegt Deutschland?, S. 279.

444 Steinkamp (1991), Sozialpastoral, S. 143.

445 Steinkamp (2005), Seelsorge als Anstiftung zur Selbstsorge, S. 59.

446 Pollack – Rosta (2015), Religion in der Moderne, S. 223.

447 Ebd., S. 67.
448 Ebd., S. 68.
449 Ebd., S. 71.
450 Ebd., S. 130.
451 Pollack (2016), Religion und gesellschaftliche Differenzierung, S. 251f.
452 Ebd., S. 250f.
453 https://www.morgenpost.de/vermischtes/article209131259/2016-so-viele-Ehrenamtliche-wie-noch-nie.html (08. 06. 2017).
454 Pollack (2016), Religion und gesellschaftliche Differenzierung, S. 258.
455 Rahner (2. Aufl., 1964), Über die Möglichkeit des Glaubens heute, S. 17.
456 Rahner (2. Aufl., 1967), Atheismus und implizites Christentum, S. 187.
457 Lohfink (1977), Universalismus und Exklusivität des Heils im Neuen Testament, S. 79.
458 Schwerdtfeger (1982), Gnade und Welt, S. 40.
459 Klinger (1976), Perspektiven des Christlichen, S. 19.
460 Dazu s. umfassend Lehmann – Raffelt (Hrg.) (2014), Karl-Rahner-Lesebuch, S. 6–10; Weger (1986), Karl Rahner, S. 99–110.
461 Rahner (2. Aufl., 1964), Das Christentum und die nichtchristlichen Religionen, S. 158.
462 Küng – Rinn-Maurer (2005), Weltethos christlich verstanden, S. 43–45.
463 Küng (1990), Projekt Weltethos, S. 40–43, S. 50f. und S. 68f.
464 Ebd., S. 67.
465 Ebd., S. 77.
466 Küng (2012), Handbuch Weltethos, S. 92.
467 Ebd., S. 119–137.
468 Ebd., S. 173f.
469 Ebd., S. 179.
470 Ebd., S. 14.
471 Rosa (2016), Resonanz, S. 673.
472 Rosa (2005), Beschleunigung, S. 115 spricht hier von „Mengensteigerung pro Zeiteinheit“.
473 Rosa (2016), Resonanz, S. 288, S. 298 und S. 306.
474 Beetz – Corsten – Rosa – Winkler (2014), Was bewegt Deutschland?, S. 387 unterstreichen anhand ihrer empirischen Untersuchung zur aktuellen Ehrenamtlichkeit in Deutschland: „Nahezu alle Engagierten betonen die Zentralität der Erfahrung, ‚dass etwas zurückkommt‘ – nicht nur von den Menschen, mit denen sie zu tun haben, sondern sogar von den Dingen und Räumen.“

475 Ebd., S. 388.

476 Rosa (2016), Resonanz, S. 573f. formuliert in diesem Sinn: „Die durch Liebe gestiftete Weltbeziehung ist dadurch gekennzeichnet, dass sich im Prozess der Anverwandlung Subjekt und Welt nicht nur durchdringen, sondern zugleich wechselseitig transformieren."

477 Formulierungen in Anlehnungen an ebd., S. 518.

478 Stark (1997), Der Aufstieg des Christentums, S. 1.

479 Joas (1997), Die Entstehung der Werte, S. 69.

480 Joas (2. Aufl., 2007), Braucht der Mensch Religion?, S. 141.

481 Dazu s. inspirierend Ulrich Willems – Astrid Reuter – Daniel Gerster (Hrg.), Ordnungen religiöser Pluralität. Wirklichkeit – Wahrnehmung – Gestaltung (Religion und Moderne 3) Frankfurt 2016; Thomas R. McFaul, The Future of Peace and Justice in the Global Village. The Role of the World Religions in the Twenty-First Century, Westport 2006, S. 159–174.

482 Deselaers (2017), Wegweiser zur Solidarität, S. 13–29.

Literaturverzeichnis

Arnold Angenendt, *Die Geburt der christlichen Caritas*, in: Christoph Stiegemann (Hrg.), Caritas. Nächstenliebe von den frühen Christen bis zur Gegenwart, Petersberg 2015, S. 40–51.

Arnold Angenendt, *Geschichte der Religiosität* im Mittelalter, 3. Aufl., Darmstadt 2005.

Sigrun Anselm, *Religion und Religionen in New York*, in: Merkur 53 (1999) S. 967–982.

Silke Arbandt – Werner Macheiner – Carsten Colpe, *Art. Gefangenenschaft*, in: Reallexikon für Antike und Christentum 9 (1976) Sp. 318–345.

Jan Assmann, *Zur Geschichte des Herzens* im Alten Ägypten, in: Jan Assmann (Hrg.), Die Erfindung des inneren Menschen. Studien zur religiösen Anthropologie (Studien zum Verstehen fremder Religionen 6) Gütersloh 1993, S. 81–113.

Markus Babo, *Kirchenasyl – Kirchenhikesie*. Zur Relevanz eines historischen Modells im Hinblick auf das Asylrecht der Bundesrepublik Deutschland (Studien der Moraltheologie 20) Münster – Hamburg – London 2003.

Elisabeth Beck-Gernsheim, *Auf dem Weg in eine postfamiliale Familie*. Von der Notgemeinschaft zur Wahlverwandtschaft, in: Elisabeth Beck-Gernsheim – Ulrich Beck (Hrg.), Riskante Freiheiten. Individualisierung in der modernen Gesellschaft, Frankfurt a. M. 1994, S. 115–138.

Winfried Becker, *Christliche Parteien* im Frankreich des 19. und 20. Jahrhunderts, in: Benedikt Kranemann – Myriam Wijlens (Hrg.), Religion und Laicité in Frankreich. Entwicklungen, Herausforderungen und Perspektiven (Erfurter theologische Schriften 37) Würzburg 2009, S. 17–33.

Michael Beetz – Michael Corsten – Hartmut Rosa – Torsten Winkler, *Was bewegt Deutschland?* Sozialmoralische Landkarten engagierter und distanzierter Bürger in Ost- und Westdeutschland, Weinheim – Basel 2014.

Claus Bernet, *300 Jahre angloamerikanische Beziehungen in Berlin*. Die Quäkerpräsenz vom 17. Jahrhundert bis heute, in: Jahrbuch für Berlin-Brandenburgische Kirchengeschichte 67 (2009) S. 113–132.

K. Beth, *Art. Engel*, in: Handwörterbuch des deutschen Aberglaubens 2 (ND 1987) Sp. 823–836.

Oliver Bieri, *Suizid und sozialer Wandel* in der westlichen Gesellschaft. Determinanten und Zusammenhänge im Zeitraum von 1950 bis 2000, Zürich 2005.

Julia Bolles-Wilson – Gerhard Peschers, *Förderverein Gefangenenbücherei e. V., Bibliotheksräume hinter Gittern.* 23 Entwürfe von Studierenden „Muenster School of Architecture MSA", Münster 2010.

Manuel Borutta, *Genealogie der Säkularisierungstheorie.* Zur Historisierung einer großen Erzählung der Moderne, in: Geschichte und Gesellschaft 36 (2010) S. 347–376.

Anne Boultwood – Robert Jarrard, *Ambivalence* and its Relation to the Fashion and the Body, in: Fashion Theory. The Journal of Dress, Body and Culture 4 (2000) S. 301–322.

Pierre Bourdieu, *Praktische Vernunft.* Zur Theorie des Handelns (Edition Suhrkamp. NF 985) Frankfurt a. M. 1998.

Egon Brandenburger, *Das Recht des Weltenrichters.* Untersuchung zu Matthäus 25,31–46 (Stuttgarter Bibelstudien 99) Stuttgart 1980.

Michael Brocke (Hrg.), *Nächstenliebe und Barmherzigkeit.* Schriften zur jüdischen Sozialethik (Deutsch-jüdische Autoren des 19. Jahrhunderts. Anthologie 2) Köln 2015.

Christoph Butterwegge, *Gerechtigkeit auf dem Rückzug.* Vom bismarckschen Sozialstaat zum postmodernen Suppenküchenstaat, in: Stefan Selke (Hrg.), Kritik der Tafeln in Deutschland. Standortbestimmungen zu einem ambivalenten sozialen Phänomen, Wiesbaden 2010, S. 73–89.

Corina Caduff, *Tot geboren.* „Stillborn Babies" in Film, Literatur und Internet, in: Zeitschrift für Germanistik 25 (2015) S. 576–583.

Luc Campana, *Die 14 Heiligen Nothelfer.* Herkunft und Verehrung – Konkurrenz zur Medizin – Leben und Legenden – Reichweite und Bildnisse, 2. überarb. u. erw. Aufl., Lauerz 2008.

Anna Christ-Friedrich, *Art. Suizid II. (Theologisch)*, in: Theologische Realenzyklopädie 32 (2001) S. 445–453.

Günther Cloerkes, *Soziologie der Behinderten.* Eine Einführung, 3. neu bearb. und erw. Aufl., Heidelberg 2007.

Mary Frances Coady, *The Hidden Way.* The Life and Influence of Almire Pichon, London 1998.

Michaela Collinet (Hrg.), *Caritas – Barmherzigkeit – Diakonie.* Studien zu Begriffen und Konzepten des Helfens in der Geschichte des Christentums vom Neuen Testament bis ins späte 20. Jahrhundert (Religion – Kultur – Gesellschaft 2) Münster 2014.

Georg Cremer, *Armut in Deutschland*. Wer ist arm? Was läuft schief? Wie können wir handeln?, München 2016.

Pamela Cushing, *Disability Attitudes*, Cultural Conditions, and the Moral Imagination, in: Hans S. Reinders (Hrg.), The Paradox of Disability. Responses to Jean Vanier and L'Arche Communities from Theology and the Sciences, Grand Rapids (USA) – Cambridge (GB) 2010, S. 75–93.

Wilhelm Damberg – Staf Hellemans (Hrg.), *Die neue Mitte der Kirche*. Der Aufstieg der intermediären Instanzen in den europäischen Großkirchen seit 1945 (Konfession und Gesellschaft. Beiträge zur Zeitgeschichte 42) Stuttgart 2010.

Maria Dammayr, *Soziologie der Fürsorge*. Reflexionen auf historische, inhaltliche und gesellschaftliche Dimensionen der Sorge für sich und andere, in: Theologisch-praktische Quartalschrift 164 (2016) S. 383–392.

Irene Dänzer-Vanotti, *Manuskript zum WDR-ZeitZeichen* vom 12. 11. 2006 (Thema „Telefonseelsorge").

Ernst Dassmann – Georg Schöllgen, *Art. Haus II. (Hausgemeinschaft)*, in: Reallexikon für Antike und Christentum 13 (1986) Sp. 801–905.

Paul Deselaers, *Wegweiser zur Solidarität*. Biblische Hinweise, in: Michael Rutz (Hrg.), Warum solidarisch? Zwischen Egoismus und Nächstenliebe, Freiburg – Basel – Wien 2017, S. 13–29.

Alexander Dietz, *Tafeln*, aktivierender Sozialstaat und selbstbestimmte Teilhabe, in: Frank Martin Brunn – Alexander Dietz (Hrg.), Selbstbestimmung in der Perspektive theologischer Ethik, Leipzig 2011, S. 33–53.

Michael Downey, *Disfigurement and Reconfiguration*. The Contribution of Jean Vanier and l'Arche to a Renewed Social Order, in: Theoforum 38 (2007) S. 309–320.

Shirley Du Boulay, *Cicely Saunders*. Ein Leben für Sterbende, Innsbruck – Wien 1987.

Franz Dünzl, *Fremd in dieser Welt?* Das frühe Christentum zwischen Weltdistanz und Weltverantwortung, Freiburg – Basel – Wien 2015.

Jürgen Ebach, *Barmherzigkeit und Gerechtigkeit*. Biblische Beobachtungen und Impressionen, in: Theologisch-praktische Quartalschrift 164 (2016) S. 339–347.

Michael N. Ebertz, *Aufbruch in die Kirche.* Anstöße für ein zukunftsfähiges Christentum, 2. Aufl., Freiburg 2003.
Michael N. Ebertz, *Die Zivilisierung Gottes.* Der Wandel von Jenseitsvorstellungen in Theologie und Verkündigung (Glaubenskommunikation. Reihe Zeitzeichen 14) Ostfildern 2014.
Michael N. Ebertz, *Erosion der Gnadenanstalt?* Zum Wandel der Sozialgestalt von Kirche, Frankfurt a. M. 1998.
Claudia C. Ebner, *Kleidung verändert.* Mode im Kreislauf der Kultur, Bielefeld 2007.
Reinald Eichholz, *Die Subjektstellung des Kindes als Auftrag und Maßstab der Politik,* in: Frühe Kindheit 4/2 (2001) S. 8–13.
Eduard Eichmann – Klaus Mörsdorf, *Lehrbuch des Kirchenrechts* auf Grund des Codex Iuris Canonici, 11. Aufl., München – Paderborn – Wien 1967.
Jürgen Erbacher (Hrg.), *Gottes erster Name.* Ein islamisch-christliches Gespräch über Barmherzigkeit. Mit Mouhanad Khorchide und Walter Kasper, Ostfildern 2017.

Werner Faulstich u. a., *Bildanalysen.* Gemälde, Fotos, Werbebilder, Bardowick 2010.
Valérie Feschet, *The Surname in Western Europe.* Liberty, Equality and Paternity in Legal Systems in the Twenty-First Century, in: L'homme. Europäische Zeitschrift für feministische Geschichtswissenschaft 20 (2009) S. 63–73.
Alexander Filipovic, *Öffentliche Kommunikation* in der Wissensgesellschaft. Sozialethische Analysen (Forum Bildungsethik o. Nr.) Bielefeld 2007.
Moses I. Finley, *Die antike Wirtschaft,* München 1977.
Thomas Fischl, *Mitgefühl – Mitleid – Barmherzigkeit.* Ansätze von Empathie im 12. Jahrhundert (Geschichtswissenschaften 42) München 2017.
Gerhard Franke, *Das Kirchenasyl* im Kontext sakraler Zufluchtnahmen der Antike. Historische Erscheinungsformen und theologische Implikationen in patristischer Zeit (Europäische Hochschulschriften. Reihe 23, Bd. 756) Frankfurt a. M. 2003.
Norbert Friedrich, *Die Fliedners von Kaiserswerth.* Theodor, Friederike und Caroline Fliedner. Ein gemeinsames Lebensbild, in: Rudolf Mau (Hrg.), Protestantismus in Preussen, Bd. 2 („Vom Unionsaufruf 1817 bis zur Mitte des 19. Jahrhunderts"), Frankfurt a. M. 2009, S. 215–241.
Ottmar Fuchs, *Dableiben oder weggehen?* Christen im Konflikt mit der Kirche, München 1989.

Ute Gause, *Kirchengeschichte und Genderforschung*. Eine Einführung in protestantische Perspektive (UTB 2806) Tübingen 2006.

Sandra Gehnke, *Sinnerfahrung und Todesbewusstsein*. Der Mensch in der Auseinandersetzung mit Leiden, Sterben und Tod. Die notwendige Kompetenz der Leidensfähigkeit auf der Grundlage der Logotherapie sowie Chancen und Perspektiven für die Hospizbewegung (Übergänge 6) Frankfurt a. M. – Berlin – Bern 2004.

Jacques Gélis, *Lebenszeichen – Todeszeichen*. Die Wundertaufe totgeborener Kinder im Deutschland der Aufklärung, in: Jürgen Schlumbohm (Hrg.), Rituale der Geburt. Eine Kulturgeschichte, München 1998, S. 269–288.

Martin Gerhardt, *Theodor Fliedner*. Ein Lebensbild, Bd. 1, Düsseldorf-Kaiserswerth 1933.

Andrea Gerk, *Lesen als Medizin*. Die wundersame Wirkung der Literatur, Berlin 2015.

Anthony Giddens, *Der dritte Weg*. Die Erneuerung der sozialen Demokratie (Edition Zweite Moderne o. No.) Frankfurt a. M. 1999.

Marlis Gielen, *Art. Werke der Barmherzigkeit I. (Biblisch)*, in: Lexikon für Theologie und Kirche 10 (2001) Sp. 1098–1099.

Burkhard Gladigow, *Art. Name*, in: Hubert Cancik – Burkhard Gladigow – Karl-Heinz Kohl (Hrg.), Handbuch gesellschaftlicher Grundbegriffe 4 (1998) S. 209–212.

Stephan Goertz – Caroline Witting, *Zur Moral der Barmherzigkeit*. Die theologische Leitvokabel im Spiegel der Bischofssynode über Ehe und Familie, in: Frau und Mutter 2016, Heft 1, S. 6–7.

Erving Goffman, *Geschlecht und Werbung* (Edition Suhrkamp 1085 = NF 85) Frankfurt a. M. 1981.

Franz Groiss – Birgit Streiter – Christian Vielhaber (Hrg.), *Maria lactans*. Die Stillende in Kunst und Alltag, Wien 2010.

Thomas Groll, *Neues Ehrenamt in der Kirche*. Wandel – Herausforderung – Gewinn, in: Unsere Seelsorge o. Jg. (2012) (Heft September), S. 32–33.

Thomas Großbölting, *Der verlorene Himmel*. Glaube in Deutschland seit 1945, Göttingen 2013.

David Guilardian, *Les Tables des pauvres*. Une voie spécifique aux anciens Pays-Bas?, in: Michel Pauly (Hrg.), Institutions de l'assistance sociale en Lothraingie médiéval (Publications de la Section Historique de l'Institut G.-D. de Luxembourg 121) Luxembourg 2008, S. 257–276.

Ingo Habenicht, *Zur Geschichte der Telefonseelsorge* in Deutschland, in: Traugott Weber (Hrg.), Handbuch Telefonseelsorge, 2. Aufl., Göttingen 2006, S. 15–24.

Joan Halifax, *Im Sterben dem Leben begegnen*. Mut und Mitgefühl im Angesicht des Todes, Bielefeld 2011.

Berndt Hamm, *Luthers Anleitung zum seligen Sterben* vor dem Hintergrund der spätmittelalterlichen Ars moriendi, in: Jahrbuch für biblische Theologie 19 (2004) S. 311–362.

Hans Hattenhauer, *Europäische Rechtsgeschichte*, Heidelberg 1992.

Eberhard Hauschildt, *Telefonseelsorge als Kirche* und als diakonisch-caritatives Christentum, in: Eberhard Hauschildt – Bernd D. Blömeke (Hrg.), Telefonseelsorge interdisziplinär (Arbeiten zur Pastoraltheologie, Liturgik und Hymnologie 81) Göttingen 2016, S. 39–49.

Marianne Heimbach-Steins, *Grenzverläufe* gesellschaftlicher Gerechtigkeit. Migration – Zugehörigkeit – Beteiligung (Gesellschaft – Ethik – Religion. Schriften des Instituts für Christliche Sozialwissenschaften NF 5) Paderborn 2016.

Marianne Heimbach-Steins, *Kirchenasyl*. Christliche Verantwortung im Konflikt mit dem Rechtsstaat?, in: Stimmen der Zeit 214 (1996) S. 291–304.

Andreas Heller – Sabine Pleschberg, *Geschichte der Hospizbewegung* in Deutschland. Hintergrundfolie für Forschung in Hospizarbeit und Palliative Care, in: Martin W. Schnell (Hrg.), Palliative Care und Hospiz. Eine Grounded Theory (Palliative Care und Forschung o. No.) Wiesbaden 2015, S. 61–74.

Ortwin Henssler, *Formen des Asylrechts* und ihre Verbreitung bei den Germanen (Frankfurter wissenschaftliche Beiträge 8) Frankfurt a. M. 1954.

Gregor Herler, *Kirchliches Asylrecht* und Kirchenasyl im demokratischen Rechtsstaat, Hilpoltstein 2004.

Peter Hersche, *Muße und Verschwendung*. Europäische Gesellschaft und Kultur im Barockzeitalter 2, Freiburg 2006.

Danièle Hervieu-Léger, *Pilger und Konvertiten* (Religion in der Gesellschaft 17) Würzburg 2004.

Otto Hiltbrunner u. a., *Art. Gastfreundschaft*, in: Reallexikon für Antike und Christentum 8 (1972) Sp. 1061–1123.

Otto Hiltbrunner, *Gastfreundschaft in der Antike* und im frühen Christentum, Darmstadt 2005.

Karl Hoheisel, *Art. Suizid I. (Religionsgeschichtlich)*, in: Theologische Realenzyklopädie 32 (2001) S. 442–446.

Michael Hryniuk, *Theology, Disability and Spiritual Transformation*. Learning from the Communities of l'Arche, Amherst (New York) 2010.

Franz-Josef Hücker, *Sorgen kann man teilen*. Das Konzept der Telefonseelsorge, in: Sozial Extra 35 (2011) (Heft 3/4) S. 10–15.

Irmgard Icking, *Interreligiöse Spiritualität im Hospiz*. Raum und Resonanz geben (Palliative Care verstehen 2) Ludwigsburg 2015.

Eberhard Isenmann, *Die deutsche Stadt* im Mittelalter 1150–1550. Stadtgestalt, Recht, Verfassung, Stadtregiment, Kirche, Gesellschaft, Wirtschaft, 2. durchges. Aufl., Wien 2014.

Hans Joas, *Braucht der Mensch Religion?* Über Erfahrungen der Selbsttranszendenz (Herder Spektrum 5459) 2. Aufl., Freiburg i. Br. 2007.

Hans Joas, *Die Entstehung der Werte*, Frankfurt a. M. 1997.

Konrad Josef, *Geschichte der Heilpädagogik*, in: Heribert Jussen (Hrg.), Handbuch der Heilpädagogik in Schule und Jugendhilfe, München 1967, S. 44–80.

M. Jungbauer, *Art. Mantel*, in: Handwörterbuch des deutschen Aberglaubens 5 [ND 1987] Sp. 1578–1591.

Uwe Kaminsky, *Die Telefonseelsorge* als neues Handlungsfeld zwischen Seelsorge und Beratung, in: Andreas Henkelmann – Traugott Jähnichen (Hrg.), Abschied von der konfessionellen Identität? Diakonie und Caritas in der Modernisierung des deutschen Sozialstaats seit den sechziger Jahren (Konfession und Gesellschaft 46) Stuttgart 2012, S. 166–181.

Uwe Kaminsky – Andreas Henkelmann, *Die Beratungsarbeit* als Beispiel für die Transformation von Diakonie und Caritas, in: Wilhelm Damberg (Hrg.), Soziale Strukturen und Semantiken des Religiösen im Wandel. Transformationen in der Bundesrepublik Deutschland 1949–1989, Essen 2011, S. 89–104.

Ehrhard Kamlah, *Art. Barmherzigkeit II. (Neues Testament)*, in: Theologische Realenzyklopädie 5 (1980) S. 224–228.

Walter Kasper, *Barmherzigkeit*. Grundbegriff des Evangeliums – Schlüssel christlichen Lebens, Freiburg – Basel – Wien 2012.

Franz-Xaver Kaufmann, *Die Rolle der Religion* in mitteleuropäischer Gesellschaft, in: Johann Baptist Metz – Peter Rottländer (Hrg.), Lateinamerika und Europa. Dialog der Theologen, München – Mainz 1988, S. 75–90.

Benedikt Kern – Julia Lis, *Kirchenasyl als prophetische Praxis* und politisches Mittel, in: Institut für Theologie und Politik, Rundbrief 43 (10/2015) S. 2–3.

Mouhanad Khorchide, *Islam ist Barmherzigkeit*. Grundzüge einer modernen Religion, Freiburg – Basel – Wien 2012.

Tobias Kläden, *Telefonseelsorge und soziale Milieus*, in: Eberhard Hauschildt – Bernd D. Blömeke (Hrg.), Telefonseelsorge interdisziplinär (Arbeiten zur Pastoraltheologie, Liturgik und Hymnologie 81) Göttingen 2016, S. 147–162.

Martin Klein – Rolf Strietholt – Eva C. Stuckstätte, *Der Seelsorgeauftrag der Telefonseelsorge* im aktuellen gesellschaftlichen Kontext. Ergebnisse einer statistischen Untersuchung, in: Eberhard Hauschildt – Bernd D. Blömeke (Hrg.), Telefonseelsorge interdisziplinär (Arbeiten zur Pastoraltheologie, Liturgik und Hymnologie 81) Göttingen 2016, S. 125–145.

Elmar Klinger, *Perspektiven des Christlichen* im Begriff der anonymen Christlichkeit, in: Elmar Klinger (Hrg.), Christentum innerhalb und außerhalb der Kirche (Quaestiones Disputatae 73) Freiburg 1976, S. 9–25.

Hubert Knoblauch, *Populäre Religion*. Auf dem Weg in eine spirituelle Gesellschaft, Frankfurt a. M. 2009.

Hubert Knoblauch, *Qualitative Religionsforschung*. Religionsethnographie in der eigenen Gesellschaft (UTB 2409) Paderborn 2003.

Edeltraud Koller – Michael Rosenberger – Anita Schwantner (Hrg.), *Werke der Barmherzigkeit*. Mittel zur Gewissensberuhigung oder Motor zur Strukturveränderung? (Beiträge zu Wirtschaft – Ethik – Gesellschaft 5) Linz 2013 (Elektronische Publikation mit Downloadoption).

Ralf Korrek, *Das Land der Sternenkinder*. Gedichte für trauernde Eltern, Norderstedt 2007.

Rainer Krockauer, *Tafelangebot* aus caritastheologischer Perspektive, in: Stefan Selke (Hrg.), Kritik der Tafeln in Deutschland. Standortbestimmungen zu einem ambivalenten sozialen Phänomen, Wiesbaden 2010, S. 163–178.

Hans Küng, *Handbuch Weltethos*. Eine Vision und ihre Umsetzung, München 2012.

Hans Küng, *Projekt Weltethos*, München 1990.

Hans Küng – Angela Rinn-Maurer, *Weltethos christlich verstanden*. Positionen, Erfahrungen, Impulse, Freiburg – Basel – Wien 2005.

Richard Lamerton, *Sterbenden Freund sein*. Helfen in der letzten Lebensphase (Herder Taschenbuch 4004) 3. Aufl., Freiburg 1991.

Peter Landau, *Art. Asylrecht III. (Alte Kirche und Mittelalter)*, in: Theologische Realenzyklopädie 1 (1979) S. 319–327.

Severin Lederhilger, *Kirchenasyl.* Klärungen zu einer immer noch aktuellen Fragestellung, in: Theologisch-praktische Quartalschrift 165 (2017) S. 21–35.

Karl Lehmann – Albert Raffelt (Hrg.), *Karl-Rahner-Lesebuch*, Freiburg 2014.

Philipp Lepenies, *Armut.* Ursache, Formen, Auswege (Beck TB Wissen 2862) München 2017.

Stephan Lessenich, *Die Neuerfindung des Sozialen.* Der Sozialstaat im flexiblen Kapitalismus, Bielefeld 2008.

Vera Lind, *Selbstmord in der Frühen Neuzeit.* Diskurs, Lebenswelt und kultureller Wandel am Beispiel der Herzogtümer Schleswig und Holstein (Veröffentlichungen des Max-Planck-Instituts für Geschichte 146) Göttingen 1999.

Benno Littger, *Christliche Hospiz- und Palliativkultur.* Grundlagen, Erfahrungen und Herausforderungen (Studien zur Theologie und Praxis der Seelsorge 90) Würzburg 2014.

Gerhard Lohfink, *Universalismus und Exklusivität des Heils im Neuen Testament*, in: Walter Kasper (Hrg.), Absolutheit des Christentums (Quaestiones Disputatae 79) Freiburg – Basel Wien 1977, S. 63–82.

Aemiliana Löhr, *Der hl. Christophorus* und die Wandlungen im christlichen Heiligenkult, in: Anton Mayer – Johannes Quasten – Burkhard Neunheuser (Hrg.), Vom christlichen Mysterium. Gesammelte Arbeiten zum Gedächtnis von Odo Casel, Düsseldorf 1951, S. 227–259.

Stephan Lorenz, *Die Tafeln zwischen Konsumismus und ‚Überflüssigkeit'.* Zur Perspektive einer Soziologie des Überflusses, in: Stefan Selke (Hrg.), Tafeln in Deutschland. Aspekte einer sozialen Bewegung zwischen Nahrungsmittelumverteilung und Armutsintervention, 2. Aufl., Wiesbaden 2011, S. 71–90.

Stephan Lorenz, *Tafeln im flexiblen Überfluss.* Ambivalenzen sozialen und ökologischen Engagements, Bielefeld 2012.

Hubertus Lutterbach, *Gotteskindschaft.* Kultur- und Sozialgeschichte eines christlichen Ideals, Freiburg – Basel – Wien 2003.

Hubertus Lutterbach, *Sexualität im Mittelalter.* Eine Studie anhand von Bußbüchern des 6. bis 12. Jahrhunderts (Archiv für Kulturgeschichte. Beihefte 43) Köln – Weimar – Wien 1999.

Ulrich Luz, *Das Evangelium nach Matthäus* (Evangelisch-Katholischer Kommentar zum Neuen Testament I 3) Zürich – Düsseldorf 1997.

Bernd Maelicke, *Das Knast-Dilemma*. Wegsperren oder resozialisieren? Eine Streitschrift, Gütersloh 2015, S. 137–140.

Robert Austin Markus, *Gregory the Great* and his World, Cambridge 1997.

Thomas R. McFaul, *The Future of Peace* and Justice in the Global Village. The Role of the World Religions in the Twenty-First Century, Westport 2006.

Hermann Meyer, *Geistigbehindertenpädagogik*, in: Svetluse Solarová (Hrg.), Geschichte der Sonderpädagogik, Stuttgart 1983, S. 81–119.

Michael Mitterauer, *Ahnen und Heilige*. Namengebung in der europäischen Geschichte, München 1993.

Luise Molling, *Die Berliner Tafel* zwischen Sozialstaatsabbau und neuer Armenfürsorge, in: Stefan Selke (Hrg.), Tafeln in Deutschland. Aspekte einer sozialen Bewegung zwischen Nahrungsmittelumverteilung und Armutsintervention, 2. Aufl., Wiesbaden 2011, S. 181–202.

Matthias Morgenstern, *Kirchenasyl* in der Bundesrepublik Deutschland. Historische Entwicklung – Aktuelle Situation – Staatskirchenrechtlicher Vergleich (Politik und Religion o. No.) Wiesbaden 2003.

Klaus E. Müller, *Der Krüppel*. Ethnologia passionis humanae, München 1996.

Sabine Müller, *Gefangenenbibliothek „Ein Stück Freiheit“*, in: Westfalenspiegel 2015 (Heft 2) S. 24–25.

Herfried Münkler – Marina Münkler, *Die neuen Deutschen*. Ein Land vor seiner Zukunft, 2. Aufl., Berlin 2016.

Harald Neumeyer, *Anomalien, Autonomien und das Unbewusste*. Selbstmord in Wissenschaft und Literatur von 1700 bis 1800, Göttingen 2009.

Christoph Niemand, *Gefangenen die Entlassung ansagen* und ein Gnadenjahr des Herrn ausrufen, in: Edeltraud Koller – Ferdinand Reisinger – Michael Rosenberger (Hrg.), Wegsperren oder einschließen? Die Praxis der Freiheitsstrafe zwischen Inklusion und Exklusion (Linzer philosophisch-theologische Beiträge 21) Frankfurt 2010, S. 45–73.

Paul Nolte, *Generation Reform*. Jenseits der blockierten Republik, München 2004.

Heinrich Pera, *Da sein bis zuletzt*. Erfahrungen am Ende des Lebens (Herder Spektrum 5483) Freiburg – Basel – Wien 2004.

Heinrich Pera, *Sterbende verstehen*. Ein Leitfaden zur Sterbebegleitung, 4. Aufl., Freiburg i. Br. 1997.

Gerhard Peschers, *Bücher öffnen Welten* für Menschen hinter Gittern, in: Gerhard Peschers, Bücher öffnen Welten. Medienangebote für Menschen

in Haft in Deutschland und international (Bibliotheks- und Informationspraxis 54) Berlin 2013, S. 66–101.
Gerhard Peschers, *Gefangenenbüchereien als Zeitzeugen – Geschichte* der Gefangenenbüchereien, in: Gerhard Peschers (Hrg.), Bücher öffnen Welten. Medienangebote für Menschen in Haft in Deutschland und international (Bibliotheks- und Informationspraxis 54) Berlin 2013, S. 28–51.
Gerhard Peschers, *Gefangenenbüchereien als Zeitzeugen. Streifzug* durch die Geschichte der Gefangenenbüchereien seit 1850, in: Maria Perrefort (Hrg.), Ketten – Kerker – Knast. Zur Geschichte des Strafvollzugs in Westfalen (Notizen zur Stadtgeschichte 5) Hamm 2000, S. 123–141.
Valdo Pezzoli, *Kleidung und Körpermodifikationen* bei Jugendlichen. Identifikation oder Abgrenzung?, in: Monika Glavac u. a. (Hrg.), Second Skin. Körper, Kleidung, Religion (Research in Contemporary Religion 14) Göttingen 2013, S. 41–52.
Daria Pezzoli-Olgiati – Anna-Katharina Höpflinger, *Second Skin.* Ein religionstheoretischer Zugang zu Körper und Kleidung, in: Monika Glavac u. a. (Hrg.), Second Skin. Körper, Kleidung, Religion (Research in Contemporary Religion 14) Göttingen 2013, S. 7–26.
Thomas Podella, *Art. Kleid/Be-, Entkleiden,* in: Handbuch religionswissenschaftlicher Grundbegriffe 3 (1993) S. 381–385.
Detlef Pollack, *Religion und gesellschaftliche Differenzierung.* Studien zum religiösen Wandel in Europa und den USA III, Tübingen 2016.
Detlef Pollack – Gergely Rosta, *Religion in der Moderne.* Ein internationaler Vergleich (Religion und Moderne 1) Frankfurt 2015.
Heinrich Pompey, *Art. Hospiz,* in: Lexikon für Theologie und Kirche 5 (1996) Sp. 288.
Horst Dietrich Preuß, *Art. Barmherzigkeit I. (Altes Testament),* in: Theologische Realenzyklopädie 5 (1980) S. 215–224.

Hermann Queckenstedt, *In eyne rechte, stede, vaste, ewige gifte.* Armenfürsorge und Totengedenken im spätmittelalterlich-frühneuzeitlichen Osnabrück (1339–1600) (Kulturregion Osnabrück 8) Münster 1994.

Fidel Rädle, Johannes Gerson. *De arte moriendi,* lateinisch ediert, kommentiert und deutsch übersetzt, in: Nine Miedema – Rudolf Suntrup (Hrg.), Literatur – Geschichte – Literaturgeschichte. Beiträge zur mediävistischen Literaturwissenschaft. FS Volker Honemann, Frankfurt a. M. 2003, S. 721–738.

Karl Rahner, *Atheismus und implizites Christentum*, in: Karl Rahner, Schriften zur Theologie 8, 2. Aufl., Einsiedeln 1967, S. 187–212.

Karl Rahner, *Das Christentum und die nichtchristlichen Religionen*, in: Karl Rahner, Schriften zur Theologie 5, 2. Aufl., Einsiedeln 1964, S. 136–158.

Karl Rahner, *Über die Einheit von Nächsten- und Gottesliebe*, in: Karl Rahner, Schriften zur Theologie 6, 2. Aufl., Einsiedeln 1968, S. 277–298.

Karl Rahner, *Über die Möglichkeit des Glaubens heute*, in: Karl Rahner, Schriften zur Theologie 5, 2. Aufl., Einsiedeln 1964, S. 11–32.

John Rawls, *Eine Theorie der Gerechtigkeit*, Frankfurt 1979.

Franco Rest, *Sterbebeistand*. Sterbebegleitung. Sterbegeleit. Handbuch für den stationären und ambulanten Bereich, 5. vollständig überarbeitete u. erw. Aufl., Stuttgart 2006.

Heribert Rhoden, *Zwischen Armutszeugnis und Notwendigkeit* – Das Konzept Tafel plus [des Caritasverbandes im Bistum Trier], in: Stefan Selke (Hrg.), Tafeln in Deutschland. Aspekte einer sozialen Bewegung zwischen Nahrungsmittelumverteilung und Armutsintervention, 2. Aufl., Wiesbaden 2011, S. 265–268.

Thomas Richter, *Art. Werke der Barmherzigkeit II. (Historisch)*, in: Lexikon für Theologie und Kirche 10 (2001) Sp. 1099.

Riegler (ohne Vorname), *Art. Schmetterling*, in: Handwörterbuch des deutschen Aberglaubens 7 (ND 1978) Sp. 1237–1254.

Hartmut Rosa, *Beschleunigung*. Die Veränderung der Zeitstrukturen in der Moderne, Frankfurt a. M. 2005.

Hartmut Rosa, *Resonanz*. Eine Soziologie der Weltbeziehung, Berlin 2016.

Helga Rusche, *Gastfreundschaft* in der Verkündigung des Neuen Testamentes und ihr Verhältnis zur Mission, Münster 1958.

Christoph Sachße – Florian Tenstedt, *Geschichte der Armenfürsorge* in Deutschland. Vom Spätmittelalter bis zum Ersten Weltkrieg, Stuttgart 1980.

Cicely Saunders, *Beyond the Horizon*. A Search for Meaning in Suffering, London 1990.

Cicely Saunders, *Brücke in eine andere Welt*. Was hinter der Hospiz-Idee steht (Herder Spektrum 4708) Freiburg – Basel – Wien 1999.

Cicely Saunders, *Cicely Saunders, Founder of the Hospice Movement*. Selected Letters 1959–1999, New York 2005.

Cicely Saunders, *Hospice – A Meeting Place* for Religion and Science, in: Cicely Saunders, Selected Writings 1958–2004, New York 2006, S. 223–228.

Cicely Saunders, *St. Christopher's Hospice*, in: Cicely Saunders, Selected Writings 1958–2004, New York 2006, S. 115–118.

Cicely Saunders, *The Evolution of the Hospices*, in: Ronald D. Mann (Hrg.), The History of the Management of Pain. From Early Principles to Present Practices, Lancs 1988, S. 167–178.

Wilhelm Schapp, *Philosophie der Geschichten*, 2. Aufl., Frankfurt a. M. 1981.

Wolfgang Schild, *Folter, Pranger, Scheiterhaufen*. Rechtsprechung im Mittelalter, München 2010.

Ernst Schubert, *Erscheinungsformen der Armut* in der spätmittelalterlichen deutschen Stadt, in: Helmut Bräuer – Elke Schlenkrich (Hrg.), Die Stadt als Kommunikationsraum. Beiträge zur Stadtgeschichte vom Mittelalter bis ins 20. Jahrhundert. FS Karl Czok, Leipzig 2001, S. 659–697.

Ernst Schubert, *Soziale Randgruppen* und Bevölkerungsentwicklung im Mittelalter, in: Saeculum 34 (1988) S. 294–339.

Nikolaus Schwerdtfeger, *Gnade und Welt*. Zum Grundgefüge von Karl Rahners Theorie der „anonymen Christen" (Freiburger theologische Studien 123) Freiburg – Basel – Wien 1982.

Ludger Schwienhorst-Schönberger, *„... denn Fremde seid ihr gewesen im Lande Ägypten."* Zur sozialen und rechtlichen Stellung von Fremden und Ausländern im alten Israel, in: Bibel und Liturgie 63 (1990) S. 108–117.

Franz Segbers, *Tafeln in der Wohltätigkeitsfalle*, in: Stefan Selke (Hrg.), Kritik der Tafeln in Deutschland. Standortbestimmungen zu einem ambivalenten sozialen Phänomen, Wiesbaden 2010, S. 179–198.

Eduard Seidler – Karl-Heinz Leven, *Geschichte der Medizin und der Krankenpflege*, 7. überarbeitete und erweiterte Auflage, Stuttgart 2003.

Oliver Seitz – Dieter Seitz, *Die moderne Hospizbewegung* in Deutschland auf dem Weg ins öffentliche Bewusstsein. Ursprünge, kontroverse Diskussionen, Perspektiven (Neuere Medizin- und Wissenschaftsgeschichte. Quellen und Studien 12) Herbolzheim 2002.

Martin Siebold, *Das Asylrecht der römischen Kirche* mit besonderer Berücksichtigung seiner Entwicklung auf germanischem Boden, Münster 1930.

Thomas Söding, *Art. Nächstenliebe, I. (Biblisch-theologisch)*, in: Lexikon für Theologie und Kirche 7 (1998) Sp. 613–614.

Thomas Söding, *Nächstenliebe*. Gottes Gebot als Verheißung und Anspruch, Freiburg – Basel – Wien 2015.

Reiner Sörries, *Herzliches Beileid*. Eine Kulturgeschichte der Trauer, Darmstadt 2012.

Reiner Sörries, *Miniatursärge und Betrachtungssärglein* – Eine Einführung, in: Ulrike Neurath-Sippel (Hrg.), Vergänglichkeit für die Westentasche. Miniatursärge und Betrachtungssärglein, Kassel 2005, S. 9–20.

Kathryn Spink, *Jean Vanier und die Arche.* Die Geschichte einer außergewöhnlichen Berufung, Schwarzenfeld 2008.

Rodney Stark, *Der Aufstieg des Christentums.* Neue Erkenntnisse aus soziologischer Sicht (Neue wissenschaftliche Bibliothek o. No.) Weinheim 1997.

Stegemann (ohne Vorname), *Art. Sterne (Sternglaube)*, in: Handwörterbuch des deutschen Aberglaubens 9 (ND 1978) Sp. 762–782.

Ursula Stegemann, *Politische Tafelarbeit.* Anwaltschaftliches Engagement in der Tafelarbeit, in: Alexander Dietz – Stefan Gillich (Hrg.), Barmherzigkeit drängt auf Gerechtigkeit. Anwaltschaft, Parteilichkeit und Lobbyarbeit als Herausforderung für Soziale Arbeit und Verbände, Leipzig 2013, S. 251–260.

Hermann Steinkamp, *Diakonie statt Pastoral.* Ein überfälliger Perspektivenwechsel, Berlin 2012.

Hermann Steinkamp, *Seelsorge als Anstiftung zur Selbstsorge* (Theologie und Praxis 25) Münster 2005.

Hermann Steinkamp, *Sozialpastoral*, Freiburg 1991.

Hermann Steinkamp, *Wandlungen der Institution Telefonseelsorge* – Religionssoziologische Überlegungen, in: Wege zum Menschen 47 (1995) S. 190–200.

Thomas Sternberg, *Orientalium more secutus.* Räume und Institutionen der Caritas des 5. bis 7. Jahrhunderts in Gallien (Jahrbuch für Antike und Christentum. Ergänzungsband 16) Münster 1991.

Thomas Sternberg, *Wie willst du deine Gabe Christus darbringen?* Anmerkungen zur Praxis der frühchristlichen Gabengabe, in: Benedikt Kranemann – Thomas Sternberg (Hrg.), Die diakonale Dimension der Liturgie (Quaestiones Disputatae 218) Freiburg 2006, S. 116–127.

Reinhold Stipsits, *Milde im Strafvollzug.* Eine sozialpädagogische Deutung der criminalpädagogischen Schriften V. E. Mildes, in: Ines Breinbauer – Gerald Grimm – Martin Jäggle (Hrg.), Milde revisited. Vincenz Eduard Mildes pädagogisches Wirken aus der Sicht der modernen Erziehungswissenschaft (Austria. Forschung und Wissenschaft. Erziehungswissenschaft 1) Wien 2006, S. 221–237.

Alex Stock, *Poetische Dogmatik. Christologie 1.* Namen, Paderborn – München – Wien – Zürich 1995.

Ellen Stubbe, *Seelsorge im Strafvollzug*. Historische, psychoanalytische und theologische Ansätze zu einer Theoriebildung (Arbeiten zur Pastoraltheologie 15) Göttingen 1978.
Johann-Christoph Student (Hrg.), *Das Hospiz-Buch*, 4. Aufl., Freiburg 1999.

Daniela Tausch-Flammer, *„Leben in einen würdevollen Tod begleiten"*. Die Arbeit des Hospizes Stuttgart, in: Johann-Christoph Student (Hrg.), Das Hospiz-Buch, 4. Aufl., Freiburg 1999, S. 73–80.
Charles Taylor, *Die Formen des Religiösen* in der Gegenwart (Suhrkamp TB Wissen 1568) 4. Aufl., Frankfurt 2013.
Charles Taylor, *Ein säkulares Zeitalter*, Frankfurt a. M. 2009.
Hans-Jürgen Teuteberg, *Historische Vorläufer* der Lebensmitteltafeln in Deutschland, in: Stefan Selke (Hrg.), Tafeln in Deutschland. Aspekte einer sozialen Bewegung zwischen Nahrungsmittelumverteilung und Armutsintervention, 2. Aufl., Wiesbaden 2011, S. 56–63.
Wolfgang Thauer – Peter Vodosek, *Geschichte der öffentlichen Bücherei in Deutschland*, 2. Aufl., Wiesbaden 1990.
Michael Theobald, *Eucharistie als Quelle sozialen Handelns*. Eine biblisch-frühkirchliche Besinnung (Biblisch-Theologische Studien 77) Neukirchen-Vluyn 2012.
Klaus Thomas, *Handbuch der Selbstmordverhütung*. Psychopathologie, Psychologie und Religionspsychologie einschließlich der Eheberatung und Telefonseelsorge, Stuttgart 1964.
Christian Traulsen, *Das sakrale Asyl in der Alten Welt*. Zur Schutzfunktion des Heiligen von König Salomo bis zum Codex Theodosianus (Ius Ecclesiasticum 72) Tübingen 2004.
Hans Tremmel, *Grundrecht Asyl*. Die Antwort der christlichen Sozialethik, Freiburg 1992.
Paul Türks, *Begleitung Schwerstkranker*, in: Bistum Essen (Hrg.), Begleitung Sterbender. Referate des 27. Ärztetages im Bistum Essen (Schriften des Ärzterates im Bistum Essen 17) Nettetal 1995, S. 33–58.

Hanneke van Asperen, *Caritas als Lehrmeisterin – Die Stadt als Mutter*. Darstellungen der Armenhilfe von Juan Luis Vives bis Jean-Jacques Rousseau, in: Christoph Stiegemann (Hrg.), Caritas. Nächstenliebe von den frühen Christen bis zur Gegenwart, Petersberg 2015, S. 296–305.

Anton van Hooff, *A Longer Life for ‚Suicide'*. When was the Latin Word for Self Murderer Invented?, in: Romanische Forschungen 102 (1990) S. 255–259.

Anton van Hooff, *Vom „willentlichen Tod" zum „Selbstmord"*. Suizid in der Antike, in: Andreas Bähr – Hans Medick (Hrg.), Sterben von eigener Hand. Selbsttötung als kulturelle Praxis, Köln 2005, S. 23–43.

Jean Vanier, *A Guide to Happiness*. Aristotle for the New Century (übers. v. Kathryn Spink), New York 2001.

Jean Vanier, *Becoming Human*, Toronto 2001.

Jean Vanier, *Einfach Mensch sein*. Wege zu erfülltem Leben, Freiburg – Basel – Wien 2001.

Jean Vanier, *From Brokenness to Community* (The Wit Lectures. Harvard University. The Divinity School o. No.) New York – Mahwah (New Jersey) 1992.

Jean Vanier, *Heile, was gebrochen ist*. Die Botschaft vom ganzen Menschen, Freiburg – Basel – Wien 1990.

Jean Vanier, *In Gemeinschaft leben*. Meine Erfahrungen, Freiburg i. Br. 1993.

Jean Vanier, *Our Journey Home*. Rediscovering a Common Humanity Beyond our Differences, New York 1997.

Jean Vanier, *The Heart of L'Arche*. A Spirituality for Every Day, Toronto 1995.

Jean Vanier, *Weites Herz*. Dem Geheimnis der Liebe auf der Spur, Schwarzenfeld 2010.

Chad Varah, *Samariter*. Hilfe durchs Telefon, Stuttgart – Berlin 1966.

Paul Veyne, *Brot und Spiele*. Gesellschaftliche Macht und politische Herrschaft in der Antike, Darmstadt 1990.

Laurent Villemin, *Die gegenwärtige französische Theologie*, in: Benedikt Kranemann – Myriam Wijlens (Hrg.), Religion und Laicité in Frankreich. Entwicklungen, Herausforderungen und Perspektiven (Erfurter theologische Schriften 37) Würzburg 2009, S. 109–123.

Catherine Vincent, *Les multiples formes* de l'assistance dans les confrèries du royaume de France à la fin du Moyen Âge, in: Monika Escher-Apsner (Hrg.), Mittelalterliche Bruderschaften in Europäischen Städten. Funktionen – Formen – Akteure (Inklusion, Exklusion. Studien zu Fremdheit und Armut von der Antike bis zur Gegenwart 12) Frankfurt a. M. – Berlin – Bern 2009, S. 67–90.

Peter Vodosek, *Von der Volksaufklärung* zur Gewerbebildung und Volksbildung. Karl Benjamin Preusker (1786–1871), in: Reinhart Siegert (Hrg.), Volksbildung durch Lesestoffe im 18. und 19. Jahrhundert. Voraussetzungen – Medien – Topographie (Philanthropismus und populäre Aufklärung. Studien und Dokumente 5 = Presse und Geschichte. Neue Beiträge 68) Bremen 2012, S. 107–138.

Konstantin von Normann, *Ernährungsarmut* und „Tafelarbeit" in Deutschland. Distributionspolitische Hintergründe und nonprofit-basierte Lösungsstrategien, in: Stefan Selke (Hrg.), Tafeln in Deutschland. Aspekte einer sozialen Bewegung zwischen Nahrungsmittelumverteilung und Armutsintervention, 2. Aufl., Wiesbaden 2011, S. 91–112.

Emmanuel von Severus, *Fremde beherbergen*, 2. Aufl., Hamburg 1947.

Karl-Heinz Weger, *Karl Rahner*. Eine Einführung in sein theologisches Denken, Freiburg 1986.

Leopold Wenger, *Art. Asylrecht*, in: Reallexikon für Antike und Christentum 1 (1950) Sp. 836–844.

Horst A. Wessel, *Das Telefon – Ein Stück Allgegenwart*, in: Stefan Münker – Alexander Roesler (Hrg.), Telefonbuch. Beiträge zu einer Kulturgeschichte des Telefons (Edition Suhrkamp 2174) Frankfurt a. M. 2000, S. 13–34.

Renate Wiedemann, *Die Anfänge der deutschen Hospizbewegung*, in: Johann-Christoph Student (Hrg.), Das Hospiz-Buch, 4. Aufl., Freiburg 1999, S. 35–42.

Ulrich Willems – Astrid Reuter – Daniel Gerster (Hrg.), *Ordnungen religiöser Pluralität*. Wirklichkeit – Wahrnehmung – Gestaltung (Religion und Moderne 3) Frankfurt 2016.

Rainer Witt, *Die Dienstleistung der Tafeln* als Premiummarke, in: Stefan Selke – Katja Maar (Hrg.), Transformation der Tafeln in Deutschland. Aktuelle Diskussionsbeiträge aus Theorie und Praxis der Tafelbewegung, Wiesbaden 2011, S. 85–103.

Josef Wohlmuth, *Eschato-Praxie*. Verantwortlich handeln ohne letzte Gewissheit?, in: Tobias Kläden (Hrg.), Worauf es letztlich ankommt. Interdisziplinäre Zugänge zur Eschatologie (Quaestiones Disputatae 265) Freiburg 2014, S. 277–294.

Horst-Peter Wolff – Jutta Wolff, *Geschichte der Krankenpflege*, Basel 1994.

Joachim Wollasch, *Konventsstärke und Armensorge* in mittelalterlichen Klöstern. Zeugnisse und Fragen, in: Saeculum 39 (1988) S. 184–199.

Linda Woodhead, *Christianity*, in: Linda Woodhead – Christopher Patridge – Hiroko Kawanami (Hrg.), Religions in the Modern World. Traditions and Transformations, 3. Aufl., London – New York 2016, S. 208–235.

Register

Bildnachweise

S. 42: © Ökum. Bundesarbeitsgemeinschaft Asyl in der Kirche e. V.

S. 66: © Grafik: Egbert Herfurth, Leipzig
Layout des Covers: Jürgen Castelle, Thiekötter Druck GmbH & Co. KG, Münster

S. 94: © Tafel Deutschland e. V.

S. 122: © Claudia Löw – Fotolia.com

S. 154: © Photographee.eu – Fotolia.com

S. 186: © miagoladesign – Fotolia.com

S. 210: © TelefonSeelsorge

Hubertus Lutterbach

Vom Jakobsweg zum Tierfriedhof

Wie Religion heute lebendig ist

354 Seiten
Gebunden mit Schutzumschlag
ISBN 3-7666-1862-7

Beeindruckender Einblick in die Vielfalt christlicher und gesellschaftlicher Initiativen

Anhand beispielhafter Initiativen zeigt Hubertus Lutterbach, wie Menschen die bis heute prägende biblische Grundbotschaft von verbindender Mitmenschlichkeit konkret leben: im Engagement für Geflüchtete, in der Betreuung Strafgefangener, in der Hospizarbeit, in gelebter Gemeinschaft zwischen Menschen mit und ohne Behinderung (Arche), in der Telefonseelsorge, bei den Tafeln. Dabei wird deutlich: Mitmenschlichkeit ist keineswegs das Monopol der „Frommen".
Christen und Nichtchristen, Frauen und Männer gleichermaßen mühen sich hier mit hohem Einsatz und Fachkompetenz ab, konkretes Leid zu vermindern, aber auch für gesellschaftliche Veränderungen zu sorgen, die ein solidarisches Miteinander ermöglichen.